21세기 인권법

손형섭 · 우주형
양천수 · 최다혜
심우민 · 차진아
표시영

박영사

들어가는 말

　21세기에 인권을 국제적으로 보장하려는 노력이 계속되고 있다. 그런데 국내에서 로스쿨의 출범과 함께 여러 법학과들이 없어지거나 축소되어 인권과 인권법에 대한 교육도 줄어들었다. 반면 국민들은 인터넷에 넘치는 법률 정보로 예전보다 권리의식이 강해졌지만, 타인의 인권을 존중하고 보장하는 태도도 강해졌다고 할 수 있는지 의문이다.

　이런 시기에 인권법을 공동 집필진과 다시 연구 집필하면서 우리 공동체는 물론 국제사회에서 상호 존중하는 인권과 인권법 논의를 다시 깊이 하려 한다. 이 책은 국가인권위원회의 결정례는 물론 법원과 헌법재판소의 판단, 그리고 해외에서의 인권 보장 움직임을 고루 반영한 공동 집필 저서이다.

　제1장에서는 '인간의 존엄과 가치'를 사형죄와 낙태죄와 같이 사회적 이슈가 된 이슈를 다루며 기술한다. 제2장에서는 '보편적 인권 보장과 국제인권법'에 대한 기술을 통하여 인권이 어떠한 사회나 국가에서도 보편적인 속성을 가지며 다양한 국제인권조약과 인권기관들이 인권 보장을 위해 활동하고 있음을 설명한다. 제3장에서는 '평등권과 차별금지법'을 주제로 논의하면서 평등과 차별금지법의 향후 방향에 대하여 기술하고 있다.

　제4장 '표현의 자유와 혐오 표현 금지'에서는 표현의 자유와 그 한계로서의 혐오 표현에 관한 법적 규제를 설명한다. 제5장 '장애인의 인권보장과 유엔 장애인 권리협약'에서는 장애인의 권리운동과 인권보장의 현황, 그리고 국내법인 「장애인차별금지법」과 국제인권법으로서의 장애인 권리협약을 설명하고 장애인 인권보장의 과제를 기술하였다. 제6장 '사법절차에서의 인권보장'에서는 수사, 사법절차 및 교정시설에서 발생하는 인권 문제를 기술하면서 법원의 판결도 견제할 수 있는 헌법재

판소의 역할을 위해 재판소원을 인정해야 한다는 견해를 제시하였다.

　제7장 '언론·정보 인권'에서는 개인정보자기결정권, 언론중재법상의 권리, 정보접근권을 포함한 다양한 정보주체의 권리와 인공지능과 인권 논의를 제공한다. 제8장 '여성 인권'에서는 데이트 폭력, 여성폭력에 대한 구제방법과 여성의 재생산권을 설명한다. 제9장 '다문화 사회와 인권'에서는 결혼이주여성의 인권 문제 등을 다양하게 논의하고 필요한 정책과 방안을 제시하였다.

　제10장 '학교에서의 인권-학생과 교사'에서는 학생 인권과 학교폭력 예방 및 그 대응 절차를 설명하고 교사의 인권 보장을 위한 법 제도들을 설명했다. 제11장 '노동 인권'에서는 노동인권의 현주소를 밝히고 외국인 노동자 문제의 과제를 제시했다. 제12장 '군 인권'에서는 군에서의 인권 침해 사건을 제시하고 이를 통해 바뀐 군사법원법 등의 변화된 법 제도를 설명했다.

　이 책을 통해서 독자가 인권에 관한 문제의식을 가지고 관련 법률을 중심으로 지식을 쌓고 고민을 한다면, 자신의 인권을 보호할 수 있게 되고 타인의 인권을 침해하지 않을 수 있다. 여기서 나아가 기후변화와 같은 지구전체의 이슈와 사회적이고 국제적인 인권 문제에 대하여 공감하며 연대하여 문제를 해결하여, 인류 공동의 지속적인 생존과 행복을 추구할 수 있도록 힘과 열정을 사용할 수 있게 되기들 바란다. 그리고 자신의 권리 의식을 높임은 물론이요 타인의 권리를 존중할 줄 아는 성숙한 시민사회를 지속적으로 성장하게 하는 데 이 책이 작은 보탬이 되기를 바란다.

2024년 여름 공저자 대표 손형섭

차 례

제1장 인간의 존엄과 가치

손형섭·최다혜

제2장 보편적 인권 보장과 국제인권법

양천수·손형섭

제3장 평등권과 차별금지법

차 진 아

제4장 표현의 자유와 혐오 표현 금지

양 천 수

제7장 언론·정보인권

표 시 영

제8장 여성 인권

최 다 혜

제9장 다문화 사회와 인권

최 다 혜

제10장 학교인권 - 학생과 교사

심 우 민

제11장 노동 인권

우 주 형

제12장 군 인권

손 형 섭

제 1 장

인간의 존엄과 가치

제 1 장

인간의 존엄과 가치

손형섭 · 최다혜

1 | 인간의 존엄과 생명 존중

(1) 인간의 존엄이란 무엇인가?

인간을 존중한다는 말의 의미가 무엇인지 생각해보자. 대개 인간 존중은 인권 (human rights) 존중으로 표현될 것이다. 인권에는 생명권, 자유권, 평등권, 행복추 구권 등이 있다. 근대 민주주의의 태동에서 인권의 개념을 찾을 수 있으며, 미국 독립혁명의 독립선언문과 프랑스 혁명의 인권선언에서 구체화되었다. 근대 민주주 의의 이론적 토대가 계약론에 있으므로, 인권의 개념은 홉스, 로크, 루소와 같은 사 회계약론자들의 이론에서 기원을 찾을 수 있다.

인간 존중의 원리는 인간이 존엄성(human dignity)을 지니는 존재이기 때문에,

인간을 존중해야 한다는 의미일 것이다. 그러나 과연 인간은 무조건 존엄한 존재인가? 칸트에 의하면 인간은 목적 그 자체로 대우받아야만 하는 존재이다. 그 이유는 무엇인가? 그에 의하면 인간은 자율적인 존재이고, 이성적인 존재이고, 스스로 도덕 왕국의 입법자이기 때문에 존엄한 존재라고 한다면, 만약 인간이 이성을 지니는 존재이기 때문에 존엄한 존재라면, 만약 이성의 능력이 없거나, 이성의 능력이 박탈당했거나, 이성의 능력을 발휘할 수 없는 인간은 존엄한 존재가 아닌가? 만약 인간이 스스로 입법하는 존재이기 때문에 존엄하다면, 입법할 능력이 없거나, 입법하지 않는 인간 존재는 존엄하지 않은가? 칸트는 사형제도를 옹호하는 견해를 가졌다. 존엄한 존재를 죽일 수 있는 정당한 조건이 무엇인가?

인간 존중의 원리는 인간의 존엄성이라는 매우 난해한 문제와 관련되어 있다. 그러나 이러한 난해함은 인간이 인간 아닌 다른 존재의 관점을 취할 때만이 문제가 되고, 또한 그러한 관점에 의해서만 해결될 수 있는 문제이다. 왜냐하면, 인간으로서 인간 자신의 존엄함을 주장하는 것은 자기주장밖에 될 수 없기 때문이다. 만약 우리가 이러한 자기주장을 소박하게 인정하고서 모든 인간이 존엄하다는 관점을 취한다더라도, 그것을 모든 인간에게 적용하는 데는 여전히 의문이 남을 수 있다. 왜냐하면, 생물학적인 인간을 결정하는 문제가 그렇게 간단하지 않기 때문이다. 안락사와 함께 후술하는 존엄사 역시 이러한 맥락에서 접근할 수 있다.

인간은 자연인인 인간으로서 고유한 인격과 가치를 유지하고, 사회공동체와 연관을 가지면서 공동체의 다른 구성원과 더불어 살아가는 자율적이고 자유로운 인간을 의미한다(인격주의적 인간상). 또한, 존엄은 인간이 지니는 윤리적 가치로서 그 자체 인간이기 때문에 가지는 정체성(identity)과 고유한 가치를 의미하며, 인간은 그 자체 목적으로 존재하며 어떤 상황에서도 타자의 수단으로 존재하지 아니한다는 의미이다. 인간의 존엄은 죽어도 일정한 영역에서 인정되지만 본래 인간이 생명을 유지하고 살아 있음을 전제로 한다는 점에서 생명과 생존이 그 바탕을 이루고 이를 바탕으로 개인이 자신의 개성과 인격을 최대한으로 실현하는 삶을 산다는 점이 중요한 의미를 가진다. 우리 헌법 제10조에서는 "모든 국민은 인간으로서의 존엄과 가치를 가지며, 행복을 추구할 권리를 가진다. 국가는 개인이 가지는 불가침의 기본적 인권을 확인하고 이를 보장할 의무를 진다."라고 규정하여 인간의 존엄과 가치, 나아가 행복추구권을 규정하고 있다.[1] 인간의 존엄과 가치는 우리 헌법의 최고의 객관적 가치로서 근본규범이다. 이는 개인을 위하여 국가 등이 존재해야 하는 것으로 반전체주의 원리이고, 인간의 가치가 다른 이익보다도 우선한다는 인간 우위의 원리를 내용으로 한다(인간의 우위). 인간의 존엄과 가치를 보장하기 위하여 우리 헌법은 입법, 사법, 행정 등의 모든 국가작용이 그 보장을 목적으로 하며 국가활동에 대한 가치판단의 기준, 모든 법 해석의 기준이 되고, 법의 흠결에 대해서는 법 보완의 원리가 된다(국가와 개인의 기속).

인간의 존엄이라는 객관적 가치로부터 기본권을 도출할 수 있다. 따라서 인간을 인격적 존재로 보지 않고 동물이나 물건으로 추급하는 것은 금지된다. 인신매매행위, 입양아의 상업적 중개행위, 인종차별, 인간을 실험 대상으로 삼는 행위, 가혹행위와 고문, 초상(肖像)의 악용, 강제적 단종(斷種) 및 집단학살, 노예 또는 농노 취급, 기타 가혹행위와 강제노동은 인간의 존엄과 가치를 부정하는 것이기에 금지된다.

인간복제도 인간의 존엄과 가치를 부정하는 것이다. 관련법으로 '생명윤리 및 안전에 관한 법률'에서 인간 복제를 위한 체세포 복제배아의 자궁에 착상, 유지, 출산이나 임신 외의 목적으로 배아를 생성하는 행위 등을 금지하고 있다.

일반적 행동의 자유권은 인간의 존엄과 가치뿐만 아니라 동조 후단 행복추구권의 내용이기도 하다. 따라서 행복추구권에 근거하여 일반적 행동의 자유권의 문제가 되는 사례로 미성년자의 당구장출입을 법률로서 금지하는 것이 헌법에 반하는가, 음주운전을 방지하기 위하여 차량운전자에 대하여 음주측정을 하는 것이 일반적 행동자유권을 침해하는 것인지, 경찰공무원의 음주측정 요구에 불응한 운전자에 대하여 형벌로 처벌하는 것이 타당한지가 문제된 바 있다.[2]

(2) 생명 존중의 원리와 임신중절

생명 존중의 원리(the principle of respect for life)는 현대 생명의료 윤리에서 임신중절, 뇌사, 안락사, 사형제도 등과 관련하여 다양한 논의가 제시되고 있다. 나아가 생명존중의 원리는 현대 사회에서는 동물해방의 주장과 더불어 더욱 폭넓은 관심을 불러일으키고 있다. 즉 인간의 생명을 존중하는 것에서, 인간 아닌 다른 생명의 존중으로 그 원리의 폭이 넓어지고 있는 것이다. 그러나 동물해방을 주장하는 사람들도 식물해방을 주장하지 않는 것으로 보아서, 그들에게도 생명존중의 원리는 특별한 한계 지점이 있는 듯하다. 동물의 생명권을 옹호한다고 해서, 곤충이나 벌레의 생명의 권리를 주장하고 나서지는 않는 것 같다. 그들 역시 먹지 않고는 살

수 없었던지, 식물의 생명을 해치는 것에는 주저하지 않는다.

인간의 생명존중은 우리 헌법의 보다 상위 개념으로 인간의 존엄과 가치로 이를 보호하고 있다. 인간은 자연인인 인간으로서 고유한 인격과 가치를 유지하고, 사회 공동체와 연관을 가지면서 공동체의 다른 구성원과 더불어 살아가는 자율적이고 자유로운 인간을 의미한다(인격주의적 인간상). 또한, 존엄은 인간이 지니는 윤리적 가치로서 그 자체 인간이기 때문에 가지는 정체성(identity)과 고유한 가치를 의미하며, 인간은 그 자체 목적으로 존재하며 어떤 상황에서도 타자의 수단으로 존재하지 아니한다는 의미이다.

우리 법에서는 살인죄의 객체인 사람은 타인을 의미하기에 자살은 형법상 살인죄가 될 수 없다. 다만 앞에서 본 것 같이 형법 제252조 제2항에서 자살의 교사, 방조와 같은 자살관여행위를 처벌하고 있다.

대신 국가는 '자살예방 및 생명존중문화 조성을 위한 법률'3)을 제정하여, 자살에 대한 국가적 차원의 책무와 예방정책에 관한 사항을 규정하여 국민의 소중한 생명을 보호하고 생명존중문화를 조성하기 위해 노력하고 있다. 이 법 제13조에서, 보건복지부장관은 중앙자살예방센터를, 시·도지사 및 시장·군수·구청장은 지방자살예방센터를 설치·운영하도록 하고 있다.

한편, 임신중절에 관한 논의에서, 태아가 생명권의 주체가 될 수 있는가? 태아 생명권의 주체라면 산모의 생명권보다 우선해야 하는가? 이러한 물음들은 모두 태아의 생명권을 중심으로 개진된다. 임신중절에서 도덕적 논쟁의 대상이 되는 생명은 기본적으로 인간의 생명이다.

1) 보수주의적 입장

어떠한 경우에도 임신중절은 금지되어야 한다. 생명의 절대적인 존엄성, 무고한 인간에 대한 신성 불가침성, 수태되는 순간에 인간이다. 임신중절을 찬성하게 되면 심신 장애아나 치매 노인과 같이 태아와 유사한 생물학적 상태에 있는 사람들을 살해하는 것을 정당화할 가능성을 배제할 수 없다.

2) 자유주의적 입장

여러 이유 중에서도 한 가지 이유만으로도 임신중절을 정당화되어야 한다. 태아의 건강상태, 산모의 건강상태, 산모의 생애, 자신의 신체를 좌우할 수 있는 산모의 권리, 그 가족의 경제적 상황 등. 태아가 도덕적인 가치를 지니느냐 갖지 않느냐의 문제는 여성의 권리와 주장을 무시함으로써만 대답될 수 있는 것이다.

3) 절충주의적 입장

어떤 상황에서는 인정하나 태아나 임신부 두 당사자에게 아무런 고통이 없는 경우에는 임신 중절의 합법성을 인정하지 않는다. 인간의 권리를 지니는 태아와 산모라는 두 인격자의 생명권 충돌은 가능한 한 악이 최소화되는 방식으로 선택이 이루어져야만 한다. 절충주의적 입장은 관련된 요소들을 평가하고 나아가 어느 선택이 더 적은 악을 가져올 것인가의 문제를 결정하는 일을 그 당사자에게 위임할 것이다.

(3) 낙태죄와 모자보건법

1) 낙태죄

우리 헌법과 여러 법률에서 생명존중 원칙을 실현하기 위하여 노력하고 있다. 형법은 자기낙태죄(형법 제269조제1항), 동의낙태죄(형법 제269조제2항)[4] 등을 처벌하고 있다.[5][6] 낙태죄(落胎罪)란 태아를 자연 분만기에 앞서서 인위적으로 모체 밖으로 배출하거나 태아를 모체 안에서 살해하는 것을 내용으로 하는 범죄를 말한다. 낙태죄는 태아의 생명을 주된 보호법익으로, 모체의 생명·신체의 안전을 부차적 보호법익으로 한다.

그런데, 헌법재판소는 "형법 제269조 제1항, 제270조 제1항 중 '의사'에 관한 부분은 모두 헌법에 합치되지 아니한다. 위 조항들은 2020. 12. 31.을 시한으로 입법자가 개정할 때까지 계속 적용된다."고 헌법불합치 결정을 했다.[7] 헌법불합치결정을 받은 형법 제269조 제1항은 낙태죄를 다음과 같이 규정하고 있다. "부녀가 약물 기타 방법으로 낙태한 때에는 1년 이하의 징역 또는 200만 원 이하의 벌금에 처한다." 같이 헌법불합치결정을 받은 제270조 제1항은 의사 등의 낙태, 부동의낙태에 대하여 "의사, 한의사, 조산사, 약제사 또는 약종상이 부녀의 촉탁 또는 승낙을 받아 낙태하게 한 때에는 2년 이하의 징역에 처한다."고 규정하였다. 이 규정을 의사에 의해 낙태한 경우에 처벌하는 것은 헌법에 합치하지 아니하니 2020. 12. 31.을 시한으로 입법자가 개정하도록 하고 그때까지 이 규정을 계속 적용하도록 했다.

그러나 2023년까지 국회는 이 규정의 개정을 하지 못하고 해당 조문은 효력을 잃고 법적 공백상황이 지속되고 있다.

2) 낙태죄에 관한 헌법재판소 결정례

〈사건〉

청구인은 1994. 3. 31. 산부인과 의사면허를 취득한 사람으로, 2013. 11. 1.경부터 2015. 7. 3.경까지 69회에 걸쳐 부녀의 촉탁 또는 승낙을 받아 낙태하게 하였다는 공소사실(업무상승낙낙태) 등으로 기소되었다(광주지방법원 2016고단3266). 청구인은 제1심 재판 계속 중, 주위적으로 형법 제269조 제1항, 제270조 제1항이 헌법에 위반되고, 예비적으로 위 조항들의 낙태 객체를 임신 3개월 이내의 태아까지 포함하여 해석하는 것은 헌법에 위반된다고 주장하면서 위헌법률심판제청신청을 하였으나 2017. 1. 25. 그 신청이 기각되었다(광주지방법원 2016초기1322). 이에 청구인은 2017. 2. 8. 위 조항들에 대하여 같은 취지로 이 사건 헌법소원심판을 청구하였다.

〈판단의 전제〉

가) 태아의 생명권과 국가의 생명보호의무

인간의 생명은 고귀하고, 이 세상에서 무엇과도 바꿀 수 없는 존엄한 인간 존재의 근원이며, 생명권은 비록 헌법에 명문의 규정이 없다 하더라도 인간의 생존본능과 존재목적에 바탕을 둔 선험적이고 자연법적인 권리로서 헌법에 규정된 모든 기본권의 전제로서 기능하는 기본권 중의 기본권(헌재 1996. 11. 28. 95헌바1 참조)이라는 점은 논란의 여지없이 자명하다.

모든 인간은 헌법상 생명권의 주체가 되며, 형성 중의 생명인 태아에게도 생명에 대한 권리가 인정되어야 한다. 태아가 비록 그 생명의 유지를 위하여 모(母)에게 의존해야 하지만, 그 자체로 모(母)와 별개의 생명체이고, 특별한 사정이 없는 한, 인간으로 성장할 가능성이 크기 때문이다. 따라서 태아도 헌법상 생명권의 주체가 되며, 국가는 헌법 제10조 제2문에 따라 태아의 생명을 보호할 의무가 있다(헌재 2008. 7. 31. 2004헌바81; 헌재 2008. 7. 31. 2004헌마1010등; 헌재 2010. 5. 27. 2005헌마346; 헌재 2012. 8. 23. 2010헌바402 참조).

〈외국의 입법례〉

일정한 요건을 갖춘 낙태를 비범죄화한 대륙법계 유럽 대다수 나라는 '기간 방식'과 '적응사유 방식'을 병행하고 있는 경우가 많다. 기간 방식은 대체로 마지막 생리기간의 첫날부터 14주 이내의 일정한 요건을 갖춘 낙태를 형사처벌 대상에서 제외하는 것이다. 영국은 마지막 생리기간의 첫날부터 24주 이내의 일정한 요건을 갖춘 낙태를 형사처벌 대상에서 제외하고 있다. 미국은 주(州)별로 규제가 다르고, 로 대 웨이드(Roe v. Wade) 판결의 취지에 따라 태아가 독자적 생존능력(viability)을 갖추기 전의 일정한 시기에 일정한 요건을 갖춘 낙태를 형사처벌하지 않는 주들이 있다.

국제연합(UN)이 이른바 선진국 권역(Developed Regions)으로 분류하는 유럽 전 지역, 북미, 호주, 뉴질랜드, 일본에서의 각 사유별 낙태 허용 국가의 비율을 조사한 결과, 2013년을 기준으로 '임신한 여성의 생명 구조'는 96%, '임신한 여성의 신체적 건강 보호'는 88%, '임신한 여성의 정신적 건강 보호', '강간 또는 근친상간' 및 '태아의 장애'는 각각 86%, '사회적·경제적 사유'는 82%, '임신한 여성의 요청'은 71%로 나타났다고 한다. 이는 1996년과 비교하여 위 일곱 가지 사유 중 여섯 가지 사유에서 낙태 허용국가의 비율이 상승한 것이고, 나머지 한 가지 사유인 '임신한 여성의 신체적 건강 보호'에서는 그 비율이 동일하게 나타난 것이다. 국제연합이 이른바 개발도상국 권역(Developing Regions)으로 분류한 나머지 국가들에서도 위 일곱 가지 사유 중 여섯 가지 사유에서 낙태 허용국가의 비율이 상승하였고, 한 가지 사유인 '임신한 여성의 생명 구조'에서만 그 비율이 소폭 감소하였다고 한다.

〈심사기준〉

이 사안은 국가가 태아의 생명 보호를 위해 확정적으로 만들어 놓은 자기낙태죄 조항이 임신한 여성의 자기결정권을 제한하고 있는 것이 과잉금지원칙에 위배되어 위헌인지 여부에 대한 것이다. 자기낙태죄 조항의 존재와 역할을 간과한 채 임신한 여성의 자기결정권과 태아의 생명권의 직접적인 충돌을 해결해야 하는 사안으로 보는 것은 적절하지 않다.

이하에서는 모자보건법이 정한 일정한 예외에 해당하지 않는 한 태아의 발달단계 혹은 독자적 생존능력과 무관하게 임신기간 전체를 통틀어 모든 낙태를 전면적·일률적으로 금지함으로써 임신한 여성의 자기결정권을 제한하고 있는 자기낙태죄 조항이 입법목적의 정당성과 그 목적달성을 위한 수단의 적합성, 침해의 최소성, 그리고 그 입법에 의해 보호하려는 공익과 침해되는 사익의 균형성을 모두 갖추었는지 여부를 살펴본다.[8]

〈헌법재판소 외국의 입법례〉

3) 입법목적의 정당성 및 수단의 적합성

자기낙태죄 조항은 태아의 생명을 보호하기 위한 것으로서 그 입법목적이 정당하고, 낙태를 방지하기 위하여 임신한 여성의 낙태를 형사처벌하는 것은 이러한 입법목적을 달성하는 데 적합한 수단이다.

> **＊ 헌법재판소 결정례**(헌재 2019. 4. 11. 2017헌바127)를 참고하여 낙태죄에 대한 본인의 판단과 그 논거를 제시하고 토의하시오.

한편, 모성(母性) 및 영유아(嬰幼兒)의 생명과 건강을 보호하고 건전한 자녀의 출산과 양육을 도모하고 국민보건 향상을 위한 법으로 모자보건법[9]이 있다. 이 법 제14조에서는 인공임신중절수술의 허용한계를 규정하고 있다.

모자보건법 제14조 ① 의사는 다음 각 호의 어느 하나에 해당되는 경우에만 본인과 배우자(사실상의 혼인관계에 있는 사람을 포함한다. 이하 같다)의 동의를 받아 인공임신중절수술을 할 수 있다.
　1. 본인이나 배우자가 대통령령으로 정하는 우생학적(優生學的) 또는 유전학적 정신장애나 신체질환이 있는 경우
　2. 본인이나 배우자가 대통령령으로 정하는 전염성 질환이 있는 경우
　3. 강간 또는 준강간(準强姦)에 의하여 임신된 경우
　4. 법률상 혼인할 수 없는 혈족 또는 인척 간에 임신된 경우
　5. 임신의 지속이 보건의학적 이유로 모체의 건강을 심각하게 해치고 있거나 해칠 우려가 있는 경우
② 제1항의 경우에 배우자의 사망·실종·행방불명, 그 밖에 부득이한 사유로 동의를 받을 수 없으면 본인의 동의만으로 그 수술을 할 수 있다.

③ 제1항의 경우 본인이나 배우자가 심신장애로 의사표시를 할 수 없을 때에는 그 친권자나 후견인의 동의로, 친권자나 후견인이 없을 때에는 부양의무자의 동의로 각각 그 동의를 갈음할 수 있다.

판례에서는 임신의 지속이 모체의 건강을 해칠 우려가 현저할뿐더러 기형아나 불구아를 출산할 가능성마저도 없지 않다는 판단하에 부득이 취하게 된 산부인과 의사의 낙태수술행위는 정당행위 내지 긴급 피난에 해당하여 위법성이 없는 경우10)로 보고 있다.

판례에서는 임신의 지속이 모체의 건강을 해칠 우려가 현저할뿐더러 기형아나 불구아를 출산할 가능성마저도 없지 않다는 판단하에 부득이 취하게 된 산부인과 의사의 낙태수술행위는 정당행위 내지 긴급 피난에 해당하여 위법성이 없는 경우11)로 보고 있다.

(4) 안락사 및 존엄사

사기(死期)를 앞당기는 안락사(安樂死)나 낙태는 인간의 존엄과 가치와 생명권의 문제이다. 또한, 헌법학과 헌법재판소는 헌법 제10조 인간의 존엄과 가치로부터 일반적 행동자유권을 도출하고 있다. 일반적 행동의 자유란 일체 행동의 자유가 포함되며 잠을 자거나 음식을 먹거나 생리적 작용에 대한 행동, 경제적 활동의 자유, 기부금의 모집, 계약의 자유 등이 포함된다. 이중 신체 활동의 자유는 일반적 행동의 자유와 관련 있지만, 헌법 제12조에서 따로 보장하기 때문에 헌법 제10조를 통하여 보호하지는 않는다.

안락사는 일반적으로 타인에게 죽음을 야기하는 고의적·직접적 행위로 그를 고통 없이 죽게 하는 것을 말하는데, 우선 환자의 자발적 의사 여부를 중심으로 자발적 안락사(voluntaty euthanasia), 비자발적 안락사, 무자발적 안락사로 구분한다. 여기서 문제되는 것은 환자의 요청에 의한 자발적 안락사만을 다루며 이는 다시 생명단축의 목적에 따라 직접적 안락사와 간접적 안락사로 나눌 수 있다.12) 직접적 안락사에는 적극적 안락사와 소극적 안락사를 포함하는데 이는 생명단축을 목적으로 하면서도 행위양태를 중심으로 구분하여 적극적 안락사와 소극적 안락사로 구분되는 것이다. 적극적 안락사는 행위 양상에 따라 의사조력사(physician-assisted death, PAD)와 자발적 적극적 안락사(voluntaty active euthanasia, VAE)로 나누며, 이는 다시 의학적 조건을 기준으로 환자의 대상에 따라 말기환자와 고통을 겪는 환자로 대상을 나누어 판단할 수 있다. 한편, 실질적인 의료처치의 상황에서 소극적 안락사는 연명의료중단을 말하며, 생명단축을 목적으로 하지 않는 간접적 안락사는 호스피스 및 완화의료의 영역에서 다뤄지는 죽음을 의미한다.

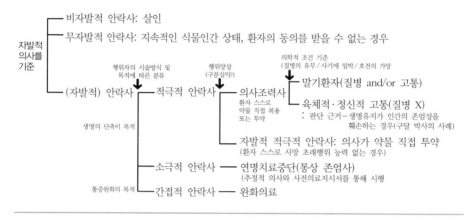

그림 1 │ 안락사의 유형

의사조력사와 적극적 안락사의 경우 환자 본인의 의사결정 여부에 따른 결정이므로 자살과 관련된 문제로써 다루지만, 행위양태를 구분하여 자의에 의한 죽음이기는 하나 생명의 종지가 타인에 의해 이루어지기 때문에 자의에 의한 안락사의 범주 안에 조력자살의 문제가 속해있다고 파악하기도 한다. 한편, 이를 구분하지 않는 견해에 따르면 어느 쪽이든 생의 마감에 대한 환자의 자기결정이 전체 과정을 추동하고 있고 의사는 단지 전문적 상담과 처방, 시술로 이를 돕고 있을 뿐이기 때문에 두 가지 행위 양상의 차이는 규범적으로 큰 의미가 없다.

한편, 안락사는 존엄사(death with dignity)와 혼용해서 쓰이기도 하는데, 통상적으로 법학에서 논의되는 존엄사란 회생의 가능성이 없는 불치의 질병을 앓고 있는 환자에 대하여 죽음에 있어서도 존엄성을 유지하도록 하기 위해 환자의 자기결정권 행사에 의해 인위적인 생명연장장치를 중단하거나 연장행위를 중지하는 것을 말한다.13) 존엄사라는 명칭은 1972년 오리건주의 주지사였던 맥컬(Tom McCall)이 죽을 권리를 인정해야 한다고 주장하기 위해 의사조력자살이라는 개념에 심리적 충격을 받을 주의회와 지지자들에게 '식물상태로서의 사망'에 대립되는 개념으로 존엄사라는 명칭을 사용하였다.14) 즉, 존엄사는 처음부터 생명유지조치를 중지하는 개념이 아니라 회생가능성이 없는 말기의 환자가 의사의 조력을 받아 생명을 적극적으로 단축시키는 의사조력자살을 의미하는 개념으로 출발하였던 것이다. 이후 존엄사는 1976년 카렌 앤 퀸란 사건15)에서 존엄사(death with dignity)라는 용어가 사용되어 존엄사라는 용어가 우리나라에서 죽음에 직면한 환자가 품위 있는 죽음을 맞도록 하기 위하여 생명유지조치를 중지하는 개념으로 뿌리내게 되도록 하였다. 퀸란 사건에서 존엄사의 의미를 회복 가망이 없는 말기환자의 요청에 따라 지금까지 계속해 온 생명유지치료를 중지하고 인간으로서의 존엄을 유지하면서 죽음을 맞이하게 하는 것으로 환자의 간청을 존중해야 한다는 의미로 사용되었기 때문이다. 이러한 맥락에 따라 존엄사는 생명유지에 필요한 조치를 취하지 않거나 중단함으로써 죽음에 이르게 하는 시행자의 행위 유형에 따른 분류에 해당하는 소극적 안락사를 의미하게 되었다. 특히 존엄하게 죽는 것을 의미한다는 것에서 안락사보다 사람들이 거부감 없이 받아들일 수 있는 용어를 사용했다는 것이다.

미국에서는 대체로 의사조력사를 존엄사(death with dignity)로 칭한다. 특히 오레곤주(1997년)와 워싱턴주(2008년)의 경우에 「존엄사법(The Death with Dignity Act)」라는 명칭으로 의사조력자살을 규정한 법률이 통과되어, 현재 이 법률들에 의해 의사조력자살이 합법적으로 시행되고 있다. 미국의 경우 '존엄사'라는 용어의 의미는 처음부터 '죽음에 직면한 환자가 품위 있는 죽음을 맞도록 하기 위하여 생명유지조치를 중지한다'는 개념이 아니라 '회복가능성이 없는 말기의 환자가 의사의 조력을 받아 생명을 적극적으로 단축'시키는 개념으로 출발한 것으로 이는 사망이 임박하였을 때 의사의 조력을 받아 평화롭게 삶을 종결하는 것이 존엄하고 인도적인 죽음이라는 관념을 내포하고 있기 때문이다.16)

존엄의 핵심을 자율 및 자기결정으로 보고, 환자가 자신의 의학적 상태에 대하여 그것을 지속하는 것이 자신이 생각하는 존엄의 관념에 비추어 합당하지 않다고 스스로 판단하여 자신의 죽음 여부 및 죽는 과정에 관하여 스스로 결정하는 경우

이기 때문에 존엄사라는 용어는 연명의료중단, 의사조력자살, 자발적 적극적 안락사(또는 안락사 일반)에 이르기 까지 넓은 범위에 걸쳐 쓰일 수 있다는 견해도 있다.[17] 안락사가 작위이든 부작위이든 자기결정권을 존중해 인간으로서의 존엄을 유지하면서 죽음을 맞이하게 한다는 것이 안락사의 논의에 있어 핵심이 된다고 본다면, 존엄사는 소극적 안락사와 적극적 안락사를 모두 포괄하는 개념으로 이해해도 무방하다고 본다. 실제로 1983년 미국 대통령 윤리문제 자문위원회는 적극적 안락사와 소극적 안락사의 구분에 대하여 작위와 부작위의 단순한 차이가 결코 무엇이 도덕적으로 바람직한 행위인가를 결정해 주지 못한다고 지적함으로써 행위와 무위를 구별하여 죽이는 것과 죽게 놔두는 것을 구분하는 태도의 효용이 크지 않음을 지적하고 있다.[18]

또한 미국의 '오레건주 존엄사법(The Oregon Death with Dignity Act)'은 의사조력자살을 존엄사라고 하고 있고, '사우스 캐롤라이나주 존엄사법(South Carolina Death with Dignity Act)'의 내용은 연명치료중단에 대해 존엄사라고 칭하고 있다. 우리나라에서는 일반적으로 연명치료중단에 한해서만 존엄사로 인식하고 있지만 앞서 서술하였듯 안락사의 논의의 핵심을 인간존중 및 자기결정권과 관련된다고 본다면, 존엄사는 소극적 안락사와 적극적 안락사를 모두 포괄하는 개념으로 이해해도 무방하다고 본다.

만약 우리가 암으로 고통받는 사람이라면 평화로운 죽음을 선택할 것인가 아니면 고통을 삶의 일부로 받아들이면서 자연스러운 죽음을 선택할 것인가?

헌법 제10조(인간의 존엄과 가치, 행복추구권)와 제12조(신체의 자유), 제37조 제1항(헌법에 열거되지 아니한 자유와 권리)에 의하여 생명권이 보장된다. 우리 형법은 제250조에서 살인, 존속살해를 형사처벌하고 있다.[19] 형법 제252조에서는 촉탁, 승낙에 의한 살인과 그 교사·방조를 처벌하고 있다.[20] 따라서 연명치료를 중단하는 경우 상황에 따라서 그 중단에 책임이 있는 자는 형법 제252조의 구성요건에 해당하여 형사처벌될 수 있다.

나아가 우리 의료법 제15조 제2항은 의료인의 최선의 처치 의무를 규정[21]하고 '응급의료에 관한 법률' 제6조 제2항에서는 "응급의료종사자는 업무 중에 응급의료를 요청받거나 응급환자를 발견한 때에는 즉시 응급의료를 행하여야 하며 정당한 사유 없이 이를 거부하거나 기피하지 못한다." 제9조 제1항에서는 "① 응급의료종사자는 다음 각 호의 1에 해당하는 경우를 제외하고는 응급환자에게 응급의료에 관하여 설명하고 그 동의를 얻어야 한다. 1. 응급환자가 의사결정능력이 없는 경우, 2. 설명 및 동의절차로 인하여 응급의료가 지체되어 환자의 생명에 위험 또는 심신상의 중대한 장애를 초래하는 경우. 제10조 응급의료종사자는 정당한 사유가 없는 한 응급환자에 대한 응급의료를 중단하여서는 아니 된다."라는 의료인에 대한 의무규정을 두고 있다.

여러분은 다음과 같은 자신 또는 자신의 주변인이 존엄사를 원하는 사례에서 어떻게 판단할 것인가?

甲은 2008. 2. 18. 폐암 발병 여부를 확인하기 위하여 병원에서 조직 검사를 받던 중 과다 출혈 등으로 인하여 심정지가 발생하였고, 저산소성 뇌손상을 입고 중환자실로 이송되었다. 이때부터 甲은 지속적 식물인간상태에 있으며, 피고 병원의 중환자실에서 인공호흡기를 부착한 상태로 항생제 투여, 인공영양 공급, 수액 공급 등의 치료를 받아오고 있고 인공호흡기를 제거하면 곧 사망에 이르게 된다. 甲은 회복 가능성이 없어 의학적으로 치료가 무의미한 상태이다.

이때 甲의 자녀들은 병원 주치의 등에게 "이 사건 연명치료는 건강을 증진시키는 것이 아니라 생명의 징후만을 단순히 연장시키는 것에 불과하므로 의학적으로 의미가 없고, 청구인 甲이 평소 무의미한 생명연장을 거부하고 자연스럽게 죽고 싶다고 밝혀왔다.'는 취지로 주장하면서 이 사건 연명치료의 중단을 요청하였으나, 병원 주치의 등은 '甲의 의사를 확인할 수 없고, 甲이 사망에 임박한 상태가 아닌데도 이 사건 연명치료를 중단하는 것은 의사의 생명보호 의무에 반하고 형법상 살인죄 또는 살인방조죄로 처벌받을 수 있다.'는 취지로 반박하면서 위 요청을 거부하였다.

병원 담당의사와 甲의 보호자인 자녀들은 이러한 연명치료를 계속 해야 하는가? 중단해야 하는가?

이 사건은 실제 甲의 자녀들이 해당 병원을 상대로 甲의 인공호흡기 제거를 청구하였고, 병원은 이를 거부하여, 이를 법원에서 다투게 되었다.

제1심판결 법원22)에서는 "의학기술의 발달로 의료장치에 의한 생체기능의 유지 및 생명의 연장이 가능해진 오늘날에는 생명연장 치료가 회복 가능성이 없는 환자에게 육체적 고통뿐만 아니라 식물상태로 의식 없이 생명을 연장하여야 하는 정신적 고통의 무의미한 연장을 강요하는 결과를 가져오게 되어 오히려 인간의 존엄과 인격적 가치를 해할 수 있는바, 이와 같은 경우에는 환자가 삶과 죽음의 경계에서 자연스러운 죽음을 맞이하는 것이 인간의 존엄과 가치에 더 부합하게 되어 죽음을 맞이할 이익이 생명을 유지할 이익보다 더 크게 된다고 할 것이다. 따라서 의식불명의 식물상태로 인공호흡기에 의존하여 생명을 유지하고 있는 환자는, ① 치료가 계속되더라도 회복 가능성이 없어 치료가 의학적으로 무의미하고, ② 환자가 사전에 한 의사표시, 성격, 가치관, 종교관, 가족과의 친밀도, 생활태도, 나이, 기대생존기간, 환자의 상태 등을 고려하여 환자의 치료중단 의사가 추정되는 경우, 자연스러운 죽음을 맞이함이 더 인간의 존엄과 가치에 부합하여 죽음을 맞이할 이익 생명을 유지할 이익보다 더 크다고 할 것이어서, 생명의 연장을 원하지 아니하고 인공호흡기의 제거를 요구하는 환자의 자기결정권 행사는 제한되지 아니하고 의사는 이를 거부할 수 없다고 봄이 상당하다(이에 따른 인공호흡기의 제거행위는 응급의료 중단의 정당한 사유가 있는 것으로 의사는 민·형사상 책임을 부담하지 않는다고 할 것이다)."는 이유로 甲에 대한 인공호흡기 제거를 인정하였다. 제2심판결 법원[23]과 대법원[24]에서도 1심법원의 판단을 인정하였다.

나아가 甲의 자녀들은 "① 甲과 같이 죽음이 임박한 환자로서 무의미한 연명치료 거부에 관한 본인의 의사를 확인할 수 있는 경우 헌법상 기본권으로서 무의미한 연명치료에서 벗어나 자연스럽게 죽음을 맞이할 권리가 있다 할 것인데, 국회가 이를 보호하기 위한 입법의무를 이행하지 않고 있고, ② 한편 국민건강보험법 제39조 제2항, 제3항에 근거한 보건복지가족부령인 '국민건강보험 요양급여의 기준에 관한 규칙' 별표 2 비급여대상에 국민건강보험 요양급여의 비급여 대상으로서 무의미한 연명치료행위의 구체적 내용을 규정하지 아니한 결함이 있어 자신들의 인간 존엄과 가치, 행복추구권, 재산권 등을 침해하였다."고 주장하면서 국회의 입법부작위 및 요양급여기준 규칙 중 비급여대상 조항의 위헌확인을 구하는 이 사건 헌법소원심판을 청구하였다.

이에 대하여 헌법재판소는 "헌법 해석상 '연명치료 중단 등에 관한 법률'을 제정할 국가의 입법의무가 명백하다고 볼 수 없고, 따라서 위 입법부작위는 헌법재판소법 제68조 제1항 소정의 '공권력의 불행사'에 해당하지 아니하므로 이 사건 심판청구는 헌법소원 대상적격의 흠결로 부적법하다."[25]고 결정하였다.

서울고등법원은 제1심 법원과 동일한 견해로 판결하면서도 제1심 법원의 연명치료의 중단에 관한 자기결정권 논증을 기초로 하여 연명치료의 중단을 위한 요건을 제시하였다. 연명치료중단 요건으로 ① 회생가능성 없는 비가역적인 사망과정에의 진입, ② 환자의 진지하고 합리적인 치료중단 의사, ③ 중단을 구하는 치료행위의 내용은 현상태의 유지일 것, ④ 의사에 의한 치료중단의 시행을 제시하였고, 환자의 치료 중단 의사에는 추정적 의사도 포함된다고 판결하였다.26)

2009. 5. 21. 대법원은 환자가 회복불가능한 사망의 단계에 이른 후에는 인간의 존엄과 가치 및 행복추구권에 기초하여 연명치료의 중단을 허용할 수 있다고 판시하였다. 즉, 환자와 의료인(의사와 의료기관) 사이에서 이루어지는 치료(진료) 행위를 의료계약의 내용으로 이해하면서 진료방법에 대해서는 원칙적으로 의료인에게 상당한 범위의 재량이 인정되지만 환자의 신체를 침해하는 진료행위의 경우에는 환자의 동의가 필요하며, 이러한 동의는 헌법 제10조의 인격권과 행복추구권에 보장된 자기결정권에서 도출된다고 판시하였다.27) 진료행위의 중단이 허용되는 경우는 ① 환자가 회복불가능한 사망의 단계에 진입한 경우 및 ② 환자가 회복불가능한 사망의 단계에 이르렀을 경우에 대비하여 미리 의료인에게 자신의 연명치료 거부 내지 중단에 관한 의사를 밝힌 경우('사전의료지시')이다.28) 사전의료지시가 있는 경우에는 특별한 사정이 없는 한 자기결정권의 행사로 보아서, 없는 경우에는 환자의 평소 가치관이나 신념 등에 비추어 추정적 의사를 인정하여 연명치료를 중단을 허용할 수 있다는 취지로 김 할머니의 청구를 인용하는 판결을 선고하였다.29) 김 할머니는 연명치료 중단 201일째인 2010. 1. 10. 숨을 거두었다.

이를 계기로 우리나라에서 2018년 2월 4일부터 연명의료 결정제도가 시행되면서 환자는 사전연명의료의향서30)나 연명의료계획서31)를 통해 연명의료를 원치 않는다는 의사를 나타낼 수 있게 되었고, 환자가 의식이 없고 이를 미리 작성하지 않은 경우에는 환자 가족이 연명의료에 관한 환자의 의사를 진술하여 연명의료 중단을 결정할 수 있도록 하고 있다.

안락사 및 존엄사에서 쟁점 사안은 생명권이 생명의 유지, 보존뿐만 아니라 생명의 소멸, 종결 즉 죽음에 관한 내용도 포괄할 수 있는가와 더불어 자기결정권에 죽을 권리가 포함되는지 여부다. 생명권은 생명을 그 대상으로 하는 권리이기 때문에 죽음을 선택할 수 없다는 것이 다수의 학설과 판례의 입장이다. 즉 생명권은 신성불가침의 기본적 인권이므로 권리인 동시에 의무의 성격을 동시에 가지고 있으며,

생명권의 포기인 죽을 권리는 원칙적으로 인정되지 아니한다는 것이다. 이에 따르면 자신의 생명을 포기하는 자살이나 타인에게 자신의 생명에 관한 처분권을 위임하는 촉탁·승낙에 의한 살인과 자살방조 등은 헌법적으로 보장되지 않는다고 한다.

존엄사에 대한 논의와 더불어 인간의 생명존중에는 '자살'이라는 중요한 문제가 남아있다. 우리 법에서는 자살 내지 그 미수를 처벌하는 규정을 두지 않고 있다.[32] 살인죄의 객체인 사람은 타인을 의미하기에 자살은 형법상 살인죄가 될 수 없다. 다만 앞에서 본 것 같이 형법 제252조 제2항에서 자살의 교사, 방조와 같은 자살관여행위를 처벌하고 있다.

대신 국가는 '자살예방 및 생명존중문화 조성을 위한 법률'[33]을 제정하여, 자살에 대한 국가적 차원의 책무와 예방정책에 관한 사항을 규정하여 국민의 소중한 생명을 보호하고 생명존중문화를 조성하기 위해 노력하고 있다. 이 법 제13조에서, 보건복지부장관은 중앙자살예방센터를, 시·도지사 및 시장·군수·구청장은 지방자살예방센터를 설치·운영하도록 하고 있다.

(5) 사형제

2022년 5월 동거녀의 20개월 된 딸을 성폭행하고 살해한 30대 남성이 무기징역을 선고받았다. 생후 20개월 된 아기는 아빠로 알고 따랐던 피고인에게 처참하게 맞고 성폭행당하다 사망했고, 법원은 사람의 존엄을 무자비하게 짓밟은 잔혹성을 고려할 때 피고인을 사회로부터 영원히 격리하는게 맞다면서 1심 징역 30년을 선고한 원심을 깨고 무기징역을 선고했다. 이러한 잔혹하고 극악한 범죄에 대해 사람들은 도덕적 공분을 일으키며 살려두는 것도 아깝고 사형만이 마땅하다고 말한다. 2018년 기준 국민의 80퍼센트가 사형제 유지를 해야한다고 조사되었다. 하지만 EU를 비롯해 전 세계 106개국이 사형제를 없앴고, 우리나라의 경우 사형제 존치국가 이기는 하나 1997년 이후 사형을 집행하지 않은 사실상 사형폐지국가다. 인간의 존엄성을 짓밟은 범죄자를 왜 살려두고 사형집행을 하지 않고 있는 걸까? 형벌의 목적이란 무엇일까? 사형제 존폐 논쟁은 형벌의 정당성이 교화냐 응보냐의 문제이며, 생명권의 본질적 내용이 침해되는가에 대한 논쟁이다.

생명권은 우리 헌법에서 명시적으로 보장하고 있지 않으나 헌법 제10조, 제12조, 제37조 제1항 등을 근거로 하는 기본권이다. 또한 헌법 제37조 제2항은 기본권이 비례원칙에 따라 제한되는 경우에도 그 본질적 내용이 침해되지 않도록 규정하고 있다. 즉, 생명권이 제한되는 경우에도 생명권의 본질적 내용이 침해되어서는 안된다는 것이다. 생명권의 본질적 내용이란 생명이다. 사형제도는 생명권의 본질적 내용을 제한하는 것이기 때문에 사형제도의 위헌성에서 주목해야 하는 것은 생명권 침해의 문제다. 헌법재판소는 1996년 제1차 사형제 결정과 2010년 제2차 사형제 결정에서 생명권은 제한될 수 있는 기본권이라고 보고 사형제도가 비례원칙에 따라서 공익 보호를 위한 불가피성이 충족되는 예외적인 경우에 적용되는 한, 생명을 빼앗는 형벌이기는 하나 본질적 침해금지 원칙에 위반되는 것으로 볼 수 없다는 입장을 취한 바 있다.[34]

국회에서는 1999년 첫 번째 법안 발의를 시작으로 하여 19대 국회까지 총 7차례의 사형제를 폐지하기 위한 법률안들이 제출되었으나 모두 임기만료로 자동폐기 되었다. 그동안 UN 등 국제사회는 대한민국 정부에 사형제도 폐지를 지속적으로 권고해왔다. 2007년 12월 유엔 총회에서 사형폐지를 위한 집행유예 결의안(A/RES/62/159)이 채택된 후 한국은 4년 주기의 '국가별 인권상황 정기검토(Universal Periodic Review)'에서 우선검토대상국이 되어 2008년부터 평가를 받고 있는 상황이다. 이러한 상황속에서 2019년 2월 사형제도를 규정한 형법 제41조[35]와 제250조[36]가 인간으로서의 존엄과 가치에 위반되고 자신의 생명권을 침해한다며 낸 헌법소원 심판(2019헌바59)에 대해 헌법재판소는 사형제도 위헌여부에 대한 공개변론을 진행한다고 밝혔다. 1996년의 경우 재판관 7대2 의견으로 합헌 의견이 우세했지만, 2010년에는 5대4로 의견이 팽팽한 만큼 이번 제3차 헌번재판소의 판결은 다른 결론이 나올 가능성이 크다는 전망이지만, 위헌 결정이 나오려면 헌법재판관 9명 중 6명 이상의 동의가 필요하다.

[사형제도 존치론] – 정당한 응보를 통한 정의실현, 생명권은 제한될 수 있는 기본권
[헌법재판소의 비례원칙 심사][37]
목적의 정당성 : 정의실현과 재범가능성 차단, 사회방어의 목적
수단의 적합성 : 이러한 목적을 달성하기에 적합한 수단
침해의 최소성 : 다른 형벌이 존재한다고 보기 어려움
법익의 균형성 : 범죄자의 사익(생명권) < 공익의 보호(일반국민의 생명보호와 정의
실현), 범죄의 잔혹함에 비하여 과도한 형벌이 아님

사형존치론의 입장은 정당한 응보를 통한 정의실현과 재범 가능성을 영구히 차단함으로써 사회방어의 목적을 가지는 사형제의 목적은 정당하고, 이러한 입법목적을 달성하기에 적합한 수단이며, 강력한 범죄억지력을 가지며 무기징역형은 범죄자의 책임에 상응하지 않고, 사형보다 법익침해가 적은 다른 형벌이 명백히 존재한다고 보기 어려우므로 침해 최소성 원칙에 반하지 않는다는 입장이다. 범죄예방을 통한 일반 국민의 생명보호 등 중대한 공익의 보호와 정의 실현 및 사회방위의 공익은 범죄를 저지른 자의 생명권이라는 사익보다 작다고 볼 수 없고, 극악한 범죄에 대하여 한정적으로 부과되는 사형이 그 범죄의 잔혹함에 비하여 과도한 형벌이라고 볼 수 없으므로 법익의 균형성 원칙도 충족한다는 것이다.

오판가능성에 대해서도 이는 사법제도의 한계이며 심급제도, 재심제도 등의 제도적 장치 및 개선을 통해 해결할 문제이지 사형제도 자체의 문제가 아니라는 입장이다.

[사형제도 폐지론] −형벌의 목적은 교화, 생명권의 본질적 내용 침해
목적의 정당성 : 형벌의 목적은 범죄자에 대한 응보가 아니라 교화다
수단의 적합성 : 인간존엄과 가치, 생명권을 보장하는 헌법체계에서 입법목적 달성
　　　　　　　 하기 위한 적합한 수단이 아니다
침해의 최소성 : 가석방 없는 무기징역형 등 사형 대체 형벌 존재
법익의 균형성 : 범죄인의 생명을 박탈해야 할 긴급성 또는 불가피성이 없어 공익
　　　　　　　 보다 사인의 생명침해가 훨씬 크다

사형제도가 위헌이라는 입장은 인간의 존엄과 가치, 생명권을 보장하는 헌법체계에서 입법목적을 달성하기 위한 적합한 수단으로 볼 수 없고, 사형제도를 통하여 확보하고자 하는 형벌기능을 대체할 수 있는 가석방 없는 무기징역 등 수단이 존재하므로 침해최소성 원칙에 반하는 점, 사형을 통해 보호하려는 타인의 생명이나 중대한 법익은 이미 그 침해가 종료되어 범죄인의 생명을 박탈해야 할 긴급성 또는 불가피성이 없어 공익보다 사인의 생명침해가 훨씬 크므로 법익의 균형성도 인정되지 않는다는 것이다. 특히, 생명권을 헌법상 제한이 불가능한 절대적 기본권으로 보고 생명의 박탈은 생명권의 본질적 내용을 침해한다고 보는 것이 사형제 폐지론의 입장이다. 또한 사형제 폐지론의 입장은 국가는 생명권을 보호, 보장할 의

무만 있을 뿐이라고 한다. 특히 사형제도의 범죄억제 효과의 의문성을 지적하면서, 범죄의 예방은 극단적인 형벌을 통해 가능한 것이 아니라 빈틈없는 검거와 처벌의 노력에서 비롯된다는 점을 강조한다. 또 독일의 경우 30년 이상 가석방 없는 절대적 종신형제도에 대해서도 연방헌법재판소가 위헌결정을 내린 바 있으며, 무고하게 제거된 생명의 가치는 공공의 이익을 강조하더라도 정당화될 수 없다는 것이다. 이 경우 형벌의 목적 중 하나인 교화의 측면에서 볼 때 사형은 교화의 목적을 달성할 수 없는 유일한 형벌이라는 것이다.

한편, 헌법재판소는 헌법 제10조 인간의 존엄과 가치에 대해서도 2010년 제2차 사형제 결정에서 다수의견으로 사형제도가 헌법 제37조 제2항에 의한 헌법적 한계를 일탈하였다고 볼 수 없는 이상, 범죄자의 생명권 박탈을 내용으로 한다는 이유만으로 곧바로 인간의 존엄과 가치를 규정한 헌법 제10조에 위배된다고 할 수 없다고 보았다. 반대의견은 사형제도는 범죄억제라는 형사정책적 목적을 위해 사람의 생명을 빼앗는 것으로 국가목적을 위하여 인간을 수단화, 객체화함으로써 인간으로서의 존엄과 가치에 반한다는 의견을 내었다.

(6) 동물의 생명 존중

앞에서 설명한 생명존중의 정신은 인간의 생명 보호를 목적으로 하고 있지만, 이 정신이 동물에게도 확대되고 있다. 다른 생명체를 함부로 죽이지 말라는 도덕원리에서 어려운 점은 생명의 가치의 위계와 관련된 문제이다. 우리는 일반적으로 식물의 생명보다 동물의 생명을 더 가치 있다고 생각한다. 아마도 동물은 생명이 빼앗기는 과정에서 고통을 느끼는 데 반해 식물은 그러지 않기 때문일 것이다. 즉, 식물은 의식이 없다. 어떤 사람들은 동물은 의식이 있고 행위를 이끄는 의지 작용이 있기 때문에 그들에게 영혼이 있다고 말하기도 한다.

무엇보다 인간은 동물의 하나이지만 식물의 하나는 아니다. 인간과 동물의 생물학적 근친성은 동물의 생명을 존중하라는 명령의 구속성을 증가시킨다. 최근에는 동물의 생명권을 언급하기까지 한다. 식물의 생명권을 주장하는 사람도 없고 식물을 먹지 말라고 주장하는 사람도 없다. 따라서 여기서는 동물의 생명권에 대해서만 논의해 보겠다.

동물의 생명권에 관한 논의는 크게 두 가지 관점에서 진행될 수 있다. 하나는 동물의 생명권이 인간의 생명권과 동질하다는 관점이고, 다른 하나는 동물의 생명권은 인간이 어떤 이유에 의해서 제한적으로 부여한 권리라는 관점이다. 동물의 생명권을 인정하는 사람들이 생각하는 관점은 첫 번째 것이다. 두 번째 관점은 인간이 동물에게 권리를 부여한다는 주장이 정당하냐는 어려운 문제를 안고 있다. 먼저 첫 번째 관점부터 논의해보자.

동물의 생명권이 인간의 생명권과 대등하고, 동등하고, 동질적이라면 그것을 주장하는 사람은 아마도 채식주의자(菜食主義者. vegetarian)일 것이다. 만약 동물이 인간의 생명권과 동질적인 생명권을 가지고 있다면 인간은 어떤 이유로도 동물을 죽여서는 안 된다. 인간은 인간이 인간을 죽일 수 있는 예외적인 경우와 동일한 경우에만 동물을 죽이는 것이 허용된다. 즉, 인간이 인간을 죽이는 것이 도덕적으로 정당화되는 그런 경우와 동일한 경우에만 인간은 동물을 죽일 수 있다. 예를 들어 소가 철수를 죽이려고 하는데, 철수는 소를 죽이지 않고서는 죽음의 위협으로부터 벗어날 수 없는 경우, 그런 경우에만 철수는 소를 죽이는 것이 허용된다. 철수는 아무리 소고기가 먹고 싶어도 소를 죽여서는 안 되고, 소를 죽이는 사람의 행위를 허용해서도 안 된다.

동물의 살생을 금지해야 한다고 혹은 육식을 해서는 안 된다는 채식주의자의 주장의 논거 중에 가장 잘 알려진 것이 피터 싱어에 의해 유명해진 유정성(the sentient)이다. 유정성은 쾌락과 고통을 감지할 수 있는 능력을 의미한다. 동물도 인간과 마찬가지로 고통을 느끼기 때문에 그들을 죽여서는 안 된다는 것이다. 불교에서도 이와 유사하게 동물의 살생을 금지하고 있고 실제로 스님들은 채식을 한다. 불교에서는 생명이 윤회하기 때문에 동물을 죽이는 것은 인간의 생명을 죽이는 것과 본질적으로 다르지 않다고 본다. 지금까지 살펴본 것처럼 앞에서 설명한 생명존중의 정신은 일차적으로 인간의 생명 보호를 목적으로 하고 있지만, 이 정신이 동물에게도 점차 확대되고 있다. 동물에 대한 학대행위의 방지 및 적정 보호·관리를 목적으로 동물의 생명보호, 안전 보장 및 복지 증진을 꾀하고, 동물의 생명 존중 등 국민의 정서를 함양하기 위하여 동물보호법[38])을 두고 있다. 이 법은 농림축산식품부에 동물복지위원회(제5조), 동물실험윤리위원회(제25조)를 두도록 한다. 이 법은 동물학대(제8조), 원칙에 반하는 동물실험(제23조 이하)금지 등을 규정하고 벌칙을 두고 있다.

2 | 인권이란?

(1) 국가로부터 인권 보장

인권은 '인간이면 누구나 누릴 수 있는 당연한 권리' 또는 '하늘로부터 부여받아 사람이면 당연히 가지는 권리'라고 말할 수 있다. 이 인권은 헌법 제10조의 "인간의 존엄과 가치"와 같은 헌법의 근본규범과 그 이하 규정을 통하여 구체화하고 있다. 이 인권이 어느 국가의 성문헌법전에 규정하여 구체적 권리로 보장되면 '기본권'이라 부르기도 한다. 결국, 국가는 물론 국제사회의 어느 곳에서나 인간에게 보편적이고 공통으로 인정되는 권리를 인권이라고 한다.

인권은 과거나 현재, 미래를 막론하고 세계 어디서나 보호되어야 하는 것이기 때문에 보편적인 개념이라고 할 수 있다. 따라서 20세기 후반부터 국제인권법이 급격히 발달하여 인권의 국제적 보호라는 개념도 일반화되었다. 자국에 의하여 인권 침해를 당한 개인은 이에 대한 구제를 국제사회에 호소할 수 있는 제도적 장치가 발달하고 있다. 오늘날에는 인권의 보호 없이 국제평화의 달성도 어렵다는 인식이 보편화되고 있다.[39]

인권은 헌법에 규정된 기본권으로서 국가에 대하여 직접 효력이 미쳐 입법부나 행정부, 사법부가 기본권에 기속하여 기본권을 침해하지 않고 보호하는 역할을 해야 한다. 이러한 인권은 행복추구권(헌법 제10조), 평등권(제11조), 신체의 자유와 인신보호(제12조, 제13조), 양심의 자유(제19조), 종교의 자유, 학문의 자유, 예술의 자유, 언론·출판의 자유, 집회·결사의 자유, 사생활의 비밀과 자유, 통신의 비밀과 자유, 직업의 자유, 재산권, 단결권·단체교섭권·단체행동권 인간다운 생활을 할 권리, 근로·교육을 받을 권리 등의 목록으로 우리 헌법에서 보장된다. 아직도 우리 사회에서 국가로부터 이러한 기본권 혹은 인권이 침해받는 사례에 인권보장이 현실화 되도록 국가기관과 국민의 노력이 필요하다.

2013년 1월 개봉작인 영화 "7번방의 선물"은 많은 관객에게 눈물을 자아냈던 영화이다. 이 영화에서는 주인공인 예승이 아버지인 이용구가 미결수인 상태에서 기결수들과 함께 수감되어 있다거나 수감기간 내에 허가 없이 예승이와 함께 생활한다는 비현실적인 내용이 포함되어 있지만, 이 영화의 모티브가 된 사건이 실제 있었다.

1972년 춘천에서 한 초등학교 2학년생이 실종 후 사망한 채로 발견되었다. 피해자는 경찰 간부의 초등학생 딸이었다. 이 사건은 세상을 발칵 뒤집었고 수사기관은 서둘러 동네 만화방 주인을 범인을 강간살인범으로 지목하여 체포, 구속, 기소했다. 폭행과 협박에 내몰린 만화방 주인은 법원에서 무기징역을 선고받았다.

7번방의 선물(2013)

실제 이 사건의 사법피해자는 "7번방의 선물"에서와 달리, 15년 동안의 수감생활을 특별사면으로 마치고 살아서 출소하였다. 너무나도 억울했던 그는 1999년 자신의 사건에 대하여 사법부에 재심을 청구하였다. 이 사건은 "진실화회위의 재심" 권고를 거쳐 2011년 10월 27일 대법원에서 무죄판결이 확정되었다. 재심을 청구한 지 12년 만이었다. 유아간강살인범으로 낙인찍힌 그와 그의 가족이 고통을 받은 지 39년 만의 판결이었다.

이 사건을 통해서 우리는 사람 그리고 그 사람이 만든 제도와 그 현실이 언제나 완벽하지 않고 오류의 가능성이 있음을 다시 깨닫게 된다. 또한 당시 이 사건의 시기적 상황에 따라서 헌법상 보장된 인권보장의 규정들이 현실적으로 작동하지 못했었다.

오늘날 위 주인은 헌법 제12조 제1항 처벌·보안처분·강제노역의 법률주의와 적법절차원리[40], 헌법 제12조 제2항 진술거부권[41], 제12조 제4항 변호인의 조력을 받을 권리[42], 헌법 제12조 제7항 자백의 증거능력 및 증명력 제한[43]의 헌법규정과 이를 실현하는 형사소송법 규정에 따라 지신의 무죄를 변론한 제도를 확보하게 된다.

신체를 훼손당하지 않을 권리(신체 불훼손권)는 공권력의 부당한 간섭이나 침해로부터의 방어를 내용으로 하는 소극적 자유권으로 제2차 세계대전 중에 행해진 비인간적인 인체실험, 고문 등에 대한 반성적 성찰로서 독일 기본법에 규정 되었다. 우리 헌법상 신체를 훼손당하지 않을 권리를 인정하는 명문규정은 없지만 역시 자명한 기본권으로 인정하고 있다. 그 헌법적 근거는 생명권과 마찬가지로 헌법 제10조 인간의 존엄과 가치, 제12조 신체의 자유, 제37조 제1항의 열거되지 않은 기본권 규정의 통합적 해석으로부터 도출할 수 있다. 우리 헌법재판소는 이를 헌법 제12조에서 도출하고 있다.[44]

나아가 법을 집행하고 판단하는 전문가들은 법을 통하여 정의 실현과 인권의 보장 그리고 사회발전을 도모하려 노력과, 언제나 발생할 수 있는 편견과 자만 그리고 그로 말미암은 오류에 대하여 꾸준히 점검할 필요가 있다.

(2) 사인(私人) 간의 인권 보장

헌법에서 기본권으로 정한 인권의 가치는 사인들 간에도 존중·보호되어야 한다. 본래 기본권은 국가가 국민에게 보장하는 것이지만, 사인 간에도 이것이 실현되도록 국가는 법제도를 만들고 있고, 나아가 개인 간에도 사법(私法)에 따라 기본권을 간접적으로 준수하도록 요구하고 있다.

예를 들어 '남녀고용평등과 일·가정 양립 지원에 관한 법률'[45]은 직장 내에서도 평등이념에 따라 남녀의 평등한 기회를 보장하고 모성 보호와 여성 고용을 촉진하는 등 국민의 삶의 질 향상에 이바지하는 것을 목적으로 한다.

이 법에서는 근로자를 채용, 임금, 교육·배치 및 승진, 정년·퇴직 및 해고에서 남녀를 차별할 수 없다고 정하고(법 제7, 8, 9, 10조) 있다. 이 법 제12보 이하에서는 직장 내 성희롱을 금지하고 행위자에 대해 징계 등 조치를 의무하고 있다(법 제14조). 이 법 제18조에서는 출산전후휴가급여를 규정하고, 제19조에서는 육아휴직을 정하였다.

그리고 이 법 제37조 제1항에서는 사업주가 "근로자의 정년·퇴직 및 해고에서 남녀를 차별하거나 여성 근로자의 혼인, 임신 또는 출산을 퇴직사유로 예정하는 근로계약을 체결하는 경우에는 5년 이하의 징역 또는 3천만 원 이하의 벌금에 처한다."고 규정하고 있다.

미주

1) 헌법을 비롯한 각종 법령의 검색은 법제처 홈페이지(http://www.moleg.go.kr)를 통하여 할 수 있다. 대학 내에서는 유료 사이트(http://www.lawnb.com)를 통하여 법령은 물론 판례, 법률문헌 등을 검색할 수 있다.

2) 헌법재판소 홈페이지(www.ccourt.go.kr)에서 관련 사건과 헌법재판소의 판결 내용을 확인해 볼 수 있다.

3) 법률 제10516호 신규제정 2011. 3. 30.

4) 제269조 (낙태) ① 부녀가 약물 기타 방법으로 낙태한 때에는 1년 이하의 징역 또는 200만 원 이하의 벌금에 처한다.
   ② 부녀의 촉탁 또는 승낙을 받아 낙태하게 한 자도 제1항의 형과 같다.
   ③ 제2항의 죄를 범하여 부녀를 상해에 이르게 한 때에는 3년 이하의 징역에 처한다. 사망에 이르게 한 때에는 7년 이하의 징역에 처한다.

5) 낙태죄의 가중적 구성요건으로 업무상 동의낙태죄(형법 제270조 제1항), 부동의 낙태죄(형법 제270조 제2항), 결과적 가중범으로 낙태치사상죄(형법 제269조 제3항·제270조 제3항)를 규정한다.

6) 제270조(의사등의 낙태, 부동의낙태)
   ① 의사, 한의사, 조산사, 약제사 또는 약종상이 부녀의 촉탁 또는 승낙을 받아 낙태하게 한 때에는 2년 이하의 징역에 처한다.
   ② 부녀의 촉탁 또는 승낙없이 낙태하게 한 자는 3년 이하의 징역에 처한다.
   ③ 제1항 또는 제2항의 죄를 범하여 부녀를 상해에 이르게 한 때에는 5년 이하의 징역에 처한다. 사망에 이르게 한 때에는 10년 이하의 징역에 처한다.
   ④ 전3항의 경우에는 7년 이하의 자격정지를 병과한다.

7) 헌재 2019. 4. 11. 2017헌바127, 판례집 31-1, 404, 410.

8) 헌재 2019. 4. 11. 2017헌바127, 판례집 31-1, 404, 419.

9) 법률 제11998호(지방세외수입금의 징수 등에 관한 법률) 일부개정 2013. 08. 06.

10) 대법원 1976. 7. 13. 선고 75도1205.

11) 대법원 1976. 7. 13. 선고 75도1205.

12) 무자발적 안락사의 경우까지 의사조력사를 허용할 수 있는지에 대한 문제는 의사조력사의 오·남용 가능성이 있으며, 안락사를 정상적인 죽음의 범주로 인식케 하는 계기가 될 우려가 있기 때문에, 실제적 필요성과 무관하게 이 글에서는 논외로 한다.

13) 권영성, 헌법학원론, 법문사, 2009, 410면 참조.

14) 김명식, "미국헌법상 안락사와 존엄사에 관한 연구", 헌법학연구 제16권 제1호, 2010, 47면 참조.

15) 만성적이고 지속적인 식물인간상태라는 진단을 받은 환자에 대해 보호자가 인공호흡기를 떼라고 요구할 수 있는 권리를 법원에 청원한 사건으로 연방대법원은 헌법상의 프라이버시권을 근거로 프라이버시권은 치료거부권을 포함하는 넓은 의미이며, 정신능력을 잃은 자를 위해서 후견인이 대리로 그것을 주장할 수 있다고 한, 식물인간에 대한 생명유지장

치를 제거하도록 한 판결. Quinlan, 70 N.J. 10(1976).

16) 엄주희, "환자의 생명 종결 결정에 관한 헌법적 고찰", 헌법판례연구 제14권, 2013, 91 −
92면.

17) 엄주희, "환자의 생명 종결 결정에 관한 헌법적 고찰", 헌법판례연구 제14권, 2013, 92면.

18) 이주희·조한상, "영국의 안락사", 형사정책연구 통권 제82호, 2010, 384면.

19) 형법 제250조 ① 사람을 살해한 자는 사형, 무기 또는 5년 이상의 징역에 처한다.
② 자기 또는 배우자의 직계존속을 살해한 자는 사형, 무기 또는 7년 이상의 징역에 처한다.

20) 형법 제252조 ① 사람의 촉탁 또는 승낙을 받아 그를 살해한 자는 1년 이상 10년 이하의
징역에 처한다. ② 사람을 교사 또는 방조하여 자살하게 한 자도 전항의 형과 같다.

21) 의료법 제15조 ② 의료인은 응급환자에게 '응급의료에 관한 법률'에서 정하는 바에 따라
최선의 처치를 하여야 한다.

22) 서울서부지방법원 2008. 11. 28. 선고 2008가합6977 판결.

23) 서울고등법원 2009. 2. 10. 선고 2008나116869 판결.

24) 대법원 2009. 5. 21. 선고 2009다17417 전원합의체 판결

25) 헌재 2009. 11. 26. 자 2008헌마385 결정

26) 이준일, "대법원의 존엄사 인정(大判 2009다17417)과 인간의 존엄 및 생명권", 고시면,
2009, 94면.

27) 대법원 2009. 5. 21. 선고 2009다17417 전원합의체 판결.

28) 이준일, 전게논문, 94면.

29) 대법원 2009. 5. 21. 선고 2009다17417 전원합의체 판결.

30) 사전연명의료의향서는 19세 이상 성인이라면 현재 건강 상태와 상관 없이 추후 자신이 말
기·임종기에 들어섰을 때 연명치료를 받지 않겠다는 의사를 미리 밝히는 취지로 작성하
는 문서를 말한다. 복지부가 지정한 등록기관을 직접 찾아 충분한 설명을 듣고 작성해야
법적으로 유효하다. 이렇게 등록한 사전연명의료의향서는 향후 본인의 임종이 임박했을
때 연명의료 중단 또는 유보의 근거로 쓸 수 있다.

31) 연명의료계획서는 회생 가능성이 없는 말기·임종기 환자의 뜻에 따라 담당의사가 환자의
연명의료 중단 여부를 기록하는 문서다.

32) 자살에 대하여 형사처벌 규정을 두지 않은 이유에 대하여 철학적으로 생각, 토의해 보시오.

33) 법률 제10516호 신규제정 2011. 3. 30.

34) 헌재 1996. 11. 28. 95헌바1, 헌재 2010. 2. 25. 2008헌가23.

35) 형법 제41조(형의 종류) 형의 종류는 다음과 같다. 1. 사형 2. 징역 3. 금고 4. 자격상실
5. 자격정지 6. 벌금 7. 구류 8. 과료 9. 몰수

36) 형법 제250조(살인, 존속살해) ① 사람을 살해한 자는 사형, 무기 또는 5년 이상의 징역에
처한다. ② 자기 또는 배우자의 직계존속을 살해한 자는 사형, 무기 또는 7년 이상의 징역
에 처한다. <개정 1995. 12. 29.>

37) 비례원칙은 목적 실현을 위한 수단과 그 목적 사이에 합리적인 비례관계가 있어야 한다는
것을 의미하는 것으로 과잉금지의 원칙이라고도 한다. 헌법재판소는 목적의 정당성, 수단
의 적합성, 침해의 최소성, 법익의 균형성을 근거로 사형제도가 본질적 침해금지 원칙에

위반되는지를 심사한다.

38) 법률 제12051호 일부개정 2013. 8. 13.

39) 정인섭, 『신국제법 강의』, 박영사, 2013, 20면.

40) 헌법 제12조 제1항 모든 국민은 신체의 자유를 가진다. 누구든지 법률에 의하지 아니하고 는 체포·구속·압수·수색 또는 심문을 받지 아니하며, 법률과 적법한 절차에 의하지 아니 하고는 처벌·보안처분 또는 강제노역을 받지 아니한다.

41) 헌법 제12조 제2항 모든 국민은 고문을 받지 아니하며, 형사상 자기에게 불리한 진술을 강요당하지 아니한다.

42) 헌법 제12조 제4항 누구든지 체포 또는 구속을 당한 때에는 즉시 변호인의 조력을 받을 권리를 가진다. 다만, 형사피고인이 스스로 변호인을 구할 수 없을 때에는 법률이 정하는 바에 의하여 국가가 변호인을 붙인다.

43) 헌법 제12조 제7항 피고인의 자백이 고문·폭행·협박·구속의 부당한 장기화 또는 기망 기타의 방법에 의하여 자의로 진술된 것이 아니라고 인정될 때 또는 정식재판에 있어서 피고인의 자백이 그에게 불리한 유일한 증거일 때에는 이를 유죄의 증거로 삼거나 이를 이유로 처벌할 수 없다.

44) "헌법 제12조 제1항 전문에서 '모든 국민은 신체의 자유를 가진다.'라고 규정하여 신체의 자유를 보장하고 있는 것은, 신체의 안정성이 외부로부터의 물리적인 힘이나 정신적인 위 험으로부터 침해당하지 아니할 자유와 신체활동을 임의적이고 자율적으로 할 수 있는 자 유를 말하는 것이며 …"(헌재 1992. 12. 24. 92헌가8).

45) 법률 제12244호 일부개정 2014. 1. 14.

제 2 장

보편적 인권 보장과 국제인권법

제 2 장

보편적 인권 보장과 국제인권법

양천수 · 손형섭

1 | 서 론

인권은 '인간이면 그 누구나 평등하게 가질 수 있고 주장할 수 있는 권리'로 이해된다. 이러한 일반적인 인권 이해에서 볼 수 있듯이 인권은 '보편성'을 핵심적인 특성이자 요소로 삼는다. 여기서 보편성이란 시간과 공간에 상관없이 그리고 권리의 주체나 상대방이 그 누구인지 상관없이 언제나 동일한 내용이나 주장을 담고 있는 것을 뜻한다. 그렇다면 '인권은 보편적'이라는 명제는 인권이 중세이든 근세이든 아니면 현대이든 상관없이 그리고 서양이든 동양이든 상관없이, 마지막으로 여성이 주장하든 남성이 주장하든 상관없이 언제나 동일한 규범적 내용을 가진다는 것을 뜻한다.

그런데 이러한 인권의 보편성 명제는 아주 '강한' 명제이다. 왜냐하면 이 명제는 시간과 공간에 상관없이 언제나 내용이 동일하며 타당한 그 무엇이 존재한다는 것을 전제로 하기 때문이다. 역사적으로 보면 이렇게 '강한' 성격을 가진 인권의 보편성 명제는 바로 이러한 '강한' 성격 덕분에 오늘날까지 많은 역할을 해왔다. 예를 들어 인권의 보편성에 힘입어 근대 시민혁명이 가능할 수 있었고 각종 억압과 차별을 철폐하려는 사회변혁 운동에 인권은 큰 힘을 보태기도 했다.

그러나 이론적 측면에서 볼 때 '인권은 보편적'이라는 명제는 아주 어려운 문제를 던진다. 어떻게 인권의 '보편성'을 이론적으로 근거 지을 수 있는가 하는 문제가 그것이다. 더군다나 현대사회와 같이 서로 이질적이면서 때로는 모순적인 가치나 신념들이 양립하는 다원적인 사회에서 과연 보편적인 그 무엇을 인정할 수 있는가 하는 문제는 해결하기 쉽지 않다.[1] 이러한 맥락에서 최근 들어 인권의 보편성에 의문을 표하면서 인권의 보편성은 서구 중심적인 사고가 낳은 산물이라고 규정하고 그 대신 아시아에 고유한 '아시아적 가치'를 정초하려는 이론적 움직임이 전개되기도 하였다.

이러한 문제 상황에서 아래에서는 인권의 보편성에 관한 문제를 살펴보고 오늘날 보편적인 인권을 어떻게 근거 지을 수 있는지 검토한다. 더불어 보편적인 인권에 관해 실정법적 근거를 제공하는 국제인권법에 관해 살펴본다.

2 | 인권의 보편성과 도전

(1) 인권의 보편성

앞에서 언급한 것처럼 일반적으로 인권은 보편적인 권리로 인정된다. 이때 인권이 보편적 권리라는 점은 크게 세 가지 측면에서 바라볼 수 있다. 주체와 효력 그리고 내용이 그것이다. 우선 인권은 주체의 측면에서 보편성을 획득한다. 이는 인권이 인간이면 그 누구에게나 평등하게 인정될 수 있다는 점을 시사한다. 나아가 인권은 효력의 측면에서 보편성을 획득한다. 이는 인권이 특정한 지역이나 시점에서만 효력을 발휘하는 것이 아니라 시간과 공간에 상관없이 효력을 가진다는 점을 의미한다. 마지막으로 인권은 내용의 측면에서도 보편성을 획득한다. 이는 인권의 내용이 시간과 지역이라는 변수에 상관없이 언제나 동일한 내용을 확보한다는 점을 보여준다.

(2) 인권의 보편성에 대한 도전

이렇게 인권은 주체, 효력, 내용의 측면에서 보편성을 가진다. 그러나 인권이 보편성을 가진다는 점은 어찌 보면 상당히 '이상적인' 주장이다. 왜냐하면 이 같은 주장과는 달리 이미 현실에서는 보편적인 인권의 모습과는 배치되는 다양한 현상이 나타나기 때문이다.2) 다음과 같은 예를 언급할 수 있다.

1) 인권 주체의 보편성에 대한 도전

우선 주체 면에서 보면 모든 사람에게 인정할 수는 없는 인권이 등장한다. 가령 독일의 공법학자 알렉시(Robert Alexy)는 이를 '절대적 인권'과 '상대적 인권'이라는 개념으로 구별한다. 여기서 절대적 인권은 모든 사람에게 인정되는 인권을 뜻하는데 반해 상대적 인권은 일부 사람에만 인정되는 인권을 말한다.3) 예를 들어 인간의 존엄이나 생명권 등과 같은 권리는 모든 사람에 평등하게 인정할 수 있는 권리로 절대적 인권이라고 말할 수 있지만, 특정한 정치적 공동체를 구성하는 과정에 참여할 수 있는 권리, 이를테면 선거권과 같은 정치적 인권은 그 공동체의 구성원에만 인정되는 권리로서 상대적 인권이라 말할 수 있다.

2) 인권 효력의 보편성에 대한 도전

나아가 효력면에서도 오늘날 인권은 보편적 힘을 발휘하지 못한다. 왜냐하면 제도적 측면에서 볼 때 인권은 많은 경우 일부 지역에만 그리고 일부의 수범자를 대상으로 해서만 효력을 발휘하기 때문이다. 예를 들어 가장 대표적인 국제인권규범이라 할 수 있는 국제인권규약도 자동적으로 모든 국가에 효력을 가지는 것이 아니라 이 규약에 가입한 국가에만 효력을 발휘할 수 있을 뿐이다. 이는 다른 국제인권규범에도 마찬가지이다. 이렇게 오늘날 인권은 모든 지역에서 규범적 힘을 가지는 것이 아니라 제한된 지역에서만 규범적 힘을 가질 뿐이다.

3) 인권 내용의 보편성에 대한 도전

그러나 이론적 측면에서 볼 때 더욱 복잡하고 어려운 도전은 바로 인권의 내용 면에 제기되는 도전이다. 오늘날 인권의 규범적 내용은 시간과 지역에 상관없이 동일한 것이 아니라 가변적이고 상대적이라는 것이다. 이를 전형적으로 보여주는 예로 2003년 독일 연방헌법재판소가 내린 히잡(Kopftuch) 판결을 거론할 수 있다.[4]

이 판결의 사실관계는 다음과 같다. 독일 연방공화국의 한 주(Land)인 바덴-뷔르템베르크(Baden-Würtemberg)의 슈투트가르트(Stuttgart) 학교 관청은 수업 시간에 히잡 착용을 주장하던 예비교사가 제기한 임용신청에 거부처분을 내렸다. 이에 해당 예비교사는 이러한 조치가 독일 기본법 제4조가 보장하는 종교의 자유 및 같은 법 제33조 제2항 및 제3항이 규정하는 공직·인종 등을 이유로 하는 공직 취임 제한 금지를 침해하였다는 이유로 독일 연방헌법재판소에 헌법소원을 제기하였다. 당시 바덴-뷔르템베르크주는 이러한 금지 조치를 뒷받침할 만한 법적 근거를 마련하지는 않았다.[5] 그런데 이 문제에 연방헌법재판소는 다음과 같은 근거로 수업 시간에 히잡 착용을 이유로 한 임용신청 거부처분이 헌법에 위반된다고 판시하면서 원 거부처분 및 이를 인용한 연방행정법원의 판결을 파기하였다.

독일 연방헌법재판소는 국공립학교 교사가 수업 시간에 히잡을 착용하고 수업에 임하는 것 자체가 헌법에 위반되는지는 판단하지 않았다. 그 대신 이것은 입법자에 부여된 입법 형성의 자유에 포함되는 문제로 보았다. 그러므로 독일 연방의 각 주는 각기 자율적으로 이를 허용할 것인지 아니면 금지할 것인지를 각 주의 법률로 결정해야 한다고 하였다. 각 주가 자율적·절차주의적으로 이 문제를 해결하도록 한 것이다. 그런데 당시 바덴-뷔르템베르크주는 금지 조치를 정당화할 법률을 갖지 않은 상황이어서 이러한 조치가 헌법에 위반된다고 본 것이다.

이 판결은 오늘날 인권이 어떤 어려움에 처했는지 예시적으로 보여준다. 만약 종교의 자유라는 인권이 보편적 내용을 지닌다면 이와 같은 문제는 발생하지 않을 것이다. 그런데 이 판결에서 알 수 있듯이 한쪽에서는 히잡을 착용하지 못하게 하

는 것이 종교의 자유를 보장하는 것이라고 이해하는 반면, 다른 한쪽에서는 히잡을
착용할 수 있도록 하는 것이 오히려 종교의 자유를 보장하는 것이라고 파악한다.

(3) 인권의 보편성 위기의 원인

이렇게 인권의 보편성이 여러 측면에서 위기를 맞이하는 것은 무엇 때문일까?
왜 오늘날 인권은 점점 상대성의 늪으로 빠져들까? 이에는 크게 두 가지 이유를 들
수 있다. 첫째는 이론적 이유이고 둘째는 경험적 이유이다.

1) 인권의 보편성이 지닌 이상성

먼저 이론적 이유로 인권의 보편성이라는 개념이 본래 지닌 의미가 너무 이상적
이라는 점을 거론할 수 있다. 주체, 효력, 내용 면에서 인권이 보편적이라는 주장은
원래부터 존재하지 않은 것으로 너무 이상적이라는 것이다. 사실 인권이 이렇게 강
력한 보편성을 획득한 것은 어쩌면 이론에서나 가능한 것일지 모른다. 그게 아니면
절대왕정이 지배하던 서구의 모순을 극복하고자 등장했던 계몽주의에서나 가능할
법한 것인지 모른다. 물론 그렇다고 해서 이러한 인권의 이상적 보편성을 섣불리
폄훼해서는 안 된다. 바로 이렇게 강력한 보편성을 지녔기에 인권은 규범적 권리로
서 실제 사회를 개혁하는 데 기여할 수 있었던 것이다. 그러나 절대왕정이 해체되
고 전체 사회가 상당 부분 민주화를 경험한 오늘날 이렇게 강력한 보편성을 고수
하는 것은 오히려 이론의 설득력을 떨어뜨릴 수 있다.

2) 사회의 다원화

나아가 경험적 이유로 사회의 다원화를 들 수 있다. 사회의 다원화는 현대사회
를 지배하는 다원주의와 무관하지 않다. 여기서 다원주의는 각기 다른 견해, 가치,
도덕적·윤리적 주장, 문화 등이 동등한 지위를 누리면서 양립할 수 있다고 주장하
는 이념을 뜻한다. 다원주의에 따르면 심지어 서로 대립하고 모순되는 주장이나 가
치도 양립할 수 있다. 이러한 다원주의는 오늘날 현대사회를 이론적으로 지탱하는
중요한 근거가 된다.

오늘날의 사회에서 다원주의가 지배적 이념으로 등장하는 것은 무엇 때문일까?

이에는 여러 가지 설명이 가능하겠지만 여기서는 우선적으로 독일의 사회학자 루만(Niklas Luhmann)이 제시한 '사회의 기능적 분화' 주장을 언급하고자 한다. 루만은 현대사회를 '체계/환경'이라는 구별로 관찰한다. 동시에 현대사회는 내적 분화과정을 거치면서 다양한 기능체계로 분화된다고 말한다.[6] 이를테면 과거에는 전체사회가 계급 또는 계층을 중심으로 하여 수직적으로 분화되었다면(계층적 분화), 오늘날에는 정치체계, 경제체계, 법체계 등과 같은 다양한 기능체계들이 독자성을 획득하면서 사회 전체가 수평적·기능적으로 분화된다고 한다(기능적 분화).

이처럼 사회 전체가 다양한 사회적 영역으로 분화되면서 인간의 규범적 행위를 평가하는 가치 기준도 상대화된다. 이에 따라 가치상대주의가 다원주의와 더불어 규범적 세계를 지배한다. 가치상대주의는 보편적이고 통일된 가치는 존재하지 않고 오직 상대적이면서 서로에 동등한 지위를 주장할 수 있는 가치만이 존재한다고 말한다. 이러한 가치상대주의에 따르면 각 개인이나 공동체는 다원적으로 병존하는 가치 기준 중에서 각기 자신에 적합한 가치 기준을 선택할 수 있다. 왜냐하면 다원적으로 병존하는 가치 기준 사이에 어떤 우열 관계가 존재하는 것은 아니기 때문이다. 그러므로 이러한 가치상대주의를 극단적으로 밀고 나가면 가령 자유주의와 반자유주의도 서로의 영역을 침해하지 않는 한 동시에 양립할 수 있다.[7]

이렇게 사회가 다원화되고 사회의 핵심 가치가 다원화되면서 인권 역시 이러한 다원화의 물결에서 자유로울 수 없게 되었다. 인권도 넓은 의미에서 보면 가치에 속하기 때문이다. 그러므로 인권의 내용 자체가 다원화되는 것도 어찌 보면 필연적 현상이라 말할 수 있다. 이른바 '동아시아적 가치'에 관한 논의나 '다문화적 인권'에 관한 논의가 이를 예시적으로 보여준다.[8]

3 | 보편적 인권의 논증 가능성

이렇게 인권의 보편성에 여러 도전이 제기되는 상황에서 어떻게 인권의 보편성을 유지할 수 있을까? 인권의 보편성은 여전히 논증될 수 있을까? 아니면 이제 인권의 보편성은 포기해야 할까? 다음에서는 오늘날의 상황에서 인권의 보편성을 어떻게 논증할 수 있는지 검토한다. 먼저 인권의 보편성에 관한 기존의 논증 방식, 특히 자연법사상, 로크의 소유적 인권이론 및 칸트의 정언명령과 이성법 개념에 바탕을 두는 세 가지 논증 방식과 그 한계를 살펴본다. 이어 이를 바탕으로 하여 오늘날의 상황에서 어떻게 인권의 보편성을 논증할 수 있는지를 간략하게 검토한다.

(1) 자연법을 통한 논증과 한계

1) 자연법을 통한 논증

인권의 보편성을 논증하던 종전의 논증 방식으로 우선 '자연법을 통한 논증'을 언급할 수 있다.[9] 변화하는 현상계 저 너머에는 시간과 공간을 초월하여 변하지 않는 정당한 법, 즉 자연법이 있다는 주장은 고대 그리스의 철학자 소크라테스 이래 서구의 많은 사상가들을 사로잡았다.[10] 소크라테스나 플라톤 그리고 그의 후예인 아리스토텔레스나 스토아학파의 철학자들은 변화하는 현상계와 변화하지 않는 본성계, 즉 실정법과 자연법을 대비시키면서 자연법을 본질적이며 더욱 우월한 것으로 인정하였다. 이러한 자연법사상은 서구가 중세시대로 접어들면서 기독교와 결합하여 신학적 자연법으로 변모한다. 자연법을 신이 내린 명령과 동일하게 봄으로써 자연법에 신학적인 색채를 덧붙였다. 중세가 끝나가는 즈음 종교개혁이 시작하면서 기독교와 자연법사상이 분리되었고 이를 통해 인간의 '이성'이 신의 자리를 대신하게 되었지만, 여전히 자연법사상은 이제 막 태동하기 시작하던 근세를 지탱하는 철학적 기반이었다. 이러한 자연법사상을 주장한 근세의 자연법론자들, 대표적으로 네덜란드의 국제법학자 후고 그로티우스(Hugo Grotius) 등에 의해 이제 인권사상이 서구에 등장하기 시작하였다.[11]

자연법사상은 인권의 보편성을 논증하는 데 중대한 기여를 하였다. 왜냐하면 인권을 자연법의 핵심내용으로 인정하면 자연법사상의 보편적 성격에 힘입어 인권의 보편성도 쉽게 긍정할 수 있기 때문이다. 그 때문에 자연법사상은 오늘날에도 여전히 인권을 근거 짓는 데 큰 힘을 발휘한다. 예를 들어 다수의 신학자나 기독교 단체는 '신학적 자연법사상'을 원용하여 인권의 보편성이나 처분불가능성을 주장한다.[12] 또한 오늘날 헌법의 기본권 이론에 많은 영향을 끼친 독일의 공법학자 칼 슈미트(Carl Schmitt)가 로마가톨릭의 자연법사상에 기반을 두어 기본권을 자연법적 인권으로 파악하였다는 점은 주지의 사실이다.[13] 나아가 많은 인권선언에서 볼 수 있듯이 아직도 자연법사상은 인권의 보편성이나 불가침성을 근거 짓는 데 중요한 논증 도구로 원용된다.

2) 한계

그러나 이러한 논증 방식은 오늘날 다음과 같은 한계에 부딪힌다. 오늘날 시간과 공간을 초월하는 자연법을 언급하는 것이 더 이상 시대에 맞지 않는 일이 되어 버렸다는 것이다. 자연법사상에는 두 가지 인식론적 문제를 거론할 수 있다.

첫째, 자연법사상이 상정하는 전제, 즉 시간과 공간을 초월하는 유일한 실체적 가치가 존재한다는 전제는 가치상대주의와 다원주의가 득세하는 오늘날의 시대적·이념적 상황과 맞지 않는다. 가치상대주의는 오직 유일하게 타당한 가치는 존재하지 않으며 각각의 가치는 모두 동등한 중요성을 가진다고 주장한다. 이와 같은 맥락에서 다원주의는 각기 다른, 심지어는 서로 모순되는 가치나 이념, 주장 등이 한 사회 공동체 안에서 양립할 수 있다고 말한다. 이러한 가치상대주의나 다원주의에서 보면 시간과 공간을 초월하는 유일한 정당성 체계가 있다고 말하는 자연법사상은 이미 시대착오적인 셈이다.

둘째, 설사 자연법이 존재한다 하더라도 과연 누가 자연법을 발견하고 승인할 권한을 가지는지 문제된다. 플라톤이 강조한 것처럼 오직 철학자인 왕만이 자연법을 알아볼 수 있고 승인할 수 있는 것일까? 그러나 독재를 배격하고 민주주의 체제를 택한 오늘날의 정치체계에서 이 같은 철학자인 왕을 인정할 수는 없다.

이러한 인식론적 문제 때문에 자연법사상에 기반을 두어 인권의 보편성을 주장하는 것은 오늘날 그리 설득력 있게 보이지 않는다. 같은 맥락에서 일부 학자들은 서구에서 성장한 인권이 보편성을 지니며 따라서 우리 역시 그대로 수용해야 한다는 주장에 이것은 '서구 중심적 사고'라고 반발한다. 오히려 서구 중심적인 인권과는 구별되는 '아시아적 가치'를 독자적으로 긍정할 수 있다고 주장한다. 이런 견지에서 보면 인권은 보편적인 것이 아니라 서구 중심적이며 따라서 '문화상대적인 것'에 지나지 않는다.

(2) 소유권에 기한 논증과 한계

1) 소유권에 기한 논증

인권의 보편성을 논증하는 두 번째 방식으로 '소유권에 기한 논증'을 거론할 수 있다. 이는 영국의 경험론자이자 사회계약론자인 존 로크(John Locke)에서 찾아볼 수 있다.14) 넓게 보면 이 논증 역시 위에서 언급한 '자연법을 통한 논증'에 포함시킬 수 있다. 왜냐하면 로크 역시 인권을 '자연권'이라는 이름 아래 근거 지었기 때문이다. 그러나 로크가 사용한 논증은 한편으로는 자연법사상의 전통을 따르기도 하지만 다른 한편으로는 자연법사상과는 차이가 있는 자유주의적 사회계약론에 서 있다는 점에서 '자연법을 통한 논증'과 차이가 있다. 또한 전통적인 자연법사상과는 달리 로크의 사회계약론적 자연권사상은 사회비판적인 측면을 지닌다는 점에서도 차이가 있다.

로크는 어떻게 인권의 보편성을 근거 짓는가? '안전국가'를 정립한 홉스(Thomas Hobbes)와 마찬가지로 로크 역시 '자연상태'를 상정한다. 그러나 이 자연상태는 홉스가 말한 "만인에 대한 만인의 투쟁상태"와는 다소 차이가 있다.15) 로크가 예정하는 자연상태는 "인간의 이성의 법칙인 자연법에 따라 생활하는 상태"를 말한다.16) 이러한 자연상태에서 모든 인간은 기본적으로 자신에게 부여된 자연권을 조화롭게 주장하고 누릴 수 있다. 이때 로크가 강조한 자연권은 생명(life), 자유(liberty), 재산(property)에 관한 권리이다. 이러한 권리를 통틀어 로크는 '소유권'(the right of property)이라고 한다. 로크에 따르면 인간이라면 그 누구나 상관없이 자연상태에서 조화롭게 주장하고 누릴 수 있는 권리가 바로 이 소유권이다. 말하자면 자연권인 소유권은 국가 이전의 자연상태에서 누릴 수 있는 권리이므로 이 권리는 보편성을 가질 수밖에 없다. 여기서 로크가 말하는 소유권은 오늘날의 인권으로 바꿔 말할 수 있기에 이를 통해 우리는 인권의 보편성을 논증할 수 있다. 이러한 로크의 논증 방식은 인권을 소유권의 성격을 가진 자연권으로 파악한다는 점에서 '소유권에 기한 논증 방식'으로 규정할 수 있다.

2) 한계

로크에서 연원하는 소유권에 기한 논증 방식에는 다음과 같은 문제를 제기할 수 있다. 우선 인권의 보편성을 소유권에 근거를 두어 논증하는 것은 생명·자유·재산 등과 같은 소유적 인권에만 초점을 둠으로써 정치적 참여권과 같은 정치적 권리를 간과한다. 그러나 인권이 제대로 작동하기 위해서는 소유적 인권을 넘어 정치적 인권 역시 인권 개념 안에 포함하고 있어야 한다. 독일의 사회철학자 하버마스 (Jürgen Habermas)가 지적하는 것처럼 인권과 정치적 권리, 즉 인권과 주권 사이에는 긴밀한 내적 관계가 존재하기 때문이다.17) 그런데도 만약 소유적 인권만을 자연권으로 인정하면서 이에 대해서만 보편성을 인정하려 한다면 인권은 절름발이가 될 가능성이 있다. 그뿐만 아니라 인권의 보편성을 소유권에 기해 논증하면 사회경제적인 인권의 필요성을 놓칠 가능성도 있다. 그 이유는 로크가 사용한 논증 방식은 '자유주의적'이기 때문이다. '개인'의 소유에 초점을 둠으로써 '연대성'에 기반을 둔 사회경제적 인권을 시야에 넣지 못할 위험이 있다.

이렇게 로크가 사용한 논증 방식은 정치적 인권과 사회경제적 인권을 간과할 수 있음이 지적될 수 있다. 그런데 이러한 문제는 현대 영미 철학에서 전개된 '자유주의와 공동체주의 논쟁'에서 보면 로크가 원용한 논증 방식이 궁극적으로는 자유주의에 서 있었기 때문에 등장한다고 말할 수 있다. 사실이 그렇다면 자유주의에 근거를 두어 인권의 보편성을 근거 지으려는 태도에는 공동체주의가 자유주의에 던진 문제를 그대로 제기할 수 있다.

그렇다면 자유주의에 공동체주의가 던진 문제는 무엇인가? 자유주의는 개인의 자유 및 이와 관련한 권리를 보편적인 것으로 여긴다. 이러한 자유주의에 의하면 보편적인 도덕, 보편적인 법체계를 인정할 수 있다. 개인의 자유는 그 어떤 개인이나 공동체라도 존중해야 할 보편적인 핵심도덕을 이루고, 이 자유를 법으로 보장하는 것이 보편적인 법문화의 내용을 구성한다. 이러한 자유주의에 따르면 자유를 핵심 가치로 하는 인권은 당연히 보편성을 획득할 수 있다.

이에 반해 공동체주의에 따르면 보편적인 도덕을 인정할 수 없다. 오히려 모든 도덕 또는 윤리는 각기 다른 공동체가 추구하는 가치에 따라 그 내용이나 중요성이 결정된다. 바꿔 말해 보편적인 도덕 대신 상대적인 윤리가 전면에 등장한다. 이런 공동체주의에 따르면 보편적이고 통일된 법체계를 인정하는 것도 쉽지 않다. 대신 공동체주의에 따르면 다원적인 법체계만을 인정할 수 있을 뿐이다. 자유주의적인 법체계는 이러한 공동체주의의 시각에서 볼 때 '서구 중심적인 법체계'에 지나지 않는다고 말할 수 있다. 그런데 이러한 문제 제기는 자유주의에 바탕을 둔 인권이론에도 그대로 적용할 수 있다. 공동체주의의 시선에서 보면 보편적 인권이라는 관념은 그야말로 '서구 중심적 관념'에 지나지 않는다.

(3) 정언명령을 통한 논증과 한계

1) 정언명령을 통한 논증

마지막으로 독일의 철학자 칸트가 사용한 논증을 다룰 필요가 있다. 칸트는 단순히 인권을 넘어 '보편성'이라는 철학적 속성에 관해 많은 공헌을 한 철학자이다. 칸트가 실천이성에 바탕을 둔 도덕철학을 전개하면서 제시한 '정언명령'(kategorischer Imperativ)은 종전의 자연법사상이나 소유권 중심의 사회계약론과는 다른 새로운 방식으로 (도덕의) 보편성을 근거 짓는 것을 가능케 한다. 이뿐만 아니라 칸트가 정립한 법개념은 근대 '자유주의 법모델'이 자리 잡는 데 결정적인 역할을 한다.[18]

칸트는 어떻게 인권의 보편성을 정당화할까? 칸트는 종전의 자연법사상이 원용한 초월적인 자연법으로 인권의 보편성을 정당화하지 않는다. 그렇다고 로크가 행한 것처럼 소유권이라는 측면에서 인권의 보편성을 논증하지도 않는다. 칸트는 기존의 논증 방식이 간과하던 '관계', 즉 '사람과 사람의 관계'를 염두에 두어 인권의 보편성을 논증한다. 이러한 칸트의 논증을 알아보기 위해서는 그 전에 칸트의 도덕이론, 특히 '정언명령'을 검토할 필요가 있다.

잘 알려진 것처럼 칸트는 인간이 지닌 실천이성에 바탕을 두어 도덕이론을 전개한다.[19] 칸트에 따르면 인간은 실천이성을 가진 이성적 존재이다. 인간이 이성적 존재라는 것은 인간이 '자율적인 선의지'를 갖고 있다는 점에서 드러난다. 칸트에 따르면 인간은 자율적인 존재이다. 인간이 존엄한 이유도 이렇게 인간이 실천이성을 가진 자율적인 존재이기 때문이다. 이런 칸트의 주장에서 확인할 수 있는 것은 인간의 '자율'이 전면에 선다는 점이다. 여기서 우리는 인간의 자율, 즉 자유가 칸트의 도덕이론 및 인권이론의 핵심임을 알아차릴 수 있다.[20]

그런데 칸트는 인간의 자율성이 자연법사상이 주장하는 것처럼 일종의 자연법으로서 당연히 보편화된다고 파악하지는 않는다. 그렇다고 로크처럼 인간의 자율성을 소유권의 일종으로 파악하여 보편화하지도 않는다. 그 대신 칸트는 나와 타인의 관계 속에서 인간의 주관적 자율성을 보편화하고자 한다. 이는 무엇보다도 정언명령을 통해 성취된다. 정언명령은 가언명령 혹은 조건명령에 대비되는 개념으로, 인간이 존엄한 존재로서 당연히 준수해야 하는 명령을 뜻한다. 칸트는 정언명령을 다음과 같이 표현한다.[21]

"마치 네 행위의 준칙이 네 의지에 의해 보편적인 자연법칙이 되어야 할 것처럼 그렇게 행위하라."

이 정언명령을 면밀하게 읽어보면 칸트가 어떻게 주관적 자율성을 보편화하는지 파악할 수 있다. 이에 따르면 한 사람의 주관적 준칙(자율성)은 "보편적인 자연법칙"에 합치할 때 보편성을 획득할 수 있다.[22] 그런데 이때 말하는 "보편적인 자연법칙"은 종래의 자연법과는 다른 그 무엇이다. 이것은 다른 모든 이가 옳다고 생각하는 법칙을 말한다. 바꿔 말해 칸트가 말한 "보편적인 자연법칙"은 사람과 사람의 관계에서 볼 때 타당한, 즉 '상호주관적인' 법칙을 뜻한다. 바로 이런 점에서 칸트는 사람과 사람의 관계를 고려해서 인간의 주관적 자율성, 즉 인권을 보편화한다고 말할 수 있다.[23]

이렇게 칸트는 인권을 종전의 논증 방식과는 달리 상호주관적인 속성을 담고 있는 정언명령을 통해 근거 짓는다. 이런 칸트의 논증 방식은 그의 법개념에서도 마찬가지로 찾아볼 수 있다. 칸트는 한편으로는 도덕과 법을 구별하면서도 다른 한편으로는 자신의 도덕철학에서 강조한 자율성을 법에서도 마찬가지로 강조한다. 이는 다음과 같은 칸트의 법개념에서 분명하게 드러난다.[24]

"법이란 한 사람의 자의가 다른 사람의 자의와 자유의 일반법칙에 따라 서로 양립할 수 있는 조건의 총체이다."

위의 법개념에서 우리는 크게 두 가지 측면을 읽을 수 있다. 첫째, 칸트의 법개념에서는 "자의"(Willkür), 즉 "자연적 자유"가 전면에 등장한다는 것이다. 이는 칸트의 법개념이 자유주의 법모델을 지향하고 있음을 보여준다. 둘째, 칸트의 법개념에서 강조하는 자유는 나만의 자유가 아니라 타인의 자유까지 고려한 '상호적인 자유'라는 점이다. 말하자면 법은 나의 자유가 타인의 자유와 양립할 수 있도록 도와주는 조건의 총체이며, 이 점에서 나의 자유는 타인의 자유와 양립할 수 있는 한에서만 의미를 가질 수 있다. 내가 가진 자유의 보편성은 타인이 가진 자유와 양립할 수 있는 한에서만 인정받을 수 있다는 것이다.

이처럼 칸트는 사람과 사람의 관계, 즉 '상호성 원칙'을 반영하는 정언명령을 통해 인권의 보편성을 근거 짓는다. 나아가 이러한 인권을 보장하는 것이 곧 법이라는 점을 법의 개념 정의에서 보여준다. 이를 통해 인권의 보편성은 형이상학적인 자연법이나 개인의 소유가 아닌 상호적인 차원에서 논증될 가능성을 확보하게 된다.

2) 한계

칸트로 거슬러 올라가는 정언명령에 힘입은 논증에는 다음과 같은 문제를 제기할 수 있다.

우선 칸트 역시 자유주의가 지닌 문제점을 완전히 넘어서지 못한다. 왜냐하면 칸트의 도덕철학이나 정언명령에서는 비록 상호주관적인 측면을 끌어들이기는 하지만 개인의 주관적 자율성이 핵심적 지위를 차지하기 때문이다. 가령 정언명령이 보여주는 것처럼 "네 행위의 준칙"과 같은 주관적 자율성이 중심이 된다. 또한 법개념에서도 볼 수 있듯이 한 주체가 가진 "자의"가 중심에 선다. 그렇다면 인권의 보편성을 논증하기 위해 칸트의 정언명령을 끌어들이는 것은 자유주의가 가진 문제를 넘어설 수 없다.

나아가 칸트가 사용한 정언명령은 '형식적'이다.[25] 주관적 행위의 준칙을 "보편적인 자연법칙"에 맞출 것을 요청하지만 이때 "보편적인 자연법칙"은 어떤 내용을 담아야 하는지 분명히 말하지는 않는다. 물론 "보편적인 자연법칙"을 '사람들이 타당하게 여기는 것'이라고 달리 말할 수는 있다. 그렇지만 다시 여기서는 과연 어떤 기준에 의해 '사람들이 타당하게 여기는 것'을 찾을 수 있는지 의문이 등장한다.

마지막으로 칸트의 정언명령은 인권을 어떻게 보편화할 수 있을지에 의미 있는 시사점을 주지만, 이러한 정언명령이 오늘날과 같은 다원주의 사회에서도 여전히 통용될 수 있는지, 만약 가능하다면 구체적으로 어떻게 개인의 주관적 자율성, 즉 인권을 보편화할 수 있는지에 분명한 해답을 주지는 못한다.

(4) 검토

1) 보편적 인권의 필요성

위에서 인권의 보편성을 근거 짓던 종전의 논증 방식에 어떤 문제점이 있는지 살펴보았다. 이렇게 해서 얻은 결과를 보면 현대 민주적 다원주의 사회에서 인권의 보편성을 근거 짓는 것은 이론적으로 더 이상 가능하지 않은 것처럼 보인다. 만약 사실이 그렇다면 인권은 보편성을 상실해야 할까? 인권은 이제 상대적인 것으로, 인권이 필요한지는 각 공동체에서 결정할 수 있는 '처분가능한 것'일까?

그러나 이러한 결론은 실천적으로 그리 바람직해 보이지 않는다. 인류가 지금까지 걸어온 역사에서 알 수 있듯이 인권은 여러 부분에서 긍정적인 역할을 수행하였다. 특히 인권이 지닌 '사회비판적 힘'은 오늘날에도 여전히 우리에게 소중하다. 또한 우리 사회 곳곳에는 아직 인권이 필요한 사회적 약자가 다수 존재한다. 요컨대 현대 다원주의 사회에서도 인권은 아직 필요한 그 무엇이다. 그렇다면 문제는 예전과는 달리 다원화된, 각기 다양한 사회의 기능체계로 분화되는 오늘날의 사회에서도 여전히 인권의 보편성을 논증할 수 있는지, 만약 가능하다면 어떻게 이를 논증할 수 있는지 하는 점이다.

2) 보편적 인권의 논증 가능성

이에 관해 다음과 같은 해법을 모색할 수 있다. 인권의 보편성을 가변적·절차주의적 보편성으로 파악하는 것이다. 이는 하버마스의 이론적 틀, 그중에서도 대화원칙(Diskursprinzip)과 보편화 원칙(Universalisierungsgrundsatz)을 바탕으로 하여 인권의 보편성을 논증하는 방식이다.[26] 달리 말하면 하버마스가 제시하는 대화원칙과 보편화 원칙을 원용하여 인권의 보편성을 가변적이고 절차주의적인 개념으로 이해하는 것이다. 이에 따르면 한편으로 인권은 보편적 권리이다. 그렇지만 다른 한편으로 인권은 이와 관련을 맺는 모든 이가 자유롭고 평등하게 참여한 가운데서 진행되는 인권에 관한 합리적 대화를 통해 각 시대에 적합하게 가변적으로 재구성되는 절차주의적 권리이다. 이를 구체적으로 말하면 다음과 같다.

먼저 인권을 규율하는 인권 규범은 대화원칙에 따라 다음과 같은 절차를 거침으로써 '정당성'을 획득할 수 있다.

- **인권 규범의 정당성 조건**

"인권 규범은 그것이 합리적 대화에 참여할 수 있는 모든 관련자로부터 동의를 받음으로써 정당성을 획득할 수 있다."

나아가 보편화 원칙에 따르면 이렇게 정당성을 획득한 인권 규범은 다음과 같은 보편화 과정을 거침으로써 보편성을 획득할 수 있다.

- **인권 규범의 보편성 조건**

"인권 규범은 이 규범을 준수함으로써 모든 개인의 이해관계 충족에 미칠 수 있는 결과와 부작용들이 모든 관련자에 의해 비강제적으로 수용될 수 있는 조건을 충족함으로써 보편화된다."

이렇게 대화원칙과 보편화 원칙을 적용하여 인권의 보편성을 논증하면 기존의 논증 방식이 마주해야 하는 문제를 해결할 수 있다. 그 이유는 다음과 같이 말할 수 있다.

첫째, 이러한 방식은 전통적인 자연법사상을 원용하지 않는다. 자연법 대신 '합리적 대화'와 '동의'를 원용한다.

둘째, 이러한 방식은 형식적인 절차적 조건만을 제시할 뿐 구체적인 내용에 관해서는 침묵함으로써 현대의 다원주의와 양립할 수 있다. 왜냐하면 여기서 강조하는 절차적 조건만을 충족하는 한 각 사회 공동체나 문화 공동체는 자율적으로 그 내용을 다원적으로 채울 수 있기 때문이다. 달리 말해 인권 규범의 구체적인 모습을 다원적으로 구체화할 수 있다.

셋째, 이러한 방식은 상호주관성 모델에 바탕을 둠으로써 소유권에 기한 논증 방식이 지닌 문제점, 즉 자유주의의 한계를 넘어설 수 있다. 그 이유는 상호주관성 모델이 추구하는 정치적 방향은 자유주의와 공동체주의를 모두 포용하는 것이기 때문이다.[27] 이는 곧 인권이 자유주의의 틀 안에만 머무는 것이 아니라 정치적 참여권이나 사회경제적 권리 역시, 그것이 합리적 대화를 통해 각 관련자로부터 동의와 승인을 받는 한에서, 인권의 개념 안에 포섭될 수 있음을 시사한다. 이처럼 하버마스가 제시한 대화원칙과 보편화 원칙을 원용함으로써 현대 다원주의 사회에서도 여전히 인권이 보편적일 수 있음을 논증할 수 있다.

4 ｜ 국제인권법

(1) 국제인권 조약들

기본적 인권의 보장이 각 국가의 책무가 된 근대 이후, 이것은 2차 세계대전 이후에는 국제사회의 책무로 확대되었다. 1945년 UN이 설립되고 첫 번째로 착수한 작업 중 하나가 국제인권장전의 마련이었다. 창설 직후 경제사회이사회 산하에 인권위원회를 설치하고 국제인권장전을 만들어 1948년 12월 10일 UN 총회에서 전문과 30개 조항으로 구성된 세계인권선언을 채택했고[28] 이후 이 선언을 구체적인 구속력이 있는 문서로 만들기 위해 노력했다. 세계인권선언 제11조는 모든 사람의 평등과 존엄성을 선언했다.

이후에도 1966년 UN은 국제인권규약을 정하여 '경제적·사회적 및 문화적 권리에 관한 국제규약', '시민적 및 정치적 권리에 관한 국제규약', 개인통보를 규정한 '선택의정서'와 1989년 추가된 '사형폐지에 관한 제2 선택 의정서', 그리고 2008년 채택된 '경제적·사회적 및 문화적 권리에 관한 국제규약 선택의정서'라는 5개의 독립 조약을 구성했다. 2개의 기본 규약을 우리는 국제인권장전이라고 한다.[29]

이후 개별 인권조약으로 난민조약(1951년), 난민의정서(1967년), 인종차별철폐조약(1965년), 여성차별철폐조약(1979년), 고문등금지조약(1984년), 아동의 권리조약(1989년), 장애인 권리조약(2006년), 강제실종조약(2006년) 등이[30] 성립되었다.

　유럽에서는 지역적 연대성과 역사성을 공유하였기에, 유럽의 인권보장 체계는 '인권 및 기본적 자유의 보호를 위한 협약'(유럽인권협약)의 초안이 1950년에 만들어졌다. 이는 1953년에 발표한 국제인권규약보다 먼저 성립된 것이다. 지역별 인권보호조약도 제정되고 인권보호 기관이 활동하고 있는데, 유럽의 통합 전인 1949년 5월 5일, 유럽평의회(Council of Europe:CoE)가 설립되어, 평의회를 중심으로 유럽 인권협약을 체결하고 인권재판소 설립을 이루었다. 유럽평의회는 유럽연합과는 독립된 기구로, 설립 이후 유럽의 경제·사회적 발전을 촉진하고, 인권과 민주주의 및 법치주의의 증진을 위해 활동해 왔다.[31] 1959년 1월 21일 유럽인권협약에 의해 유럽인권재판소(ECHR, European Court of Human Rights)가 유럽 국가를 중심으로 한 회원들의 국제적 인권보장기관으로 프랑스 스트라스부르에 설립되었다. 1959년 출범 이래 2019년 말까지 모두 882,039건의 사건을 접수, 이중 총 22,535건의 판결을 내려, 최근 연 1,000건 내외의 판결이 내려지고 있다.[32] 1950년 유럽인권협약의 적용으로 양분된 유럽의 기본권 보장의 복잡한 생태를 해결하기 위해 2000년 유럽연합의 기본권 헌장 제정이 구체화되었다. 유럽인권협약의 특징은 ① 지역별 인권보호조약이고, ② 인권을 보장하기 위해 이행방안까지 포함한 포괄적 국제인권조약이며, 특히 ③ 개인에게도 국제적 구제절차를 제공하여 종래 국가중심의 국제법 체제의 한계를 뛰어넘어 효율적인 인권조약의 모범이 되었다.[33][34]

　세계 2차 대전 이후, 기본적 인권의 보장이 국가의 책무에서 국제사회 전체의 책무가 된 지 오래되었다. 이미 UN은 세계인권선언을 채택한 이후 개별 인권조약을 제정하였다. 인권보장의 보편화와 국제화의 일환으로 지역 인권기구로 전미대륙 인권재판소(IACHR), 아프리카 인권재판소(ACHPR), 유럽 인권재판소(ECHR)가 활동하고 있다.

　아시아에서도 아랍·이슬람권을 중심으로 한 서아시아 지역에서 아랍 인권위원회(AHRC)가 설립되었고, 동남아시아에는 아세안 정부 간 인권위원회(AICHR)가 설립됐다. 그러나 아시아 지역에서는 민족과 문화의 다양성, 국가 간의 정치적·경제적 이해의 복잡성, 중앙정부와 입법, 행정, 사법권이 반드시 효과적이거나 타당하지 않고, 인권보장의 담당자로서 충분한 기능을 하지 않는 경우도 있다. 이러한 어려운 상황에도 인권의 보장이라는 보편적인 가치의 추구는 필요하며 이를 실현할 인권기구의 설립 필요성 또한 높다. 따라서 이러한 아시아 인권기구의 설립을 위한

다양한 방안이 시도되어야 한다.[35]

(2) 국제인권을 통한 보호 제도

각국은 개별 인권조약에 따른 당사국의 보고의무가 있다. 1965년 인종차별철폐협약에서부터 UN의 규약위원회에 정기보고 의무가 규정되었다. 규약위원회는 미진한 점에 대하여 통상 1년 정도의 여유를 주며 추가 정보를 요구하게 된다. 현재는 NGO로부터의 다양한 자료가 제공되어 규약위원회가 이를 검토하고 있다.

조약 당사국이 조약상 의무이행 위반에 대하여 인권조약상의 기구에 통보할 수 있는 제도를 두고 있다. 이는 인종차별철폐협약에서만 몇 차례 활용되었고 타국과의 외교적 마찰을 우려한 각국에서 그 활용 빈도가 높지 않다.

하지만 개인이 자기 명의로 국제법상의 권리를 주장할 수 있는 개인통보제도가 '시민적 및 정치적 권리에 관한 국제규약', '인종차별철폐협약', '고문방지협약', '여성차별철폐협약', '이주노동자권리협약', '장애인 권리협약', '아동권리협약' 등에서 인정되게 되었다. 이를 통해 국제법적 인권보호제도를 개인이 이용할 수 있게 되었다.

개인이 권리를 침해당하면 규약위원회에 구제를 요청할 수 있다. 개인통보의 주체는 "규약에 규정된 권리를 침해받아 피해자임을 주장하는 개인"이다. 선택의정서의 당사국에 거주하는 개인이 권리침해를 당한 경우 그 국가를 상대로 규약위원회에 개인통보를 제출할 수 있다.[36] 다만, 이 경우에도 국내적 구제가 완료된 경우에도 구제를 받지 못한 경우에만 규약위원회에 개인통보를 할 수 있다. 이 국내적 구제 완료의 원칙은 당사국에서 통상적으로 제공되는 구제수단을 시도하면 되며 대법원에서 확정된 사건을 재심청구까지 할 것은 요구하지는 않는다. 규약위원회가 개인통보의 요건과 내용을 검토하고 규약 위반으로 판단하면 해당국에 이러한 의견이 통지된다. 한국도 2023년까지 123건 이상 규약 위반 판정을 받고 규약 피해자 수도 많아[37] 여전히 인권침해 문제로부터 자유롭지 않다.

미주

1) '처분불가능성'과 관련하여 이 문제를 다루는 양천수 "법문화와 처분불가능성: 법문화를 통한 처분불가능성의 논증가능성", 『중앙법학』제8집 제3호(2006. 10), 433-454쪽 참고.

2) 이에 관한 이론적 분석으로는 이근관, "아시아적 가치와 인권: 인권의 보편성 명제에 대한 비판적 검토", 성공회대 인권평화연구소 (엮음), 『동아시아 인권의 새로운 탐색』(2002), 60쪽 아래.

3) 이에 관해서는 R. Alexy, "Diskurstheorie und Menschenrechte", in: ders., *Recht, Vernunft, Diskurs: Studien zur Rechtsphilosophie* (Frankfurt/M., 1995), S. 128 참고.

4) 이에 관한 상세한 분석은 강태수, "독일 무슬림의 종교의 자유", 『세계헌법연구』제15권 제2호(2009), 19쪽 아래 참고. 이와 관련된 종교의 자유 문제 및 종교와 국가의 관계에 관해서는 이부하, "종교의 법적 개념과 국가의 종교적 중립성: 독일의 법이론을 중심으로", 『헌법학연구』제14권 제2호(2008), 197-223쪽 참고.

5) 물론 그 이전의 유명한 '십자가 판결'에서 연방헌법재판소는 바이에른주의 국공립학교가 교실 안에 설치한 '십자가'가 학생이 지닌 종교의 자유를 침해한다고 판시한 바 있다. 이에 관해서는 강태수, 위의 논문, 16-18쪽.

6) N. Luhmann, *Soziale Systeme: Grundriß einer allgemeine Theorie* (Frankfurt/M., 1984), S. 242 ff. 참고.

7) 예를 들어 다원주의의 기반 위에서 언론의 자유를 최대한 보장하는 미국에서는 자유주의 뿐만 아니라 이에 상치되는 파시즘 역시 언론의 자유를 통해 보장된다. 이에 관해서는 양창수, "언론자유의 보장근거에 대한 미국에서의 논의 소묘", 『민법연구』제7권(박영사, 2003), 39쪽 아래 참고.

8) '다문화적 인권'에 관해서는 양천수, "다문화적 인권의 가능성: 기초법학의 관점에서", 『법과 정책연구』제11집 제2호(2011), 369-393쪽 참고.

9) 백봉흠, "자연법과 인간의 존엄성: 국제법상 인권보장의 유래", 『가톨릭사회과학연구』제2권(1983), 17-34쪽; 양준모, "자연법과 국제법", 『국제법학회논총』제51호(1982), 430쪽 아래.

10) 자연법사상의 전개 과정에 관해서는 박은정, 『자연법사상』(민음사, 1987) 참고.

11) 이에 관해서는 이문조·양삼석, "근대 초기 자연법사상의 전개: Ockham에서 Pufendorf까지", 『사회과학연구』(영남대) 제13집 제2권 (1993) 참고.

12) 가령 손규태, "인권문제에 대한 신학적 고찰", 『기독교사상』제379호(1990), 178쪽 아래.

13) 이에 관해서는 칼 슈미트, 김효전 (역), 『로마 가톨릭주의와 정치형태』(교육과학사, 1992).

14) 이에 관해서는 이상돈, "근대적 인권 개념의 한계", 『고려법학』제44호(2005), 115쪽 아래.

15) 이에 대해서는 심재우, "Thomas Hobbes의 법사상", 『법사상과 민사법』(국민서관, 1979), 61쪽 아래.

16) 임재홍, "근대 인권의 확립", 인권법교재발간위원회 (편저), 『인권법』(아카넷, 2006), 23쪽.

17) 이상돈·홍성수, "하버마스의 인권이론", 『고려법학』제42호(2004), 77쪽 아래.

18) "자유주의 법모델"에 관해서는 이상돈, 『법학입문』(법문사, 2006), 41쪽 아래.

19) 칸트의 도덕이론을 명확하게 설명하는 경우로는 심재우, "인간의 존엄과 법질서", 『법률행정논집』제12집(1974), 103쪽 아래.

20) 물론 엄격하게 말하면 칸트 자신이 특정한 '인권이론'을 본격적으로 제시한 것은 아니다. 그렇지만 칸트의 도덕철학을 현대의 인권이론에 대입해 보면 일정한 모습을 가진 '칸트의 인권이론'을 그려볼 수 있을 것이다.

21) 임마누엘 칸트, 이원봉 (옮김), 『도덕 형이상학을 위한 기초 놓기』(책세상, 2002), 72쪽.

22) 칸트의 정언명령을 '보편화원칙'으로 이해하는 경우로서 J. Habermas, *Erläuterungen zur Diskursethik* (Frankfurt/M., 1991), S. 12.

23) 물론 칸트의 정언명령이 종전의 자연법사상과는 확연하게 다른 무엇인가에 관해서는 논란이 없지 않다. 예를 들어 독일의 법철학자 베르너 마이호퍼(Werner Maihofer)는 칸트의 정언명령을 "공존질서"의 측면에서 검토함으로써 정언명령이 내포하는 상호주관적인 면을 드러낸다. 베르너 마이호퍼, 윤재왕 (옮김), 『인간질서의 의미에 관하여』(지산, 2003), 13쪽 아래 참고. 이에 반해 독일의 법철학자이자 형법학자인 젤만(Kurt Seelmann)은 칸트의 법개념을 '자연법적'이라고 평가한다. K. Seelmann, 윤재왕 (옮김), 『법철학』(지산, 2000), 86쪽.

24) I. Kant, *Metaphysik der Sitten* (1797), *Einleitung in die Rechtslehre*, § B, 337쪽.

25) 바로 이런 '형식적인' 문제 때문에 헤겔은 칸트를 넘어 '실질적인 윤리이론'을 제시하고자 한다. 이 문제에 관해서는 J. Habermas, *Erläuterungen zur Diskursethik*, S. 9 ff.

26) 이때 대화원칙은 다음과 같다. "행위규범은 그것이 합리적 대화에 참여하는 모든 가능한 관련자들로부터 동의를 받을 수 있는 한에서만 타당하다." 나아가 보편화 원칙은 다음과 같다. "모든 타당한 규범은 이 규범을 준수함으로써 모든 개인의 이해관계 충족에 미칠 수 있는 결과와 부작용들이 모든 관련자에 의해 비강제적으로 수용될 수 있는 조건을 충족해야 한다."

27) 이상돈·홍성수, "하버마스의 인권이론", 78쪽 아래.

28) 정인섭, 『신국제법강의』(박영사, 2023), 919쪽.

29) 정인섭, 위의 책, 931쪽.

30) 五十嵐誠一, 『東アジアにおける人権規範の「地域適合化」と市民社会』, 千葉大学法学論集第32巻第1·2号 (2017), 57쪽.

31) 1949년에 설립된 유럽평의회는 인권 보호라는 설립 취지에 따라 유럽 인권협약을 기초했다. 현재 서기장실, 각료위원회, 입법회의, 총회, 인권재판소, 인권판무관, 사법 판무관, 반인종주의 반불관용 판무관 등을 산하 기구를 두고 있다.

32) 정인섭, 위의 책, 938쪽. ECHR, Overview 1959－2019 (ECHR, 2020), at 5. 9.

33) 정인섭, 앞의 책, 937쪽.

34) 2009년 EU 기본권 헌장으로 유럽연합(EU)에서는 '인권청'(Human Rights Agency: HRA) 설립에 관한 논의 끝에 결국 'EU 기본권청'(The EU Fundamental Rights Agency: FRA)

설립으로 이어졌다. 이어 로마조약에 의해 EU 가입국이 EU 조약과 법률에 대한 위반 여부에 대하여는 룩셈부르크의 유럽연합법원(Court of Justice of the European Union)이 EU의 최고법원으로 판단하게 되었다. 여기에는 개인이나 기업도 제소가 가능하여 유럽의 통합적인 법 집행에 기여하고 있다.

35) 관련 내용은 손형섭, "인권보장의 실효성 확대를 위한 아시아 인권보장 기구의 설립 방안", 공법학연구, 제23권 제4호(2022)를 참조.

36) 정인섭, 앞의 책, 961쪽.

37) 정인섭, 앞의 책, 969쪽.

제 3 장

평등권과 차별금지법

제 3 장

평등권과 차별금지법

차 진 아

1 | 서: 인권으로서 평등권의 의미와 실현구조

평등이라는 말은 정의라는 개념과 불가분의 관계 속에 있다. 서구에서 정의란 무엇이 평등이냐라는 물음과 동일시되었으며, 이는 곧 '각자가 그의 (정당한) 몫을'

주는 것이 곧 정의라는 생각 때문이다.[1] 고대 그리스의 아리스토텔레스 이래 롤스의 정의론에 이르기까지 정의의 핵심은 평등으로 보고 있으며, 평등이란 곧 각자가 그의 정당한 몫을 갖는 것이라는 점에 대해서 별다른 이견이 없었다. 문제는 무엇이 각자의 몫이냐에 대해서는 여전히 많은 논란이 계속되고 있다는 점이다.

이런 점에서 '정의＝평등＝각자에게 그의 정당한 몫을'이라는 등식은 단지 형식적인 것에 지나지 않을 수 있다. 무엇이 각자의 정당한 몫인지에 대한 실질적인 기준을 뺀 채로 이렇게 말하는 것은 결국 구체적·개별적 경우에 무엇이 정의이고 평등인지에 대해서 답하지 못하고 있기 때문이다.

그러나 인류 역사에서 평등사상이 정의관념과 연결되어 얼마나 강력한 파괴력을 보였는지 생각한다면 이러한 주장을 단지 형식적인 것이라는 이유로 그 의미를 평가절하해서는 안된다. 이를 가장 잘 보여준 것이 근대 시민혁명이다. 근대적 인권사상과 맞물린 근대 시민혁명은 자유, 평등, 박애를 부르짖으며 국민주권국가를 탄생시켰고, 국민이 주권자라는 주장과 주권자인 국민이 자유롭고 평등해야 한다는 주장은 내적으로 밀접하게 연결되었다.[2] 그로 인하여 자유와 평등은 민주주의의 이념일 뿐만 아니라 인권의 기초로서도 인정되었다.[3]

그런데 서구철학사상에서 정의의 실체는 평등이라고 인식했던 것과 근대적 인권으로서의 평등권은 완전히 동일시될 수 있는가? 대체로 그렇지는 않다고 말할 수 있다. 정의로서의 평등(법이념으로서의 정의)과 국가작용의 기준으로서의 평등(원칙), 그리고 개인이 인권으로 주장하고 재판을 통해 보호받을 수 있는 평등권은 그 본질에 있어서 같은 것이지만 그 논의 평면이 조금씩 다를 뿐만 아니라 그 외연과 내포가 완전히 일치하는 것은 아니기 때문이다.

추상적으로 모든 국가작용은 정의로워야 한다고 말할 수 있고 같은 맥락에서 평등원칙을 주장할 수 있지만 이러한 평등에 조금이라도 어긋난 경우에 대해 모든 국민이 법적으로 다툴 수 있는 권리, 즉 평등권이 인정되는 것은 아니다. 평등권의 인정범위와 관련하여 종래 세계 각국에서 수많은 판례가 나왔고 그러한 판례의 변화와 발전을 통해 평등권의 법적 인정범위 내지 보호범위가 시대의 발전에 따라 조금씩 확장되었다는 것은 주지의 사실이다.[4]

그러므로 평등권에 한정하여 이야기를 할 때에는 —비록 정의로서의 평등, 국가작용의 원칙으로서의 평등과 밀접하게 연결되어 있지만— 그 인정범위, 그리고 실현의 구조 및 방식에 관하여 매우 섬세한 접근이 필요하다. 실제로 평등권은 보편적 인권의 하나로 인정되지만 각국의 정치적 혹은 사회·문화적 여건에 따라 평등 권이 인정되는 구체적인 범위에는 적지 않은 차이가 나타나게 된다. 이하에서는 우리나라에서 최근 뜨거운 감자가 되고 있는 차별금지법과 관련하여 평등권은 어떻게 실현되어야 하는지를 고찰해보고자 한다.

2 | 평등의 개념과 특성

(1) 평등의 개념과 유형

평등의 사전적 정의는 "권리, 의무, 자격 등이 차별 없이 고르고 한결같음"이다.[5] 그러나 이러한 말로 평등을 이해하기는 매우 어렵다. 한편으로는 권리, 의무 등에 대한 이해, 그 차별 없음에 대한 기준이 문제될 뿐만 아니라, 평등과 차별의 관계는 마치 동전의 앞면과 뒷면 같아서, 앞면이 아닌 것이 뒷면이라거나 뒷면이 아닌 것이 앞면이라는 식의 동어반복이 되기 때문이다.

그로 인하여 평등에 대한 개념정의는 다양하게 시도되고 있으며, 평등의 유형을 나누어서 설명하는 방법도 널리 활용되고 있다. 고대 그리스의 아리스토텔레스처럼 평등을 배분적 정의(=상대적 평등)와 평균적 정의(=절대적 평등)로 나누기도 하고, 근대 이후로는 형식적 평등과 실질적 평등을 구분하기도 한다. 더욱이 20세기 이후에는 사회국가의 발달에 따라 사회적 정의의 요청이 평등 실현에 큰 영향을 미치게 되었다는 점은 그 이전과 평등의 기준이 —적어도 사회적 정의가 문제되는 영역에서는— 달라졌음을 의미한다.[6]

이런 모든 평등 문제는 결국 같은 것과 다른 것의 구별을 전제한다. 즉 평등이란 '(본질적으로) 같은 것은 같게, (본질적으로) 다른 것은 다르게' 취급하는 것으로 정의될 수 있다. 그러나 이러한 평등의 문제는 좀 더 깊이 들어가면 매우 복잡한 양상을 드러낸다. 한편으로는 절대적 평등과 상대적 평등, 형식적 평등과 실질적 평등의 구별이 항상 명확한 것도 아니다. 다른 한편으로는 법적용의 평등과 법내용의 평등을 구분하기도 하며, 이를 형식적 평등과 실질적 평등의 구분과 동일시하는 경우도 있다.[7]

이처럼 평등의 문제가 미묘하게 뒤섞여 있는 것은 평등의 실현구조가 매우 복잡, 미묘하기 때문이다. 모든 사람을 획일적으로 같게 취급하는 것이라면 평등문제는 매우 단순할 수 있지만, 모든 사람을 획일적으로 같게 취급하는 것이 오히려 불합리한 차별이 되는 경우도 매우 많다.

예컨대, 모든 사람은 인간이라는 점에서는 같다. 그러므로 인간의 존엄을 인정하는데 있어서는 절대적 평등 내지는 형식적 평등이 그대로 통용될 수 있다. 그러나 개인의 재산이나 소득의 정도를 무시하고 모든 사람에게 똑같은 세금을 매기는 것이 평등한 것인가? 이는 오히려 담세능력을 전제로 하는 조세평등주의에 반한다. 개인의 능력과 노력, 기여도의 차이를 무시하고 모든 사람에게 똑같은 보수를 지급하는 것이 평등인가? 이는 오히려 불합리한 차별이 된다. 공산주의가 몰락한 것도 이런 점에서 형식적 평등에 매몰되어 실질적 평등의 실현을 도외시했기 때문이라 할 수 있다.

결국 모든 문제를 절대적 평등으로 풀어야 하는 것은 아니지만 그렇다고 절대적 평등이 적용되어야 하는 경우가 없는 것도 아니다. 어떤 경우에 절대적 평등이 적용되어야 하며, 어떤 경우에 상대적 평등이 적용되어야 하는지를 정확하게 구별하는 것이 평등실현과 관련하여 가장 먼저 선행되어야 할 과제이다.

(2) 절대적 평등과 그 특성

절대적 평등이란 비교대상을 완전히 같은 것으로 취급해야 함을 의미한다. 이런 의미의 평등은 매우 제한적으로만 인정될 수 있다. 현실 속에서 발생하는 평등 문제의 대부분은 각각의 사안에 따라, 행위자에 따라, 혹은 대상자에 따라 달리 취급될 수 있는 수많은 경우들과 결합하여 나타나기 때문이다.

그럼에도 불구하고 절대적 평등은 평등의 출발점이라고 할 수 있다. 우리는 대상의 자연과학적 동일성을 고찰하고자 하는 것이 아니라, 규범의 제정 및 해석·적용에서 평등을 이야기하고 있으며, 당위로서의 평등을 이야기할 수 있는 근원은 '모든 인간의 존엄'에 있기 때문이다.

인간의 존엄은 모든 인권의 모태일 뿐만 아니라, 절대적 평등의 근거이기도 하다. 즉, 모든 인간의 존엄하다는 점에서 아무런 차이가 없으며, 따라서 존엄의 평등이야말로 절대적 평등이다. 이러한 존엄의 평등이 모든 평등의 출발점이자 한계점이 된다.

즉, 존엄의 평등은 ─마치 인간의 존엄이 자유와 평등을 통해 다양한 개별기본권으로 구체화되듯이─ 다양한 영역에서 구체적인 평등권으로 발현된다. 다만, 이러한 개별 평등권에서 인정되는 합리적 차별의 문제는 어떤 경우에도 존엄의 평등을 부정하는 것이 되어서는 안 되는 것이다.

이런 의미에서 평등의 실현구조상 절대적 평등이 갖는 특성은 세 가지로 정리될수 있다.

첫째, 진정한 의미의 절대적 평등은 인간 존엄의 평등이며, 이는 어떤 경우에도 침해될 수 없다.

둘째, 절대적 평등은 인간 존엄을 제외한 구체적·개별적 영역에서 직접 적용하기 어렵지만, 모든 상대적 평등의 기준이자 한계이다. 상대적 평등은 합리적 차별을 정당화하지만, 인간의 존엄에 위배되는 것을 합리적 차별이라고 볼 수 없기 때문이다.

셋째, 비록 존엄의 평등과는 구별되지만, 선거권 부여의 기준연령과 같이 형식적 평등이 적용되어야 하는 경우가 있다. 이런 경우에 개인의 합리적 판단능력이나 납세 실적 등을 기준으로 차등화할 경우에는 그 판단의 주체, 기준 등을 둘러싼 갈등이 더욱 심각할 것이며, 판단의 주체가 이를 오남용할 경우에는 선거제도, 나아가 민주주의 전체의 근간이 흔들릴 수 있기 때문이다.

(3) 상대적 평등과 그 특성

우리의 현실에서 문제되는 평등 문제의 대부분은 상대적 평등이다. 즉, 사안에 따라 각기 그 기준이 세밀하게 정해져야 하며, 각자의 사회적 지위나 역할, 능력이나 노력에 따른 기여 등을 합리적으로 고려하여 차등화하는 것은 평등에 위배되는 것이 아니라 오히려 평등에 부합하는 것으로 본다.

그런 의미에서 상대적 평등의 실현에서는 '같은 것을 같게'에 못지않게 '다른 것을 다르게' 취급하는 것이 중요하다. 다만, 같음과 다름을 구별하는 것 이상으로 중요한 것이 얼마나 다르며, 그러한 차이가 어느 정도의 차등화로 연결되는 것이 합리적인지에 대한 판단이다.

예컨대 45세의 부모와 12세의 자녀는 인간이라는 점, 국민이라는 점에서는 같지만, 성인과 미성년자라는 점에서는 다르다. 그로 인해 한편으로는 똑같이 생명권

등 인권의 주체가 되지만, 다른 한편으로는 미성년의 자녀는 기본권행사능력의 제한에 따라 선거권의 행사 등이 허용되지 않는 것이다.

이보다 어려운 문제는 단순히 권리의 인정 여부를 판단하는 것이 아니라, 인정 정도를 판단하는 경우이다. 예컨대 어떤 중견기업의 10년차 노동자가 월급 500만 원을 받는데, 그 회사의 CEO가 월급 5,000만 원을 받는다면 합리적인 차별일까? 아니면 불합리적 차별일까?

물론 10년차 노동자의 월급과 CEO의 월급을 단순비교하기 어려우며, 시장경제 속에서 자율적으로 결정되는 메커니즘을 따르는 것이 합리적일 수도 있다. 그러나 단순히 이해의 편의를 위해서 이러한 사례를 가지고 차별의 합리성을 판단하자면, 단순히 액수의 차이만으로 차별의 합리성 여부를 평가하기 어렵다.

무엇보다 원칙적으로 회사에 대한 기여도에 따라 월급이 정해져야 한다고 볼 때, 실제 CEO의 기여도가 10년차 노동자의 10배 정도에 해당하는지를 먼저 평가한 이후에 월급 차별의 합리성 여부를 판단할 수 있는 것이다.

이처럼 상대적 평등의 실현구조와 관련하여서는 다음의 몇 가지 특성에 주목할 필요가 있다.

첫째, 어떤 사안이 상대적 평등에 합치되는지 여부를 판단하기 위해서는 우선 비교대상(비교집단)과 어떤 점이 같고, 어떤 점이 다른지를 확인해야 한다.

둘째, 차별의 합리성이 문제되는 경우에는 차별 자체의 합리성뿐만 아니라 차별 정도의 합리성이 함께 검토되어야 한다.

셋째, 이러한 차별의 합리성 여부에 대한 판단 기준과 관련하여 헌법학계의 학설 및 헌법재판소 판례에 따라 엄격한 심사기준과 완화된 심사기준의 어느 쪽을 적용할 것인지도 매우 중요하다.[8]

3 | 헌법상의 평등권과 법률에 의한 구체화

(1) 헌법상 평등(권)에 관한 규정과 그 비중

평등(권)에 관한 헌법상의 규정은 헌법 전문(前文)을 비롯하여 여러 조문에 산재해 있다. 이는 한편으로는 평등(권)의 의미와 비중이 크기 때문이지만, 다른 한편으로는 평등(권)의 실현 형태가 그만큼 복잡하고 다양하기 때문이다.

헌법 전문에서는 "政治·經濟·社會·文化의 모든 領域에 있어서 各人의 機會를 균등히 하고"라고 선언하고 있다. 이러한 전문의 표현은 ─헌법 전문의 효력을 인정하는 국내 헌법학계의 다수 견해에 따를 때─ 헌법의 일부로서 규범적 효력을 갖는 재판규범이며, 법해석의 기준이 된다.

또한 헌법 제11조는 평등권에 관한 가장 상세한 규정을 두고 있다. 제1항에서 법 앞의 평등을 선언하고 있으며, 제2항에서는 사회적 특수계급의 금지를 명시하고 있다. 그리고 제3항에서는 훈장 등의 영전에도 특권이 따르지 않음을 확인하고 있다. 헌법 제11조의 규정은 평등(권)의 실현을 위한 핵심규정으로 자리매김되고 있으며, 특히, 제1항 제1문의 법 앞의 평등의 의미, 그리고 제1항 제2문의 "누구든지 性別·宗敎 또는 社會的 身分에 의하여 政治的·經濟的·社會的·文化的 生活의 모든 領域에 있어서 차별을 받지 아니한다."는 규정의 구체적 해석·적용을 중심으로 많은 논의가 전개되고 있다.

그밖에 평등에 관한 헌법규정으로는 제31조 제1항의 균등하게 교육을 받을 권리, 제32조 제4항의 여자의 근로에 대한 부당한 차별의 금지, 제36조 제1항의 혼인과 가족생활에서의 양성평등 등이 있다. 그러나 조금 더 넓게 보면 각종 사회적 약자에 대한 배려[9])를 규정한 사회적 기본권 조항들도 평등의 실현에 관한 것이며, 대통령과 국회의원의 특권을 인정한 것도 그 의미는 평등의 실현에 관한 것이라 할 수 있다.

이처럼 간접적으로 평등과 관련되는 헌법 조항들은 무수히 많다. 평등이 곧 정의의 문제라는 점을 접어 두더라도, 모든 국가권력의 정당성 근거가 인권(기본권)의 보장에 있고, 이러한 인권의 뿌리가 되는 것이 자유와 평등임을 생각할 때, 모든 헌법상의 제도나 기준이 자유와 평등이라는 민주주의의 이념이자 인권의 뿌리와 직·간접의 연결점을 가질 수밖에 없기 때문이다.

다만, 평등의 복잡하고 다양한 문제를 헌법에서 직접, 그리고 세밀하게 규율하는 것은 물리적으로 불가능하다. 헌법은 한편으로 평등(권)을 선언하고 있으며, 다른 한편으로는 전체 국가질서 속에서 평등이 구현되는 모습들을 일부 보여주고 있을 뿐이다. 현실 속에서 평등이 구체화되는 모습은 대부분 법률에 의해 정해질 수밖에 없는 것이다.

(2) 평등권의 실현에 관한 입법의 유형

평등권의 실현에 관한 입법은 매우 다양하다. 법이념으로서의 정의(=평등)에 관한 것으로 볼 경우에는 모든 입법이 평등과 불가분의 관계에 있다고 말할 수도 있지만, 평등권에 한정할 때에도 관련 입법은 양적으로도 많고, 그 성질이나 역할에서도 다양한다. 이러한 평등권 관련 입법은 크게 세 가지 유형으로 나눌 수 있다.

첫째, 평등권의 적극적 실현에 관한 입법이 있다. 양성평등의 적극적 실현을 위해 여성 할당제를 두는 입법,[10] 장애인고용할당제를 도입하는 입법[11] 등이 이에 해당한다. 이러한 입법은 평등 실현을 위한 적극적 조치가 필요한 경우에 그 정당성이 인정되며, 이러한 조치가 과도한 경우에는 역차별이라는 비판이 나오기도 한다.[12]

둘째, 차별적 취급의 정당화에 관한 입법도 있다. 예컨대 특정 지역을 부동산 투기과열지구로 묶어서 규제할 수 있게 하는 입법[13]이나, 재난이 발생한 지역에 대한 특별한 지원을 규정하는 입법[14] 등이 이에 해당한다. 이러한 경우에도 차별의 합리성이 인정되어야 하며, 그렇지 못한 경우에는 헌법재판소에 의해 위헌으로 판단될 수 있다.

셋째, 직접적으로 차별의 금지를 구체화하는 입법이 있다. 현재 「남녀고용평등과 일·가정 양립 지원에 관한 법률」(이하 남녀고용평등법), 「고용상 연령차별금지 및 고령자고용촉진에 관한 법률」(이하 고용상 연령차별금지법)과 「장애인차별금지 및 권리구제 등에 관한 법률」(이하 장애인차별금지별금지법[15])이 제정되어 있으며, 일반적 차별금지법 제정논의가 오래 전부터 계속되었으나 찬반의 날카로운 대립으로 인해 성과를 보이지 못하고 있다.

주목할 점은 이러한 유형의 분류에도 불구하고, 평등권의 실현구조에는 차이가 없다는 것이다. 즉, 차별의 합리성 여부가 가장 핵심적인 평등권의 판단 기준이며, 어떤 유형의 평등권 관련 입법이라 하더라도 이 점에서는 차이가 없다.

(3) 평등과 차별의 파라독스 - 차별하는 것이 오히려 평등의 실현일 수 있다!

평등은 흔히 차별의 반대개념으로 인식되고 있다. 그러나 현실적으로 (본질적으로) '같은 것은 같게, 다른 것을 다르게' 취급하는 상대적 평등은 오히려 차별을 통한 평등의 실현을 전제한다. 즉, 본질적으로 다른 것을 같게 취급하는 것이 오히려 평등에 반하며, 본질적으로 다른 것은 다르게 취급해야 한다는 것이다.

그런 의미에서 평등과 차별은 서로 다른 대상을 어떤 경우에 같게 또는 다르게 취급할 것인가의 문제를 둘러싼 -양 극단의 대립이 아니라- 조화와 협력의 관계에 있는 것으로 볼 수 있다. 비록 개념상 평등과 차별은 섞일 수 없는 양극단처럼 보이지만, 평등의 실현구조 속에서 양자는 서로를 보완하는 요소로 기능할 수 있다. 현실적인 평등 문제는 차별 자체를 문제 삼는 것이 아니라, 차별의 합리성 여부를 문제 삼는 것이기 때문이다.

문제는 차별의 합리성 여부에 대한 판단이 사람에 따라, 개인의 가치관에 따라 달라질 수 있는 경우도 있고, 시대의 변화에 따라 판단의 패러다임이 바뀌는 경우도 있다는 점이다. 예컨대, 우리 사회에서 성소수자 문제에 대해 여전히 날카로운 갈등이 드러나는 것은 전자의 예에 해당할 것이고, 시대의 변화에 따라 양성평등의 문제에 대한 인식이 크게 바뀐 것은 후자의 예라고 할 수 있다.

평등권 실현과 관련한 섬세한 판단을 완벽하게 할 수 있는 객관적 기준은 존재하지 않는다. 대부분의 사안에 대해서는 헌법재판소의 판단에 의해 문제를 해결하지만, 과거 시각장애인의 안마사 자격독점에 대한 헌법재판소의 위헌결정[16]처럼 사안의 본질에 대한 충분한 이해의 부족으로 인해 갈등의 해결이 아니라, 새로운 갈등의 분출로 이어진 사례도 있다.[17]

결국 평등과 차별의 문제는 비교 대상을 놓고, 어느 쪽의 가치를 더 무겁게 평가하는지에 따라서 달라질 수 있으며, 이는 차별의 합리성을 인정하는지의 여부로 직결된다. 그런 점에서 평등과 차별의 보완에 대해서는 끝없는 숙고가 필요한 것이다.

4 | 일반적 차별금지법 제정 논의

(1) 평등권 실현의 기본법으로서 차별금지법 제정에 관한 논의

평등에 관한 수많은 법률이 있지만, 평등에 관한 기본적인 원칙과 기준을 정하고 있는 기본법은 존재하지 않는다. 예컨대 교육 관련 법률들의 중심이 되고 있는 교육기본법, 환경 관련 법률들의 기준이 되고 있는 환경정책기본법 등과 같이 평등에 관한 기본법이 필요하다는 주장이 근 20년째 계속되고 있다.[18]

그러나 몇 가지 핵심 쟁점에 대한 논란이 계속되면서 일반적 차별금지법 제정은 번번히 무산되었고,[19] 그동안에 장애인차별금지법 등의 특수 분야의 차별금지법이 먼저 제정되기도 했다. 이런 상황은 차별금지법이 동성애를 합법화하려는 것이라는 인식에 따른 기독교 측의 강력한 반대로 인한 것으로 볼 수 있다.

실제로 지난 차별금지법 제정논의에서 가장 큰 쟁점이 되었던 것은 동성애 문제였다. 생각하기에 따라서는 동성애 등 민감한 쟁점을 배제하고 일단 차별금지법을 제정한 이후에 동성애 등의 문제에 대해서는 차후에 논의를 이어가는 것이 바람직한 방법일 수 있다. 이것이 몇 가지 쟁점으로 인해 차별금지법의 제정이 근 20년 가까이 늦어지고 있는 것보다는 평등실현에 가시적인 진전이라 볼 수 있기 때문이다.

그런데 일반적 차별금지법 제정을 추진하는 쪽에서는 동성애 등에 관한 규정이 없는 차별금지법 제정을 거부해 왔다. 그때문에 일반적 차별금지법은 그 전체적인 구성과 내용의 의미와 중요성이 주목받지 못한 채, 동성애 합법화를 위한 법률로 인식되고 있다. 그 결과 일반적 차별금지법안은 사회적 합의의 부재를 이유로 번번이 국회 통과가 좌절되었던 것이다.

많은 법률이 정치적 또는 이념적 동기에 의해 발의되고, 제정된다. 그러나 동성애 문제에 대한 갈등으로 인해 거의 20년 동안 차별금지법 제정이 발목 잡혀 있는 상황은 결코 바람직하지 않은 것으로 보인다. 동성애 문제 자체에 대한 공감대의 형성이 어렵다면, 일단 이 문제를 제외한 상태에서 일반적 차별금지법을 먼저 제정하는 것이 합리적인 태도가 아닌가 생각한다.

(2) 외국의 차별금지법제

외국의 경우에도 일반적 차별금지법의 제정이 일반화되어 있는 것은 아니다. 영국이나 독일처럼 일반적 차별금지법을 제정한 나라도 있지만, 미국처럼 개별적 차별금지법 이외에 일반적 차별금지법은 두지 않고 있는 나라도 있기 때문이다.[20]

따라서 어떤 법제가 절대적으로 타당하다고 보기 어렵다. 다만, 유럽연합의 경우에는 대륙법의 전통에 따라 일반적 차별금지법을 제정하려는 경향이 더욱 강하며,

판례법 국가인 미국에서는 그 필요성을 강하게 느끼지 못하고 있는 것으로 보인
다.21) 다만, 판례법 국가인 영국이 일반적 차별금지법의 성격을 갖는 평등법(the
Equality Act 2010)을 제정하였던 것은 2020년 영국의 유럽연합 탈퇴 이전의 상황에
서 당시 유럽연합의 영향을 받은 것으로 이해할 수 있다.

　유럽연합의 차별금지법은 하나의 단일한 법률의 형식을 취하고 있지 않으며, 유
럽인권협약상의 차별금지에 관한 규정이 모든 회원국에 의해 준수되어야 한다는
점에 근거하고 있다. 다만, 수 많은 유럽평의회 조약들에 포함되어 있는 차별금지
원칙은 다양한 법령에 의해 확인될 수 있다. 특히 유럽인권협약 제14조와 유럽인
권협약 제12의정서(2000)는 차별금지의 중요한 규범이 되고 있다.22) 이러한 유럽
인권협약 등에 의한 차별금지원칙은 유럽연합법의 범위 내에 해당하는 경우에만
적용되며, 회원국들은 이러한 유럽연합의 기준을 준수하는 가운데 자국의 실정에
따른 평등의 구체화를 위한 입법을 할 수 있다.

　독일의 경우 헌법인 기본법 제3조에서 평등에 관해 규정하고 있으며, 일반적 차별
금지법에 해당하는 일반적 평등대우법(AGG: Allgemeines Gleichbehandlungsgesetz)을
두고 있다. 2006년 발효된 이 법률은 차별금지에 관한 원칙적 규정들을 포함하고
있을 뿐만 아니라 독일에서 많이 문제되는 취업에서의 차별금지를 비롯한 차별금
지에 관한 구체적 규정들도 포함하고 있다. 그러나 이 법률과 함께 「양성평등에 관
한 법률」(연방양성평등실현법: BGleichG)23), 장애인차별의 금지에 관한 법률(장애인평
등실현법: BGG)24) 등 개별적 차별금지법도 함께 인정되고 있다.25)

　영국의 평등법은 5개의 법률(남녀동일임금, 성차별, 인종차별, 장애차별, 고용 이외의
영역에서의 종교 차별)과 3개의 시행령(종교 차별, 성적 지향 차별, 연령차별)에서 개별
적으로 다루고 있던 차별금지에 관한 법제를 통합하여 통일성과 명확성을 제고한
것이다.26) 영국에서는 1997년 이후 차별금지법 통합의 필요성이 제기되었고, 오랜
논의 끝에 2006년 평등법(the Equality Act 2006)에 의해 평등인권위원회가 설립되
었으며, 유럽연합의 지침 범위를 넘어서 차별금지의 적용 영역을 일부 확장하였다.
그러나 당시의 평등법은 평등기구의 통합에 방점을 둔 것으로서 일반적 차별금지
법의 성격을 갖는 것으로 평가하기 어렵다. 2010년 평등법에서 차별금지사유와 적
용범위를 확장하면서 개별적 차별금지법을 통합한 이후에 비로소 일반적 차별금지
법으로 평가되고 있다.27)

(3) 국내의 차별금지법안의 연혁

국내의 차별금지법제 형성의 시작점은 2006년 국가인권위원회의 차별금지법 권고안으로 보는 것이 일반적이다. 이 권고안은 2002년 제16대 노무현 후보의 대선 공약이었던 차별금지법 제정을 위해 그 당선 이후 국가인권위원회에 '차별금지법 제정 추진위원회'를 구성해서 3년 6개월의 기간 동안 준비한 결과라고 할 수 있다.

이후 차별금지법안이 법무부에 의해 성안되어 국회에 제출되었으나 국회를 통과하지 못했다. 이후 2008년에는 노회찬 의원의 대표발의로 차별금지법안이 발의되었고, 2011년에는 권영길 의원이 대표발의한 차별금지법안. 2012년 김재연 의원의 대표발의한 차별금지법안, 2013년 김한길 의원이 대표발의한 차별금지법안이 있었으나, 국회를 통과하지는 못했다.

제21대 국회에서도 2020년 장혜영 의원이 대표발의한 차별금지법률안, 2021년 이상민 의원이 대표발의한 평등에 관한 법률안, 2021년 박주민 의원이 대표발의한 평등에 관한 법률안, 2021년 권인숙 의원이 대표발의한 평등 및 차별금지에 관한 법률안이 있었지만, 이들 역시 입법기 종료로 폐기되었다.

제21대 국회에서 발의된 3개의 법안을 비교해 보면, 유사점이 매우 큰 것을 발견할 수 있다. 비록 법안의 제안자는 달라도 기존의 차별금지법안들에서 제시된 내용을 기본으로 약간의 변화를 가미한 정도로 만들어진 법안들이기 때문일 것이다. 이러한 법안들에서 특히 주목할 점은 다음의 몇 가지이다.[28]

첫째, 지난 18여년 동안 차별금지법의 제정을 가로막은 가장 큰 이유인 동성애 문제에 대해서 성적지향, 성별정체성 등의 표현을 사용하면서 차별금지의 사유에 반드시 포함되어야 한다는 입장을 고수하고 있다.[29]

둘째, 차별의 배제를 매우 포괄적으로 정하고 있으며, 그중에는 병력(病歷), 전과 등을 이유로 한 차별도 금지되도록 하고 있어서, 이를 무조건 불합리한 차별로 보는 것이 타당한 것인지에 대한 의문을 낳고 있다.[30]

셋째, 차별시정과 관련하여 국가인권위원회의 역할에 비중을 두고 있으며, 국가인권위원회의 시정권고를 따르지 않은 경우에 대해 이행강제금을 부과할 수 있도록 하는 등의 강제력을 인정하고 있다. 이는 국가인권위원회의 성격 및 역할의 변화를 의미하는 것으로서 매우 신중하게 접근해야 할 필요가 있다.[31]

5 | 최근의 일반적 차별금지법 제정을 둘러싼 갈등과 주요 쟁점

(1) 일반적 차별금지법 제정의 주요 쟁점

지난 8년 동안 일반적 차별금지법 제정을 둘러싼 갈등의 핵심이 되고 있는, 그리고 제21대 국회에 제출된 차별금지법안들에서 여전히 드러나고 있는 주요 쟁점은 동성애 문제를 포함한 다음의 몇 가지로 정리될 수 있다.

첫째, 성적지향 및 성별정체성에 따른 차별금지의 명시는 기독교를 중심으로 강력한 반대의 원인이 되고 있다.[32] 현재 대한민국에서 동성애 자체가 과거와 같이 극단적 혐오 또는 따돌림의 대상이 되고 있지는 않다. 말하자면 대부분의 국민이 이를 묵인하는 상태인 셈이다. 그러나 일반적 차별금지법을 통해 이를 법적 제재의 대상으로 삼는 것에 대해서는 반대 의견이 적지 않다.

예컨대, 남들의 동성애에 대해서는 내가 관여할 바 아니지만, 내 자녀의 동성애에 대해서는 반대하는데, 학교에서 동성애 교육을 하는 등의 문제에 대해서 반대할 수 없게 만드는 것은 옳지 않다는 것이다. 또한, 동성애의 묵인과는 달리 동성결혼에 대해서는 아직까지 대한민국 사회에서 인정하지 않는 분위기가 지배적인데, 성적지향 등에 따른 차별금지가 동성결혼의 합법화로 이어질 것이라는 우려[33]도 만만치 않은 것이다.

둘째, 헌법 제11조에서는 성적지향이 아닌, 성별에 따른 차별의 금지만을 인정하고 있으며, 헌법 제36조 제1항에서는 양성의 평등을 명시하고 있다. 그런데 일반적 차별금지법에서 합리적 (혹은 정당한) 이유의 존재와 상관 없이 "특정 개인이나 집단에 대한 분리·구별·제한·배제나 불리한 대우를 표시 또는 조장하는 광고 행위"를 금지되는 차별로 간주하고 있는 것에 대해 위헌이라는 비판이 있다.[34]

이 문제는 일반적 차별금지법에 앞서서 헌법 제11조 및 제36조 제1항을 어떻게 해석해야 하느냐의 문제라고 볼 수 있다. 즉, 헌법은 제11조와 제36조가 충돌하는 차별금지사유를 부정하고, 헌법상 명시된 차별금지사유만을 인정하는 것인지, 아니면 헌법에서 명시한 것은 단지 예시적 규정에 불과한 것인지에 따라 위헌 여부에 대한 판단이 달라질 수 있다.

이와 관련하여 헌법 제11조의 차별금지사유는 예시적인 것으로 보는 견해가 지배적이며, 헌법재판소 판례도 같은 입장인 것으로 보인다.[35] 다만, 헌법 제36조 제1항은 혼인과 가족생활의 형성과 관련하여 양성평등을 명시하고 있다는 점에서 동성결혼은 현행헌법상 허용되지 않는다는 해석이 가능하다.[36] 그러므로 일반적 차별금지법에서 성적지향 등을 차별금지사유로 규정하는 것이 위헌이라고 보기는 어렵다.

셋째, 일반적 차별금지법의 성격에 맞지 않는 구체적 차별금지의 내용으로 인하여 이미 제정되어 있는 개별적 차별금지법과의 중복이나 충돌이 우려되는 점이 있다.

예컨대 모집·채용상의 차별금지[37]는 남녀고용평등법 제7조에 따른 모집·채용상의 차별금지에서 한 걸음 더 나아가 차별금지사유를 확대하고 있는데, 이는 일반적 차별금지법과 개별적 차별금지법의 관계에 비추어 적절치 않다는 것이다.[38] 또한, 근로계약 및 근로조건에 관한 조항[39]도 근로기준법 규정과의 중복 및 충돌이 문제된다.[40] 그밖에도 일반적 차별금지법의 성격에 맞지 않는 구체적 차별금지에 관한 조항이 다수 포함되어 있다는 점은 개별적 차별금지법을 개정하는 것으로 대체하는 것이 필요할 것이다.

(2) 일반적 차별금지법(안)의 개선 방향

일반적 차별금지법의 제정 필요성 자체를 부인하는 사람은 많지 않다. 그럼에도 불구하고 성적지향 등의 문제에 가로막혀 지난 18년 동안 법제정이 지체되고 있는 상황은 결코 바람직하지 않다. 차라리 18년 전에 성적지향 등의 문제를 제외하고 일반적 차별금지법을 먼저 제정한 이후에 성적지향 등의 문제는 법개정의 문제로 다시 논의했다면, ─설령 성적지향 문제는 여전히 해결되지 못했다고 하더라도─ 차별금지의 실현에 가시적인 진전이 있지 않았을까?

그밖에도 일반적 차별금지법의 전체적 체계와 내용에 대해서도 개선이 필요할 것으로 보인다. 이는 헌법 제11조에 근거하여 이를 구체화하는 것이 일반적 차별금지법이며, 일반적 차별금지법에서 정한 차별금지에 관한 원칙과 기준을 다시금 개별적 영역에서 구체화하는 것이 개별적 차별금지법이라는 체계 속에서 일반적 차별금지법의 성격 및 역할을 재조명하는 것에서 시작되어야 한다.

이렇게 볼 때, 일반적 차별금지법의 전체적 체계는 한편으로는 헌법상의 차별금지사유 및 차별금지영역의 구체화를 전제로 법상 차별금지의 기준을 명확히 하고, 다른 한편으로는 일반적 차별금지법의 성격에 맞게 불합리한 차별의 확인 및 시정에 관한 일반적인 제도와 절차를 규정하되, 개별적 차별금지법이 있는 경우에는 그에 따른 차별의 확인 및 시정이 우선함을 명시하여야 할 것이다.

이렇게 볼 때, 제1장에서는 목적과 정의, 다른 법률과의 관계 및 적용범위 등을 정하는 총칙적 규정을 두는 것이 필요할 것이다. 그리고 제2장에서 차별금지사유 및 차별금지영역을 구체화함과 동시에 차별의 확인 및 시정의 방식을 제시하는 것이 바람직할 것으로 보인다. 이와 관련하여 정부의 차별시정정책 등을 요구하는 것이 얼마나 실효성이 있을 것인지는 의문이다.

제3장에서 차별금지의 예시는 필요할 수 있으나, 이를 개별적 차별금지법의 영역에 깊숙이 침투하는 것이 되지 않도록 신중하게 일반적 차별금지법과 개별적 차별금지법의 규정을 조율할 필요가 있을 것이다. 그리고 제4장에서 차별의 구제에 관한 규정을 두는 것도 법체계상 무리가 없지만, 국가인권위원회를 중심 기관이 되도록 하고, 이행강제금 등의 강제력을 부여하는 것에 대해서는 신중한 검토가 필요할 것으로 보인다. 진정에 대한 권고를 중심으로 구속력 없는 결정을 내려온 국가인권위원회의 성격에 맞지 않고, 이러한 국가인권위원회의 이행강제금 결정이 법원의 판단과 상충될 가능성도 적지 않기 때문이다.

그리고 불이익 조치의 금지, 벌칙 등의 규정은 제5장 보칙으로 구분하는 편이 체계상 일목요연할 것으로 보인다.

(3) 일반적 차별금지법 제정의 전망과 남은 과제

여러 가지 체계상의 개선 필요성에도 불구하고, 일반적 차별금지법 제정의 결정적인 장애는 역시 동성애 등의 문제에 대한 공감대의 형성이다.

이 문제를 두고 18년간 극단적인 대립을 계속하는 가운데 중재안조차 나오지 않고 있는 것은 일반적 차별금지법의 제정이 이제는 차별금지의 진전을 위한 것이 아니라, 마치 이념 대립이나 진영 대립을 대변하는 듯한 양상으로 비춰지고 있다.

이런 상황이 바람직하지 않다는 점은 명백하지만, 아무런 진전 없이 18년째 제자리걸음을 되풀이하고 있는 일반적 차별금지법은 타협 없는 갈등과 대립이 매우 소모적인 것임을 보여줄 뿐이다. 지금까지도 동성애 문제를 둘러싼 대립은 해소될

기미가 보이지 않고, 이대로 아무런 변화 내지 타협이 없다면, 향후 10년이나 20년이 지나도 일반적 차별금지법 제정은 계속 실패할 가능성이 크다.

민주주의는 타협의 정치라고 말한다. 어떤 주장도 절대적인 정당성을 갖는다고 볼 수 없으며,[41] 대화와 타협을 통해 합리적인 조화점을 찾는 것이 민주주의의 본질이라는 점을 강조한 것이다. 그런데 가장 민주적이어야 할 인권법의 핵심 중의 하나로 평가되는 일반적 차별금지법의 제정에서 이러한 극단적 대립과 갈등이 나타나고 있다는 점은 아이러니하다.

인권의 발전은 개혁을 통해서만 가능하다. 그러나 일거에 모든 것을 해결하려는 혁명적 개혁은 시민혁명이 성공했을 때와 같이 국가의 기본틀을 바꿀 수 있는 매우 특별한 경우에만 가능하다. 그로 인해 민주화 이후에는 오히려 점진적·단계적 개혁이 주류가 될 수밖에 없는 것이다.

그런 점에서 일반적 차별금지법의 제정과 관련하여 '전부 아니면 전무(all or nothing)'라는 식의 접근은 타당하지 않다. 이와 관련한 타협적 자세가 갖춰지지 않는다면 일반적 차별금지법 제정의 전망은 앞으로도 계속 어두울 것으로 보인다.

6 | 결: 합리적인 차별과 불합리한 차별의 구분선은?

차이와 차별을 구분해야 한다는 말이 있다. 현실적으로 존재하는 개인의 신체나 정신, 사회적 지위나 경제적 능력의 차이가 불합리한 차별은 근거가 되어서는 안 된다는 것이다.

그런데 문제는 어떤 것이 합리적인 차별이고, 어떤 것이 불합리한 차별인지에 대한 판단이 엇갈리는 경우가 매우 많다는 점에 있다. 역사적으로 보더라도 노예제도를 합리적인 것으로 보던 시기도 있었고, 남존여비를 당연시하던 시대도 있었다. 그러면 우리 시대의 합리적인 차별의 기준은 뚜렷한가?

이는 '무엇이 정의인가'라는 물음으로 되돌아가는 것과도 같다. 이에 대한 인류 역사의 답은, 자유민주적 기본질서라는 근본가치로 인정되고 있는 것들은 다수결에 의해서도 침해될 수 없는 실체적 정의이지만, 그밖의 것들에 대해서는 그때그때의 합리적인 입법절차 및 사법절차 등에 의해 결정된 것을 잠정적 정의로 본다는 절차적 정의에 의존할 수밖에 없다는 것이다.

그렇다고 모든 문제를 51:49의 다수결로 결정해야 한다는 것은 아니다. 대화와 타협에 의한 공감대의 형성이 우선이고, 부득이한 경우에 다수결에 의한 결정이 내려질 수 있는 것이다. 그동안 입반적 차별금지법 제정이 계속 국회를 통과하지 못한 이유로 이러한 공감대 형성의 부족에 있는 만큼, 이제부터라도 공감대 형성을 위해 더욱 노력해야 할 것이다.

또한, 공감대가 형성되지 못한 부분에 대해서는 이를 잠시 다음 순서로 늦추더라도 여타의 부분에 대한 입법이 우선되어야 할 것으로 보인다. 지금까지 나온 차별금지법안들을 보면, 마치 동성애 문제를 해결하지 못하는 일반적 차별금지법은 존재이유가 없다고 말하는 것 같다. 그러나 그것은 일반적 차별금지법의 의미를 너무 과소평가하는 것이라고 볼 수밖에 없다.

미주

1) 장영수, 『헌법학』, 홍문사, 2024, 196면.
2) 장영수, 앞의 책, 438 - 439면.
3) 모든 인권의 모태는 인간의 존엄이지만, 인간의 존엄이 자유와 평등으로 구체화되고 자유, 평등을 다시금 구체화한 것이 평등권, 신체의 자유, 종교의 자유, 언론의 자유 등 각종 개별 기본권이라는 점은 결코 우연이 아니다. 이에 대하여 자세한 것은 장영수, 앞의 책, 438 - 439면 참조.
4) 이에 관하여는 장혁준, 시민권으로서 '평등' 원리의 변화 - 미국 연방대법원 판례 분석을 통해 -, 법과인권교육연구 제12권 3호(2019.12), 75 - 110면 참조.
5) 국립국어원의 표준국어대사전에 따른 개념 정의.
6) 사회적 평등에 대하여 자세한 것은 차진아, 사회적 평등의 이념과 21세기적 과제, 토지공법연구 제77집(2017.2), 385 - 417면 참조.
7) 이에 대해 비판적 견해로는 장영수, 앞의 책, 584면("법적용의 평등은 (실정)법이라는 형식적 기준에 따라 그 적용대상에 일단 포함된 사람들에 대하여 같은 대우를 하도록 하는 것이므로 형식적 평등으로 보는 것이 타당하다고 볼 수 있다. 하지만 법내용의 평등이 반드시 실질적 평등이라고는 보기 어렵다. 왜냐하면 입법내용에 있어서도 형식적 기준에 의한 평등과 실질적 기준에 의한 평등이 각기 달리 문제되고 있는 경우가 많기 때문이다").
8) 헌법재판소는 다음에서 보는 바와 같이 평등위반심사기준을 완화된 심사기준(자의금지)과 엄격한 심사기준(비례성원칙)으로 이원화하고 있다. 헌재 2002. 9. 19. 2000헌바84, 판례집 14 - 2, 268: "헌법재판소에서는 평등위반여부를 심사함에 있어 엄격한 심사척도와 완화된 심사척도의 두 가지 척도를 구별하고, 어떤 심사척도를 적용할 것인가를 결정하는 기준으로서 헌법에서 특별히 평등을 요구하고 있는 경우(즉, 헌법이 스스로 차별의 근거로 삼아서는 아니되는 기준을 제시하거나 차별을 특히 금지하고 있는 영역을 제시하고 있는 경우)와 차별적 취급으로 인하여 관련 기본권에 대한 중대한 제한을 초래하게 되는 경우에는 엄격한 심사척도가 적용되어야 하고, 그렇지 않은 경우에는 완화된 심사척도에 의한다는 원칙을 적용하고 있다. 이 경우 엄격한 심사를 한다는 것은 자의금지원칙에 따른 심사 즉, 합리적 이유의 유무를 심사하는 것에 그치지 아니하고 비례성원칙에 따른 심사 즉, 차별취급의 목적과 수단 간에 엄격한 비례관계가 성립하는지를 기준으로 한 심사를 행함을 의미하며(헌재 1999. 12. 23. 98헌바33, 판례집 11 - 2, 732, 749; 1999. 12. 23. 98헌마363, 판례집 11 - 2, 770, 787 - 788; 2001. 2. 22. 2000헌마25, 판례집 13 - 1, 386, 403 - 404; 2001. 6. 28. 2001헌마132, 판례집 13 - 1, 1441, 1464 - 1465 참조), 완화된 심사척도 즉, 자의심사의 경우에는 차별을 정당화하는 합리적인 이유가 있는지만을 심사하기 때문에 그에 해당하는 비교대상 간의 사실상의 차이나 입법목적(차별목적)을 발견하고 확인하여(헌재 2001. 2. 22. 2000헌마25, 판례집 13 - 1, 386, 403), 그 차별이 인간의 존엄성 존중이라는 헌법원리에 반하지 아니하면서 정당한 입법목적을 달성하기 위하여 필요하고도 적정한 것인가를 기준으로 판단되어야 한다(헌재 1994. 2. 24. 92헌바43, 판례집 6 - 1, 72, 75)." 완화된 심사기준과 엄격한 심사기준에 관하여는 한상운·이창훈, 현행 헌

법상 평등심사기준에 관한 연구 -헌법재판소 판례를 중심으로, 성균관법학 제20권 제1호 (2008.4), 65- 88면 참조.

9) 사회적 약자의 인권에 대하여 자세한 것은 차진아, 사회적 약자의 인권에 관한 연구 -사회적 약자의 유형에 따른 인권보장의 구체화방향을 중심으로-, 공법학연구 제13권 제2호 (2012.5), 193-226면 참조.

10) 이에 해당하는 것으로는 공무원시험법 및 동법시행령상 공무원시험에서 양성평등채용목표제, 공직선거법상 국회의원선거에서 여성 비례대표 할당제, 교육공무원법상 국공립대 여성 교수 할당제 등이 있다.

11) 「장애인고용촉진 및 직업재활법」상 장애인고용할당제가 있다.

12) 이에 관하여는 김상숙·이근주, 지방자치단체 남성공무원의 역차별 인식과 조직몰입에 대한 연구: 승진 및 보수공정성의 매개효과를 중심으로, 한국인사행정학회보 제20권 제3호 (2021.9), 59-83면 참조.

13) 주택법상 투기과열지구의 지정 및 해제.

14) 「재난 및 안전관리기본법」 제60조, 제61조 등.

15) '일반적 차별금지법'이라는 표현 대신에 '포괄적 차별금지법'이라는 표현이 사용되기도 한다. 그러나 장애인차별금지법 등 개별적 차별금지법이 이미 존재하는 상황에서는 마치 이런 문제까지 포괄하는 듯한 명칭인 '포괄적 차별금지법'이라는 표현보다는 '일반적 차별금지법'이라는 표현이 더 정확하다고 할 수 있다.

16) 헌재 2006. 5. 25. 2003헌마715등, 판례집 18-1하, 112.

17) 이 판례에 관하여는 김명수, 적극적 평등화조치와 시각장애인의 기본권 보장, 세계헌법연구 제16권 제1호(2010.4), 35-70면 참조.

18) 2006년 차별금지법 제정에 관한 국가인권위원회의 권고안이 나온 이후 2024년 현재 18년이 지난 것이다.

19) 그동안 역대 국회에서 차별금지법안이 제출되었던 사례들에 관하여는 김종헌/ 이승길, 차별금지법안의 쟁점과 개선방안, 사회법연구 제42호(2020.12), 390면 이하 참조.

20) 다만, 김종헌·이승길, 앞의 글, 400면 이하에서는 미국의 '민권법(Civil Rights Act, 1964)'을 포괄적 차별금지법으로 평가하고 있다.

21) 다만, 주(州) 차원에서 일반적 차별금지법을 두고 있는 경우는 적지 않다. 이에 관하여는 이상현, 미국의 포괄적 차별금지법과 관련 사례 연구, 교회와 법 제7권 제1호(2020.8), 186-207면 참조.

22) 유럽연합의 차별금지법의 구체적 내용에 관하여는 유럽연합기본권청·유럽인권재판소·유럽평의회(김종서 역), 『유럽 차별금지법 교본』, 민주법학 제76호(2021.7), 127-228면 참조.

23) 「Gesetz für die Gleichstellung von Frauen und Männern in der Bundesverwaltung und in den Gerichten des Bundes(Bundesgleichstellungsgesetz)」 (BGleiG).

24) 「Gesetz zur Gleichstellung von Menschen mit Behinderungen (Behindertengleichstellungsgesetz)」 (BGG).

25) 독일의 일반적 평등대우법에 관하여는 차진아, 독일의 차별금지법 체계와 일반적 평등대

우법의 역할, 공법연구 제40집 제1호(2011, 10), 327－356면 참조.

26) 이에 관하여는 심재진, 일반적 차별금지법으로서의 영국의 2010년 평등법 제정의 의미와 시사점, 강원법학 제50권(2017.2), 43－85(50면 이하)면 참조.

27) 영국의 2010년 평등법의 주요 내용에 관하여는 심재진, 앞의 글, 55면 이하 참조.

28) 일반적 차별금지법 제정과정에서 주된 갈등의 요인이 되고 있는 쟁점에 대해서는 아래의 「5. 최근의 일반적 차별금지법 제정을 둘러싼 갈등과 주요 쟁점」에서 다시 상술한다.

29) 장혜영 의원안 제2조 제4호 및 제5호, 제3조 제1항 제1호; 이상민 의원안 제2조, 제4조 제2항; 박주민 의원안 제3조 제1항; 권인숙 의원안 제2조, 제4조 제1항.

30) 장혜영 의원안 제2조 제8호, 제3조 제1항 제1호; 이상민 의원안 제2조, 제3조 제3호, 제4조 제2항; 박주민 의원안 제2조 제3호, 제3조 제1항; 권인숙 의원안 제3조 제3호, 제4조 제1항.

31) 장혜영 의원안 제41조~제44조; 박주민 의원안 제33조~제36조; 권인숙 의원안 제32조~제35조.

32) 이에 관하여는 음선필, 포괄적 차별금지법에 대한 반론 －기독교의 관점에서－, 교회와 법 제7권 제1호(2020.8), 107－156면 참조.

33) 이에 관하여는 윤용근, 국민이 꼭 알아야 할 차별금지법, 무엇이 문제인가, 교회와 법 제7권 제2호(2021.2), 56면 이하 참조.

34) 이에 관하여는 김해원, 차별금지법안과 차별금지운동, 부산대 법학연구 제64권 제2호(2023.5), 30면 참조.

35) 헌재 2010. 11. 25. 2006헌마328, 판례집 22－2하, 446, 453: "헌법 제11조 제1항은 "모든 국민은 법 앞에 평등하다."고 선언하면서, 이어서 "누구든지 성별·종교 또는 사회적 신분에 의하여 정치적·경제적·사회적·문화적 생활의 모든 영역에 있어서 차별을 받지 아니한다."고 규정하고 있다. 이 사건 법률조항은 '성별'을 기준으로 병역의무를 달리 부과하도록 한 규정이고, 이는 헌법 제11조 제1항 후문이 예시하는 사유에 기한 차별임은 분명하다. 그러나 헌법 제11조 제1항 후문의 위와 같은 규정은 불합리한 차별의 금지에 초점이 있고, 예시한 사유가 있는 경우에 절대적으로 차별을 금지할 것을 요구함으로써 입법자에게 인정되는 입법형성권을 제한하는 것은 아니다."

36) 그로 인하여 2017년 국회 개헌특위가 구성되어 활동할 당시에 양성평등을 성평등으로 개정하여 이를 가능하게 만들어야 한다는 주장도 상당히 강력하게 제기된 바 있다. 이에 관하여는 길원평, 동성애와 개헌논의, 교회와 법 제5권 제1호(2018.8), 84－116면 참조.

37) 장혜영 의원안 제10조; 이상민 의원안 제13조; 박주민 의원안 제12조; 권인숙 의원안 제12조.

38) 이에 관하여는 김종헌·이승길, 앞의 글, 422면 이하 참조.

39) 장혜영 의원안 제11조~제19조; 이상민 의원안 제14조~제17조; 박주민 의원안 제13조~제18조; 권인숙 의원안 제13조~제18조.

40) 이에 관하여는 김종헌·이승길, 앞의 글, 423면 이하 참조.

41) 물론 인류 역사를 통해 확인된 '자유민주적 기본질서'라는 근본가치의 문제는 예외이다. 이에 대하여 자세한 것은 장영수, 앞의 책, 175－176면.

제 4 장

표현의 자유와 혐오 표현 금지

제 4 장

표현의 자유와 혐오 표현 금지

양 천 수

1 | 서 론

표현의 자유 또는 의사 표현의 자유는 현대사회에서 매우 중요한 인권이자 기본
권이다.[1] 표현의 자유는 인권의 주체가 되는 인간 존재가 자율적인 주체로서 살아
가는 데 필수적인 권리가 될 뿐만 아니라 현대 국가의 기본원리인 민주주의가 제
대로 작동하는 데도 필수 불가결한 규범적 요소가 된다. 그뿐만 아니라 표현의 자
유는 사회 전체를 지탱하는 다양한 사회의 기능 영역이 원활하게 기능을 하는 데
도움을 준다. 그 점에서 국가는 이러한 표현의 자유가 최대한 보장될 수 있도록 노

력해야 한다.

그러나 표현의 자유에 관해 최근 논란이 되는 문제가 있다. 혐오 표현 문제가 그 것이다.[2] 특정한 개인이나 사회적 집단, 단체 등에 의도적으로 혐오 또는 적대적인 평가를 하는 혐오 표현을 표현의 자유가 보장하는 규범적 보호 범위에 포함할 수 있는지 문제가 된다. 표현의 자유를 절대적 인권, 즉 그 어떤 제한도 허용하지 않는 인권으로 파악하는 견해는 혐오 표현의 자유 역시 표현의 자유에 해당하는 자유로 인정하고자 한다. 하지만 혐오 표현은 권리 주체의 인권과 기본권을 침해한다는 점에서, 말을 바꾸면 표현의 자유라는 이름 아래 타자의 인권과 기본권을 침해할 수 있다는 점에서 문제가 없지 않다. 사회 구성원 모두의 인권과 기본권을 최적으로 보장하기 위해서는 오히려 혐오 표현을 적절하게 규제할 필요가 있다는 주장이 힘을 얻는다. 이러한 문제의식에서 아래에서는 표현의 자유와 혐오 표현에 관한 문제를 살펴본다.

2 | 표현의 자유의 의의

(1) 자유권으로서 표현의 자유

표현의 자유는 자유권 가운데 하나이다. 자유에 관한 권리 가운데 하나에 속한다. 이는 표현의 자유가 자유의 한 유형에 해당함을 뜻한다. 이러한 표현의 자유가 어떤 의미를 지니는지 파악하려면 자유 일반에 관해 검토할 필요가 있다.

1) 자유의 유형화

한 인간 주체가 자율적으로 사회영역에 참여하는 과정을 기준으로 볼 때 자유는 크게 네 가지 유형으로 구별할 수 있다. 의사의 자유, 행위의 자유, 소통의 자유, 참여의 자유가 그것이다.

① 의사의 자유

먼저 의사의 자유는 인간 주체가 자기의 의사 또는 의지를 자유롭게 형성, 선택 및 결정할 수 있는 자유를 뜻한다. 의사의 자유는 흔히 '자유의지'(free will)로 지칭

되기도 한다. 인권의 주체가 되는 우리 인간 존재는 기본적으로 모두 의사의 자유를 가진 것으로 전제된다. 다만 최근에는 뇌과학의 성과가 축적되면서 인간에게 과연 자유의지가 있는지에 의문이 제기되기도 한다.[3]

② 행위의 자유

행위의 자유는 인간 존재가 현실 세계(real world)에서 외부적으로 행위할 수 있는 자유를 뜻한다. 행위자가 원하지 않는 외부적 강제, 가령 협박이나 폭행, 강요 등이 있는지가 행위의 자유가 있는지에 대한 판단 기준이 된다. '내부/외부'라는 구별을 행위 주체에 적용하면, 의사의 자유가 행위 주체의 내부에 속하는 내부의 자유에 해당한다면 행위의 자유는 행위 주체의 외부에 속하는 외부의 자유에 해당한다.

③ 소통의 자유

소통의 자유는 인간 존재가 타자와 소통할 수 있는 자유 또는 사회에서 진행되는 소통에 참여할 수 있는 자유를 뜻한다. 소통은 사회의 각 기능 영역이 존속하고 작동하는 데 매우 불가결한 요소가 된다. 소통이 원활하게 이루어져야 비로소 사회의 각 기능 영역은 제대로 작동할 수 있기 때문이다. 그 점에서 소통의 자유는 현대사회에서 매우 중요한 지위를 차지한다.[4]

④ 참여의 자유

참여의 자유는 다양한 사회의 기능 영역에 참여할 수 있는 자유를 뜻한다. 인간 존재는 스스로 자율적인 존재인 동시에 사회적 존재이기도 하다. 따라서 인간 존재는 사회 각 영역에 자유롭고 평등하게 참여함으로써 비로소 자신의 자아를 완전하게 구현할 수 있다.

이러한 참여의 자유는 위에서 언급한 의사의 자유, 행위의 자유, 소통의 자유가 결합함으로써 실행되는 자유라 말할 수 있다. 요컨대 '의사의 자유 + 행위의 자유 + 소통의 자유 → 참여의 자유'라는 도식이 성립한다. 참여의 자유를 활용하여 인간 존재는 정치, 경제, 법, 교육, 학문, 의료, 종교와 같은 사회의 다양한 기능 영역에 자유롭고 평등하게 참여할 수 있다. 이 같은 참여가 실현됨으로써 사회의 다양한 기능 영역도 제대로 존속할 수 있다.

2) 표현의 자유의 의의

표현의 자유는 위에서 언급한 자유 가운데 소통의 자유에 해당한다. 물론 소통의 자유는 표현의 자유보다 좀 더 넓은 외연을 지닌다. 소통이란 특정한 정보가 전달되고 이해되는 일련의 과정으로 볼 수 있기 때문이다. 이는 정보에 관한 송신과 수신 과정으로 바꿔 말할 수 있다. 이때 송신 역할을 담당하는 게 바로 표현이다. 따라서 표현의 자유는 송신의 자유로 달리 말할 수 있다. 이에 대해 수신은 송신된 표현을 이해하는 과정이라 할 수 있다. 이렇게 보면 표현의 자유는 소통의 자유를 구성하는 중요한 한 축에 속하는 자유로 파악할 수 있다.

표현의 자유는 소통의 자유의 일부로서 참여의 자유를 구현하는 데 중요한 역할을 한다. 특히 오늘날에는 사회 각 영역에 대한 참여가 외부적 행위 형태로 이루어지기보다는 소통 형태로 이루어지는 경우가 많다는 점을 고려할 때, 참여의 자유를 실현하는 과정에서 표현의 자유가 이바지하는 비중은 결코 과소평가할 수 없다.[5] 무엇보다도 표현의 자유는 현대 민주적 국가의 핵심 구성원리인 민주주의가 제대로 실현되는 데 필수 불가결한 권리로 인정된다.

(2) 표현의 자유의 기능

앞에서 시사한 것처럼 표현의 자유는 현대사회에서 여러 중요한 기능을 수행한다. 이는 크게 세 가지 차원에서, 즉 개인 차원, 사회 차원, 정치 차원에서 살펴볼 수 있다.

1) 개인 차원

개인 차원에서 볼 때 표현의 자유는 인권 주체인 개인의 인격을 발현하고 완성하는 데 이바지한다. 쉽게 말해 표현의 자유는 인권 주체의 자아를 실현하는 데 도움을 준다. 이는 다음과 같이 설명할 수 있다.

인권 주체인 모든 인간은 존엄한 존재로 인정된다(헌법 제10조). 이때 인간이 존엄한 존재로 인정되는 근거는, 독일의 철학자 칸트의 주장을 빌려 말하면, 실천이성을 갖춘 자율적인 존재이기 때문이다. 요컨대 인간은 자율성을 가진 존재이기에 존엄하다는 것이다.

이때 자율성은 특정한 주체가 스스로 원하는 것을 선택 및 결정하고 이를 행위나 소통이라는 방식으로 자유롭게 외부로 표출할 수 있는 역량을 뜻한다. 말하자면 자율성은 선택의 자유, 결정의 자유, 행위의 자유, 소통의 자유, 참여의 자유를 모두 포괄하는 근본 개념이다. 앞에서 살펴본 것처럼 여기서 선택의 자유와 결정의 자유는 내부적 자유에, 행위의 자유와 소통 및 참여의 자유는 외부적 자유에 포섭할 수 있다. 따라서 행위의 자유와 더불어 소통의 자유는 주체가 가진 선택 및 결정의 자유가 외부적인 세계에서 완성될 수 있도록 한다. 그 점에서 소통의 자유에 속하는 표현의 자유는 자율성을 구현하는 데 매우 중요한 요소가 된다. 표현의 자유가 인정되지 않는 자율성은 불완전할 수밖에 없다.

더군다나 인간 존재는 고립되어 살 수 있는 존재가 아니다. 인간은 사회적 존재이다. 철학의 견지에서 볼 때 인간의 자아가 어떤 존재인지에 관해서는 '무연고적 자아'(unencumbered self)와 '연고적 자아'(encumbered self)라는 견해가 대립하기는 한다. 하지만 인간은 사회적 존재로서 소통을 주고받을 타자를 필요로 한다. 그것도 많은 경우 현실 세계(real world)에서 소통을 나눌 타자가 필요하다. 이는 코로나19 상황이 잘 보여준다. 사회 전체적으로 사회적 거리두기 정책이 강력하게 시행되면서 많은 이가 현실 세계의 소통 단절로 인해 심리적 고통을 겪었기 때문이다. 사회적 거리두기가 지속되면서 한때 메타버스가 관심의 초점이 되기도 하였지만, 오히려 현실 세계에서 상호적으로 주고받는 소통 과정이 우리 인간 존재에게 매우 소중하다는 점이 확인되었다. 그 점에서 소통의 자유에 속하는 표현의 자유가 인간 존재의 자아를 실현하는 데 매우 중요한 기능을 수행한다는 점은 부정하기 어렵다.

2) 사회 차원

표현의 자유를 포함하는 소통의 자유는 사회의 각 기능 영역이 형성되고 원활하게 작동하는 데 필요한 기여를 한다. 독일의 사회학자 루만(Niklas Luhmann)이 정립한 체계이론(systems theory)의 성과를 받아들이면, 사회에 존재하는 다양한 기능 영역, 예를 들어 경제나 법, 교육, 학문, 의료와 같은 사회의 기능 영역은 사회에서 진행되는 소통을 통해 형성되고 존속한다.[6] 사회적 소통이 이루어지지 않으면 사회의 기능 영역은 존속할 수도, 기능할 수도 없다. 예를 들어 시장은 시장 참여자들이 경제적 표현과 같은 소통을 자유롭고 평등하게 주고받을 수 있어야 제대로 작동할 수 있다. 경제적 표현이 없으면 거래 자체가 성립할 수 없기 때문이다. 교육이나 학문과 같은 기능 영역도 이에 참여하는 이들이 교육 또는 학문에 관한 표현을 자유롭게 할 수 있어야 비로소 존속할 수 있다. 그 점에서 표현의 자유는 사회 각 영역이 원활하게 작동하는 데 꼭 필요한 자유라 말할 수 있다.

3) 정치 차원

표현의 자유는 정치 차원에서 가장 빛을 발한다. 왜냐하면 현대 정치 과정의 기본 원리인 민주주의는 표현의 자유를 필요로 하기 때문이다. 민주주의는 다수의 지배, 즉 국민이 스스로를 지배하는 정치원리를 뜻한다. 민주주의는 가장 강력한 권력인 주권이 국민에게 있다는 국민주권주의로 표현되기도 한다. 그리고 이러한 국민주권은 실제 정치 현실에서는 '의사소통적 권력'(kommunikative Macht)이라는 형식으로 실현된다.

국민의 자기 지배를 뜻하는 민주주의와 국민주권은 단순히 선거로 국민의 대표자를 선출하는 과정으로만 끝나는 것은 아니다. 이렇게만 이해하면 국민주권은 선거를 정당화하는 형식적 원리로 전락할 것이다. 오히려 국민주권은 선거로 선출된 국민의 대표자들이 국민의 뜻에 따라 올바르게 정치를 수행할 수 있게끔 통제한다는 의미도 가져야 한다. 이를 위해서는 국민이 정치가 실행되는 과정에 소통적 권력을 행사할 수 있어야 한다. 이렇게 보면 선거가 민주주의와 국민주권을 형식적으로 실현한다면, 국민의 의사소통적 권력 행사는 민주주의와 국민주권을 실질적으로 실현한다고 말할 수 있다. 바로 이 점에서 국민주권은 오늘날 실제 정치 현실에서 의사소통적 권력으로 구체화된다고 말할 수 있다. 표현의 자유는 바로 이러한 의사소통적 권력을 형성하고 실행하는 데 불가결한 요소가 된다.

3 | 표현의 자유와 혐오 표현

(1) 표현의 자유의 한계

표현의 자유는 인권인 동시에 기본권이다. 이는 표현의 자유가 우리 헌법이 보장하는 제도적 권리라는 점을 뜻한다. 이는 표현의 자유가 우리 헌법에 따라 제한될 수 있는 권리라는 점을 시사한다. 왜냐하면 우리 헌법은 제37조에서 기본권 제한에 관한 일반적 법률유보 규정을 마련하여 특정한 요건과 방법이 충족되는 때에는 모든 기본권에 제한 가능성을 인정하기 때문이다. 이는 표현의 자유라는 인권이자 기본권에도 적용된다. 이는 표현의 자유에 한계가 있음을 시사한다. 이때 한계가 되는 기준점은 국가안전보장, 질서유지, 공공복리와 같은 중대한 공익과 타자의 인권 및 기본권이 될 것이다. 예를 들어 특정한 표현으로 타자의 명예나 인격을 훼손하거나 사생활의 비밀을 침해하는 것은 표현의 자유가 준수해야 하는 한계를 넘어선 것으로 평가할 수 있다.

(2) 혐오 표현의 문제

혐오 표현이란 의도적으로 특정한 개인이나 집단을 혐오하거나 적대하는 표현을 뜻한다. 표현이라는 소통 방식을 이용한다는 점에서 혐오 표현은 일단 표현의 자유에 속하는 것으로 보인다. 하지만 혐오 표현을 표현의 자유로서 보장해야 하는지에는 논란이 있다. 이는 표현의 자유에 어떤 관점과 태도를 취하는가에 따라 달라진다. 이에 관해서는 정의론에서 논의되는 세 가지 관점을 적용할 수 있다. 자유지상주의, 평등주의적 자유주의, 공동체주의가 그것이다.[7]

개인의 자유를 극대화하고자 하는 자유지상주의는 표현의 자유 역시 최대한 보장하고자 한다. 이러한 관점에서 보면 혐오 표현도 표현의 자유가 보장하는 내용에 포섭될 수 있다. 하지만 공정을 강조하는 평등주의적 자유주의의 관점에서 보면 혐오 표현은 사회적 약자를 차별하거나 배제하는 문제를 유발할 수 있기에 표현의 자유가 보장하는 내용으로 인정하기 어렵다. 공동체의 미덕이나 덕성을 중시하는 공동체주의의 관점에서 볼 때도 혐오 표현은 공동체의 미덕과 양립할 수 없기에 표현의 자유가 보호하는 내용으로 인정하기 어렵다.

혐오 표현을 표현의 자유가 보호하는 규범적 내용에 포함할 것인지는 해당 사회가 표현의 자유에 관해 어떤 역사적 경험이나 문화를 보유하는지에 따라서도 달라진다. 예를 들어 나치라는 역사적 경험을 가진 독일은 혐오 표현이나 역사 왜곡 등을 법으로 제재한다. 이를 표현의 자유로 보호하지 않는 것이다. 이에 반해 표현의 자유를 최대한 보장하고자 하는 미국은 혐오 표현도 표현의 자유에 포섭한다. 이에

따라 유대인 혐오와 같이 소수 민족을 적대하는 혐오 표현도 법으로 제재하지는 않는다.[8]

이에 관해 우리나라는 표현의 자유를 인권인 동시에 기본권으로 규정한다는 점에 주목해야 한다. 그리고 이미 언급한 것처럼 우리 헌법은 특정한 요건과 방법을 충족하는 때에는 모든 기본권에 제한 가능성을 인정한다는 점을 고려해야 한다(제37조). 이러한 법적 상황을 감안하면 혐오 표현에 자유지상주의적 관점을 적용하기는 어렵다. 말을 바꾸면 혐오 표현은 표현의 자유에 부여된 규범적 한계를 넘어서는 것으로 보아야 한다.

(3) 혐오 표현의 유형

어떤 점에서 혐오 표현은 표현의 자유에 부여된 한계를 넘어설까? 이를 위해서는 혐오 표현을 포함하는 표현의 자유가 어떻게 왜곡되는지 그 유형을 분석할 필요가 있다.

1) 사실과 가치평가의 구별

표현의 자유가 어떻게 왜곡되는지를 파악하기 위해서는 특정한 표현이 담는 내용이 사실에 관한 것인지, 아니면 가치평가에 관한 것인지를 구별하는 데서 출발하는 게 적절하다. 이는 사실과 가치평가를 구별하는 것을 전제한다. 사실과 가치평가를 구별하는 것은 존재(Sein)와 당위(Sollen)를 구별하는 방법이원론에 바탕을 둔다.[9] 이때 존재는 사실을, 당위는 규범 또는 가치를 뜻한다. 따라서 존재와 당위를 구별한다는 것은 사실과 규범 혹은 사실과 가치를 구별한다는 점을 의미한다.

2) 사실을 왜곡하는 표현

이에 따라 표현이 왜곡되는 경우로 우선 사실을 왜곡하거나 남용하는 표현을 언급할 수 있다. 이에는 두 가지를 예로 들 수 있다. 명예를 훼손하는 표현과 가짜 정보를 제공하는 표현이 그것이다. 여기서 명예를 훼손하는 표현은 특정한 개인을 대상으로 한다. 개인의 사실을 공연히 적시하는 표현이 이에 해당한다. 이때 주의해야 할 점은 여기서 말하는 사실은 진실한 사실과 허위 사실을 포함한다는 점이다. 이에 대해 가짜 정보를 제공하는 표현은 특정한 개인을 직접적인 대상으로 하지는 않는다. 특정한 개인을 넘어서는 그 무엇에 관해 허위 정보를 제공하는 표현이 이에 해당한다. 그리고 이때 말하는 표현은 가짜 정보, 즉 허위 사실을 담은 표현이라는 점에 주의해야 한다. 이 가운데서 전자, 즉 특정한 개인의 명예를 훼손하는 표현이 (넓은 의미의) 혐오 표현에 속한다고 볼 수 있다. 이에 반해 후자는 혐오 표현이라기보다는 사실 왜곡 표현으로 보는 게 적절하다.

3) 가치평가를 왜곡하는 표현

다음으로 사실이 아닌 가치평가를 왜곡하는 표현을 들 수 있다. 이 경우가 좁은 의미의 혐오 표현, 즉 본래 의미의 혐오 표현에 해당한다고 말할 수 있다. 이는 다시 두 가지로 나눌 수 있다. 첫째는 특정한 개인의 인격에 관한 가치평가를 왜곡하는 경우이다. 둘째는 특정한 집단에 관한 가치평가를 왜곡하는 경우이다. 이렇게 특정한 개인이나 집단에 관한 가치평가를 왜곡하는 경우를 모욕이라 한다. 이에 따라 전자를 개인 모욕으로, 후자를 집단 모욕으로 지칭할 수 있다. 흔히 말하는 혐오 표현은 이 중에서 후자, 즉 집단 모욕에 속한다고 말할 수 있다.

(4) 혐오 표현의 부정적 기능

혐오 표현은 어떤 점에서 표현의 자유의 한계를 넘어서는 것일까? 이는 혐오 표현이 유발하는 부정적 기능을 살펴봄으로써 확인할 수 있다. 혐오 표현의 부정적 기능은 표현의 자유가 수행하는 기능의 경우처럼 개인 측면, 사회 측면, 정치 측면에서 살펴볼 수 있다.

1) 개인 측면

개인 측면에서 볼 때 혐오 표현은 타자, 즉 인권 주체인 다른 개인의 인권이나 기본권을 침해한다. 예를 들어 혐오 표현은 개인의 명예나 인격, 사생활의 비밀 등을 침해한다. 그 점에서 혐오 표현은 개인인 타자에게 해악을 미치는 것으로서 표현의 자유에 설정된 한계를 넘어선다.

2) 사회 측면

앞에서 살펴본 것처럼 표현의 자유는 사회의 각 기능 영역이 원활하게 형성 및 작동하는 데 기여한다. 혐오 표현은 이에 정반대의 기능, 즉 역기능을 유발한다. 사회의 각 기능 영역이 원활하게 작동하는 데 부정적인, 때로는 파괴적인 영향을 미치는 것이다. 이는 다음과 같이 말할 수 있다.

혐오 표현은 개인뿐만 아니라 특정한 사회 집단, 특히 사회적 약자에 속하는 사회 집단을 의도적으로 혐오 또는 적대한다. 이는 혐오 표현의 대상이 되는 사회적 약자 집단을 차별하는 결과를 유발한다. 왜냐하면 혐오 표현이 대상으로 하는 사회 집단의 구성원들은 혐오 표현으로 인해 사회 각 영역에 참여하는 데 장애를 겪기 때문이다. 이로 인해 이들은 사회 각 영역에 참여하는 데 차별을 받는다. 말을 바꾸면 이들은 혐오 표현으로 인해 사회 각 영역에서 배제된다. '포함/배제' 가운데 배제가 적용되는 것이다.

이는 사회 각 영역이 원활하게 작동하는 데 장애가 된다. 앞에서 언급한 것처럼 사회 각 영역이 제대로 기능을 수행하려면 영역 안에서 소통이 원활하게 진행되어야 한다. 이는 각 영역에 참여하는 이들이 자유롭고 평등하게 소통에 참여하는 방식을 통해 구현된다. 이와 더불어 사회 각 영역에서 이루어지는 소통이 가능하면 진실해야 한다. 그래야만 소통에 대한 신뢰가 강화되고 이를 바탕으로 하여 소통은 더욱 안정적으로 진행될 수 있기 때문이다. 이렇게 볼 때 혐오 표현은 진실성에 기반을 둔 표현의 자유와는 정반대로 사회의 기능 영역이 원활하게 기능하는 데 장애를 유발한다.

3) 정치 측면

혐오 표현은 정치 측면에서 가장 큰 문제를 야기한다. 표현의 자유는 민주주의가 제대로 실현되는 데 필수적인 요소가 된다. 이에 반해 혐오 표현은 민주주의를 왜곡하고 파괴할 위험을 지닌다. 혐오 표현은 적과 동지를 과도하게 구별하고 정치적 소수를 정치 과정에서 배제할 위험을 지니기 때문이다. 이를 통해 민주주의를 비이성적인 대중 독재로 전락시킬 수 있다.

물론 독일의 공법학자 슈미트(Carl Schmitt)가 설득력 있게 주장한 것처럼 정치란 본질적으로 적과 동지를 구별하는 과정이다.[10) 적과 동지의 구별을 전제로 한 상황에서 권력을 획득하기 위해 정치 투쟁을 전개하는 과정이 바로 정치 과정인 것이다. 그 점에서 적과 동지의 구별 그 자체를 문제 삼을 수는 없다. 그런데도 혐오 표현은 다음과 같은 문제가 있다.

정치 과정에서 적과 동지의 구별은 정치 이념이나 목표, 방법 등과 같은 근거에 기반을 두어 가능한 한 합리적으로 이루어질 필요가 있다. 그렇지만 혐오 표현은 합리적 근거 없이 타자를 혐오하거나 적대하는 표현을 생산한다. 이에 따라 적과 동지의 구별은 많은 경우 비합리적으로, 객관적 근거 없이 감정적으로 진행된다. 그뿐만 아니라 혐오 표현은 진영논리와 결합하여 적과 동지의 구별을 점점 더 악화한다. 더 큰 문제는 혐오 표현으로 인해 이 같은 비합리적인 적과 동지의 구별, 이에 연계된 '포함/배제' 구별이 사회 전체 영역으로 확장될 수 있다는 것이다. 이에 따라 정치적 다수가 소수를 지배하고 배제하는 비이성적인 대중 독재가 민주주의를 대체하는 문제가 발생할 수 있다.

4 | 혐오 표현과 법적 규제

지금까지 살펴본 것처럼 혐오 표현은 표현의 자유를 왜곡하는 것으로서 표현의 자유에 설정된 한계를 넘어선다. 따라서 이에는 법적 규제를 할 필요가 있다. 다만 이때 다음과 같은 문제가 제기된다. 혐오 표현에 관해 과연 누구에게, 어느 범위까지 그리고 어떤 방식의 법적 규제를 할 것인지의 문제가 그것이다. 이를 아래에서 살펴본다.

(1) 혐오 표현 행위자에 대한 법적 규제

먼저 혐오 표현을 한 행위자에게 어떤 법적 규제를 할 수 있는지 검토한다. 이에는 크게 형법적 규제와 민법적 규제를 고려할 수 있다.

1) 형법적 규제

혐오 표현에 적용할 수 있는 형법적 규제는 두 가지이다. 명예훼손죄와 모욕죄가 그것이다. 예를 들어 특정한 개인에 대해 허위 사실을 적시하는 방식으로 혐오 표현을 하는 때에는 허위 사실 적시에 따른 명예훼손죄를 적용할 수 있다. 그게 아니라 특정 개인의 인격적 가치를 추상적으로 왜곡하는 때에는 모욕죄를 적용할 수 있다.

문제는 특정한 개인이 아닌 사회 집단을 대상으로 하여 해당 집단의 가치를 추상적으로 왜곡하는 혐오 표현을 자행하는 때이다. 이는 형법적으로는 볼 때 집단 모욕의 형태를 띤다. 이러한 집단 모욕을 형법상 모욕죄로 인정할 수 있는지에는 논란이 있다. 일단 대법원 판례에 따르면 추상적인 집단을 대상으로 하는 집단 모욕에는 원칙적으로 모욕죄가 성립할 수 없다. 따라서 그 범위가 넓고 소속 구성원을 특정하기 어려운 사회 집단에 혐오 표현을 자행하는 때에는 형법상 모욕죄를 인정하기 어렵다. 만약 이를 법으로 규제하고자 한다면 형법이 아닌 다른 방식을 선택해야 한다.

하지만 이에도 예외가 있다. 혐오 표현의 대상이 되는 집단이 사회적 소수자 집단에 속하고 그 때문에 해당 집단의 구성원이 추상적인 수준에 머무는 게 아니라 개별화·구체화될 수 있다면 그리고 이를 통해 해당 집단의 구성원이 특정될 수 있다면, 이러한 집단에 자행하는 혐오 표현에는 형법상 모욕죄가 인정된다는 보는 게 타당하다.

2) 민법적 규제

혐오 표현에 관한 민법적 규제로는 불법행위 책임을 고려할 수 있다(민법 제750조). 혐오 표현으로 특정 개인이나 집단에 손해를 일으킨 때에는 불법행위 책임을 인정하는 것이다. 일반적으로 형법상 명예훼손죄나 모욕죄가 성립하는 때에는 민법상 불법행위 책임도 성립한다. 따라서 특정한 개인에 대한 혐오 표현이 명예훼손죄나 모욕죄를 구성하는 때에는 불법행위 책임도 인정되기에 이에 손해배상 책임을 물을 수 있다. 나아가 특정한 집단에 자행된 혐오 표현이 예외적으로 모욕죄를 구성하는 때에도 불법행위 책임을 인정하여 손해배상 책임을 부과할 수 있다.

(2) 인터넷 포털 기업에 대한 법적 규제

오늘날 디지털 전환이 가속화되면서 혐오 표현은 대부분 인터넷상에서 그것도 주로 포털 기업이 제공하는 포털 사이트에서 자행된다. 바로 이 때문에 혐오 표현을 자행하는 개별 행위자뿐만 아니라 포털 기업에도 법적 규제를 투입해야 하는지가 논의된다. 포털 기업은 포털 사이트에 참여하는 이들의 참여와 표현을 포함하는 소통으로 경제적 이익을 얻는다. 이 점을 감안하면 혐오 표현을 억제하기 위해 포털 기업에 적절한 법적 규제를 적용하는 것도 긍정적으로 생각할 수 있다. 이때 다음과 같은 점을 고려해야 한다.

1) 규범적 규제와 아키텍처 규제

포털 기업에 적용할 수 있는 규제 방식은 크게 두 가지이다. 규범적 규제와 아키텍처 규제가 그것이다. 여기서 규범적 규제는 법과 같은 규범적 수단을 사용하는 규제를 뜻한다. 이에 대해 아키텍처 규제(architectural regulation)는 물리적인 공간의 벽이나 디지털 영역의 코드(code)처럼 기술적·물리적 차원에서 이루어지는 규제를 뜻한다.11) 달리 '넛지 규제'로도 부를 수 있을 것이다.

규범적 규제는 다시 두 가지로 구별할 수 있다. 자율규제와 타율규제가 그것이다. 자율규제는 규제되는 포털 기업이 자율적으로 규제를 마련해 스스로에 적용하는 방식을 뜻한다. 예를 들어 자율규제 가이드라인을 제정해 자신에 적용하는 방식을 들 수 있다. 이에 대해 타율규제는 국가가 제정한 법으로 포털 기업을 규제하는 방식을 뜻한다. 법에 결합한 강제력을 사용한다는 점에서 타율규제라 말할 수 있다.

아키텍처 규제로는 다음과 같은 예를 들 수 있다. 인공지능 기술을 활용해 문제가 되는 혐오 표현을 자동으로 삭제하는 방식이나 매크로 기술을 방지하는 것을 들 수 있다.

2) 형식적 규제와 내용적 규제

형식적 규제와 내용적 규제 가운데 무엇을 인터넷 포털 기업에 적용할지도 고민해야 한다. 이때 형식적 규제는 표현의 내용은 규제하지 않고 표현하는 방식, 더욱 넓게 말해 소통하는 방식을 규제하는 것을 말한다. 댓글란처럼 혐오 표현이 자행되기 쉬운 공간에 인터넷 댓글 실명제와 같은 특정한 제한을 가하는 것을 예로 언급할 수 있다. 이에 대해 내용적 규제란 표현의 내용 자체를 통제하는 규제를 뜻한다. 예를 들어 표현의 내용을 검토하여 혐오 표현에 해당하는 때에는 이를 삭제하는 등의 규제를 투입하는 것이다. 하지만 이 경우에는 표현의 자유에 검열이라는 강력한 제한을 가하는 게 아닌가 의문이 제기된다.

(3) 현대 초연결사회에서 소통 왜곡에 대한 규제 강화 필요성

디지털 전환이 이루어지는 현대 초연결사회에서는 왜곡되지 않은 소통이 원활하게 이루어지는 게 매우 중요하다. 소통 왜곡은 사회의 기능 영역이 제대로 작동하는 데 위협이 될 뿐만 아니라 그 악영향도 쉽게 사회 전체적으로 파급되기 때문이다. 혐오 표현이나 해킹과 같은 정보보안 침해 등이 이를 잘 보여준다. 현실 세계에서 소통이 왜곡되는 경우보다 디지털 세계에서 소통이 왜곡되는 경우 그 범위나 피해 강도의 측면에서 더 큰 문제가 야기된다. 따라서 현대 초연결사회가 원활하게 지속 가능하도록 소통 왜곡에 대한 법적 규제를 강화하는 방안도 고민할 필요가 있다.

미주

1) 인권과 기본권의 관계에 관해서는 양천수, 『인권법이론』(박영사, 2023), 23쪽 아래 참고.

2) 혐오 표현에 관해서는 제러미 월드론, 홍성수·이소영(옮김), 『혐오표현, 자유는 어떻게 해악이 되는가?』(이후, 2017); 홍성수, 『말이 칼이 될 때: 혐오표현은 무엇이고 왜 문제인가?』(어크로스, 2018) 등 참고.

3) 이에 관해서는 양천수, 『책임과 법』(박영사, 2022), 제7장 참고.

4) 규범적 측면에서 이러한 소통의 자유를 강조하는 경우로는 위르겐 하버마스, 장춘익(옮김), 『의사소통행위이론』(나남출판, 2006) 참고.

5) 특히 인터넷으로 구현되는 디지털 세계에서는 외부적 행위가 아닌 소통의 방식으로 사회적 참여가 이루어진다.

6) 루만의 체계이론은 이러한 사회의 기능 영역을 사회적 체계(social system)로 지칭한다. 루만의 체계이론에 관해서는 니클라스 루만, 윤재왕(옮김), 『체계이론 입문』(새물결, 2014) 참고.

7) 이에 관해서는 마이클 샌델, 이창신(옮김), 『정의란 무엇인가』(김영사, 2010) 참고.

8) 이에 관해서는 양창수, "언론자유의 보장근거에 대한 미국에서의 논의 소묘", 『민법연구』제7권(박영사, 2003), 39쪽 아래 참고.

9) 방법이원론에 관해서는 한스 켈젠, 윤재왕(옮김), 『순수법학』(박영사, 2018) 참고.

10) 슈미트의 정치이론에 관해서는 양천수, "합법성과 정당성: 칼 슈미트의 이론을 중심으로 하여", 『영남법학』제25호(2007. 10), 91－115쪽 참고.

11) 아키텍처 규제에 관해서는 손형섭·나리하라 사토시·양천수, 『디지털 전환 시대의 법이론: 위험과 변화 그리고 대응』(박영사, 2023) 참고.

제 5 장

장애인의 인권보장과
유엔 장애인 권리협약

제 5 장

장애인의 인권보장과 유엔 장애인 권리협약

우 주 형

1 | 장애인의 인권과 차별금지

(1) 장애의 개념과 장애인의 권리운동

'장애', '장애인'이라는 용어는 각 국가의 시대와 사회적 환경에 따라 다양하게 사용되며, 장애에 대한 의미는 사회 구조와 경제 여건 그리고 문화와 가치관에 의해 달라질 수 있다. 따라서 장애 및 장애인의 개념은 그 나라의 문화적·사회적·경제적·정치적 여건 및 수준에 따라 다르므로 장애인에 대한 개념은 고정된 개념이 아니라 변화하는 개념으로 이해해야 한다.[1] 장애에 대한 개념은 선진국일수록 범위가 넓고 후진국일수록 범위를 좁게 규정하고 있다. 우리나라의 등록장애인수는 전 인구의 5% 수준에 불과하지만, 2011년 '세계 장애 보고서(World Report on Disability)'는 전 세계 인구의 15%에 해당하는 10억 명이 장애인이라고 발표하였다.[2] 한편 2022년 OECD 31개 국가 장애인 출현율은 평균 25.2%[3]로서 유럽 국가 들은 전반적으로 높은 장애인 출현율을 보이고 있는 반면에, 한국은 가장 낮은 장 애인 출현율(5.4%)을 나타냈다.[4] 따라서 우리나라는 세계 평균의 1/3 수준, OECD 유럽국가의 1/5 수준으로 장애인을 인정하는 것이 된다. 이처럼 수치가 낮은 것은 장애인이 적기 때문이 아니라 장애의 범주를 법적으로 매우 좁게 규정하고 있기 때문이다. 우리나라에 비해 유럽이나 미국 등의 국가는 장애의 범주를 매우 포괄적 으로 규정해 놓고 있다. 우리나라는 단지 의학적 모델에 입각해 신체 구조나 기능 상의 장애를 판정한다. 그러나 선진국들은 신체장애뿐만 아니라 특정한 일을 어느 정도 수행하는지를 보는 과업 수행(노동)능력 및 개인적 요인이나 환경적인 요인에 의해 불이익을 받는 사회적 의미의 장애도 장애의 범주에 포함한다.

장애개념의 이론적 모델은 크게 의료적 모델과 사회적 모델로 구분할 수 있다. 의료적 모델은 장애를 개인이 가진 의학적, 기능적 문제라고 보는 시각이며, 치료 모델 또는 개인 중심의 개별적 모델이라고 할 수 있다. 반면에 사회적 모델은 장애 인이 살고 있는 사회 환경의 문제를 중요하게 인식하는 시각이며, 사회행동모델 또 는 환경중심의 모델이라고 할 수 있다.[5]

영국의 장애학자[6] 올리버(Michael Oliver, 1945~2019)에 따르면, 의료적 모델은 손상과 장애를 구별하지 않고, 장애를 의료의 문제 또는 개인의 문제로 보아 장애 를 의료화하고 장애문제의 책임을 당사자에게 돌리는 반면, 사회적 모델은 장애를 사회적 책임으로 정의함으로써 장애문제를 사회화시킨다고 한다.

즉, 장애라는 현상을 질병 및 건강조건 등에 의해서 직접적으로 야기된 '개인'의 문제로 간주하는 의료적 모델은 개인의 장애를 문제의 핵심으로 보고 장애가 발생 시키는 근본적인 제한 혹은 심리적인 상실로 인해 문제가 비롯된다고 본다. 이러한 관점은 장애로 인한 개인적 비극이론을 전제하는 것으로서 장애는 개인에게 발생 하는 불행한 사건이 된다. 이 관점은 '의료전문가에 의한 개별적 치료'라는 형태의 의료보호를 해결책으로 제시하며, 장애관리의 초점을 개인의 보다 나은 적응과 행 위의 변화에 둔다.

그러나 장애라는 현상을 장애를 가진 사람의 사회로의 통합이라는 관점에서 '사 회적인' 문제로 간주하는 사회적 모델은 의료적 모델에서의 전제 내용을 완전히 무 시하는 것에서 시작된다. 즉 장애를 개인에게 귀속된 것이 아니라 사회적 환경에 의해 창조된 조건들의 복잡한 집합체로 보는 것이다. 장애는 사회 내에 존재하는 것으로서 장애인 개인에 내재하는 개별적인 제한이 아니라 장애인의 욕구를 사회 내에서 수용하고 이에 적합한 서비스를 제공하는 데 대한 사회의 실패를 의미하는 것이다. 이러한 사회의 실패 결과는 단순하고 무작위로 개인에게 주어지는 것이 아니고 이러한 실패를 경험한 집단으로서의 장애인들에게 제도화된 차별을 통하여 전달되는 것이다.7) 장애문제를 관리, 해결하기 위해서는 '사회행동'을 필요로 한다. 그리고 장애인이 전 영역의 사회생활에 완전히 참여할 수 있도록 하기 위해 환경의 개선이 필수요건이며, 이를 실천하는 것은 사회의 집합적인 책임이라는 것이다. 이 모델은 사회적 변화를 요구하는 이데올로기적인 것이며, 정치적으로는 인권과 관련된다. 따라서 장애문제 해결을 위한 모든 의도와 목적은 매우 정치적이어야 하며, 주요과제는 장애인들이 직면하고 있는 편견과 차별의 해결에 있다.

　1960년대에 미국에서는 장애인권운동이 등장하기 시작하였다. 그 뒤 수십 년 동안 자립생활운동과 물리적, 사회적 장애에 의한 차별에 저항하는 운동이 이어졌다. 장애인권운동가들의 부단한 노력으로 마침내 1990년 인류 역사에서 장애인의 시민권을 가장 포괄적으로 인정하는 법률인 「미국장애인법(ADA)」이 제정되었다. 20세기 후반기에는 장애인 자립생활운동과 시민권운동이 들불처럼 일어났다. 1972년 에드 로버츠를 중심으로 캘리포니아주립대학교 버클리캠퍼스 출신 장애인들이 자립생활운동을 시작하였고, 이들은 세계 최초의 장애인 자립생활센터(Center for Independent Living, CIL)인 버클리자립생활센터를 1972년에 설립하였다. 장애인 당사자들이 동료 장애인들을 지원한다는 자립생활 개념은 당시로는 급진적이었다. 자립생활센터는 장애인들이 스스로 운영하였고, 장애인 문제를 사회 문제로 접근하였으며, 여러 장애 유형을 아우르는 사회 통합을 목표로 삼았다.8)

　미국 장애인 운동의 결정체는 「미국장애인법(ADA)」 제정이었다. 1990년 3월까지 ADA(Americans with Disabilities Act)가 미국 연방의회 상임위에 계류된 채 꿈쩍도 하지 않았다. 그러자 8살 소녀를 비롯한 6명의 장애인들은 국회의사당 계단을 기어서 올라가는 극단적인 투쟁까지 전개하였다. 이 직접행동이 그 유명한 "의사당 기어오르기(Capital Crawl)" 투쟁이다. 이 사건을 계기로 여론이 비등하자 1990년 7월 26일 조지 W. 부시 대통령은 마침내 ADA에 서명하였다. 당시, 이 법률은 "역사상 가장 포괄적인 장애인권 법률"로 평가받았다. ADA는 고용, 지방정부 프로그램 및 서비스, 공공시설과 원격통신에서 장애인 차별을 금지하고, 이 법에 따라 자신의 권리를 행사하려는 모든 개인에게 보복하거나 강요하는 것을 불법화하였다.

1990년 역사적인 ADA 제정 이후 장애인의 삶에 구체적으로 영향을 주는 중요한 법률과 제도들이 새로 만들어지거나 개선되어 왔다.

영국은 1970년대부터 장애인운동이 본격화되기 시작하였다. 미국은 캘리포니아 지역의 자립생활운동이, 영국의 경우는 탈시설과 사회구조 개혁이 장애인운동의 견인차였다. 이 시기에 미국에 에드 로버츠가 있었다면, 영국에는 장애인운동의 기폭제가 된 인물로서 폴 헌트(Paul Hunt)가 있다. 1972년 당시 장애인 거주시설 르코트(Le Court)의 거주자였던 폴 헌트는 진보 성향의 유력 일간지 가디언(The Guardian)에 탈시설운동을 제창하는 짧은 편지를 기고하였다. 이 편지를 읽은 많은 장애인들이 헌트의 요청에 동조하고 나섰고, 특히 그중에는 빅 핀켈스타인(Vic Finkelstein)이 있었다. 핀켈스타인은 1968년에 남아프리카공화국에서 난민 자격으로 영국으로 건너와 당시 막 부상하던 영국 장애인운동에 참여하였다. 그는 남아프리카공화국에서 아파르트헤이트(apartheid) 반대운동을 하다가 5년 동안 수감된 적이 있었는데, 그의 경험은 그 뒤 영국 장애인운동에 큰 영향을 주었다. 1974년에 폴 헌트와 빅 핀켈스타인(Vic Finkelstein)은 '분리에 반대하는 신체장애자연맹'(Union of Physically Impaired Against Segregation)을 설립하였다. 그 뒤, 두 지도자는 장애인 교수 올리버(Michael Oliver)와 함께 장애의 사회모형(social model of disability)을 개척하였다. 사회모형은 개인의 손상에 초점을 맞추는 의료모형(medical model)을 거부하고 손상 입은 사람들을 억압함으로써 이들을 장애인으로 만드는 사회적, 구조적 장벽을 문제로 본다. 1970년대에는 많은 장애인 단체들이 결성되었으며, 1981년에는 평등과 시민권을 위해 투쟁하던 영국 장애 당사자들이 영국장애인단체연합회(British Council of Organisations of Disabled People, BCODP)를 설립하였다. 오늘날 이 조직은 영국장애인협의회(UK Disabled People's Council)란 이름으로 활발하게 활동하고 있다.

이처럼 역동적인 장애인운동의 압박을 받은 영국 정부와 사회는 서서히 전향적인 장애정책들을 시행하기 시작하였고, 많은 법률들을 제정하거나 개정하고 사회모형에 기초한 급진적인 조치들을 선보였다. 1974년에는 세계 최초로 영국 내각에 장애인부(Minister for Disabled People)가 설치되었다. 1976년에는 새로운 현금 급여인 이동수당(mobility allowance)이 도입되어 수혜자들이 자동차를 운전하든가, 택시를 타든가, 스쿠터를 타든가 자신에게 맞는 이동수단을 선택하여 이용할 수 있게 되었다. 또 1988년에는 자립생활기금(Independent Living Fund)이 설치되어 장애인들이 자신의 선택에 따라 거주시설로 가지 않고 지역사회에서 삶을 지속할 수 있게 되었다.

1991년 영국에서는 장애인 복지의 패러다임을 바꾸는 일대 사건이 발생한다. 맨체스터시가 장애 정책의 접근법을 완전히 바꾸었는데, 전문가 중심의 의료모형을 폐기하고 장애를 둘러싼 사회적 환경에 초점을 맞추는 사회모형을 채택한 것이다. 중앙 정부 차원에서 사회모형을 공식 채택한 것은 그보다 4년 늦은 1995년이었다. 1995년에는 장애인들의 저항에 의해 역사적인 「장애차별금지법」(Disability Discrimination Act)이 제정되었다. 이 법은 2005년에 수정되어 적용 범위가 부동산, 교통, 소규모 고용주, 민간 클럽(clubs)까지 확대되었다. 2010년에는 영국 의회는 「유엔 장애인 권리협약」을 비준하였다. 또 같은 해 「평등법」(Equality Act)이 제정되어 고용, 직업교육, 재화와 용역의 제공에서 직접 또는 간접 차별과 괴롭힘을 금지하였는데, 여기에는 장애를 비롯한 9종류의 차별이 포함되었다. 이 법은 또 장애와 관련한 이유로, 또는 누군가가 장애인이라고 인지한 것을 이유로 한 차별을 금지하였다. 2000년 이후에도 영국의 장애 정책 개혁은 계속되고 있다.[9]

우리나라에서는 2000년 이후 장애인운동이 크게 고양되면서, 그 흐름은 아직도 진행 중에 있다. 특히, 중증장애인들의 자립생활운동이 활성화되면서 활동보조서비스 같은 개인별 서비스가 도입되고, 탈시설화 담론이 탈시설화운동으로 전개되면서 정부의 탈시설화정책까지 이끌어내는 결과를 가져왔다. 역사적으로 보면, 2000년대의 한국의 자립생활운동은 일본 자립생활운동의 영향과 지원을 받았다. 1980년대 중반 미국 자립생활모형을 도입한 일본 자립생활운동은 약 10년 뒤 한국에 이 운동을 전파하였다. 이에 앞서 한국은 1980년~90년대 장애청년운동 시기를 거쳤고, 이것이 토대가 되어 장애운동 역량이 전반적으로 강화되었다.

미국에서는 자립생활(IL) 운동에 대한 이슈가 1960~80년대에 주류를 이루었고, 가까운 일본의 경우에는 1980~90년대에 조직화되고 시스템을 갖추기 시작하였다면, 우리나라는 2000년부터 본격적으로 이슈화되기 시작하였다. 우리나라의 IL운동은 미국과 일본을 거쳐 그 이념이 들어왔고, 실천적인 측면에서는 2000년 대중교통 이동권보장운동을 중심으로 전개되는 면이 있었고, 그 반면으로 자립생활이념 및 자립생활센터의 제도화와 이념적 분석, 시민사회적 측면의 운동으로 발전해가는 두 부류로 전개되어 왔다. 전자는 한국장애인자립생활센터협의회를 중심으로 장애인을 소수인권과 계급적 측면에서 사회적 모순구조를 타파하려는 IL운동을 전개해 왔다. 그리고 후자는 한국장애인자립생활센터총연합회로 발전되어 「장애인복지법」 개정과 같은 법적인 부분과 자립생활센터 발전을 위한 제도적 측면에 변화를 이루기 위하여 IL운동을 전개하였다. 이러한 활동은 자본주의 내 장애인운동이 시민운동으로 발전하는 계기를 만들었다고 평가할 수 있다.[10]

(2) 장애인 인권보장의 현황

2023년 국가인권위원회 통계에 따르면, 접수된 차별행위 상담 건 중 가장 많은 비중을 차지하는 사유는 장애차별 관련 상담이었다. 이는 전체 상담 1,749건 중 장애를 이유로 한 차별 상담이 675건으로 38.6%를 차지하였는 바, 이는 「장애인차별금지 및 권리구제 등에 관한 법률」(이하 「장애인차별금지법」이라 함)이 시행된 2008년 이후 줄곧 장애 사유가 가장 비중이 높게 나타나고 있음을 알 수 있다.[11]

지금까지 우리 사회는 장애인에 대한 심각한 착취·폭력·학대 사건이 끊임없이 발생해왔으며, 언론을 통해 알려질 때마다 사회에 충격과 파장이 있어왔다. 대표적인 노동착취사건인 2014년 소위 신안 염전노예 사건[12]이 발생한 이래, 그와 유사한 '노예'라는 이름을 단 사건들이 드러나기 시작하였다. 2016년 7월에는 '축사 노예 사건'이 발생하였는데, 이는 지적장애인이 19년간 축사 옆 쪽방에서 생활하면서 무임금으로 강제노역을 당하고 폭력도 당한 사건이었다. 또 같은 해 9월에는 지적장애인이 타이어 가게에서 10년간 무임금의 강제노역과 상습 구타를 당한 '타이어 노예 사건'도 발생하였다.[13] 이처럼 장애인에 대한 착취·폭력·학대 사건이 발생할 때마다 정부는 대응책 마련에 나서고 있지만 유사 사건은 끊임없이 일어나고 있다. 많은 사건들에서 그와 같은 장애인에 대한 인권침해가 길게는 십여 년 동안 이루어졌던 점을 고려할 때 아직 드러나지 않은 인권침해가 많을 것으로 볼 수 있다.

이러한 장애인학대 예방과 피해장애인에 대한 사후관리를 위한 대책으로 국가는 2017년부터 전문기관으로서 중앙장애인권익옹호기관을 설치·운영하고, 특별시·광역시·특별자치시·도·특별자치도에는 지역장애인권익옹호기관을 두도록 하여(「장애인복지법」 제59조의11) 2023년 말 현재 전국에 20개[14]의 장애인권익옹호기관이 설치되어 있다. 중앙장애인권익옹호기관이 발간한 『2022 장애인학대 현황보고서』에 따르면, 2022년 한 해 동안 접수된 전체 신고는 4,958건으로 이 중 학대의심사례가 2,317건(46.7%)을 차지하고 있다. 전체 신고 건수는 2018년 이래 지속적으로 증가하고 있으며, 특히 학대의심사례 역시 2018년에 비해 43.9%가 증가했음을 알 수 있다. 장애인학대 유형을 살펴보면, 신체적 학대가 27.5%(326건), 중복 학대 26.5%(314건), 경제적 착취 15.7%(186건), 성적 학대 13.2%(156건), 정서적 학대 12.9%(153건), 방임 4.3%(51건) 순으로 나타났다. 피해장애인의 주장애유형은 지적 장애 67.9%(805건), 뇌병변장애 7.0%(83건), 자폐성장애 6.5%(77건), 지체장애 5.1%(61건) 순으로 나타나, 정신적 장애(지적장애, 자폐성장애, 정신장애)를 가진 피해 자가 2018년 74.1%(659건)에서 2022년 77.3%(917건)로 지속적으로 증가하고 있음 을 알 수 있다. 또한 학대로 판정된 1,186건 중 피해장애인은 여성 51.5%(611명), 남성 48.5%(575명)였으며, 연령대는 20대가 25.9%(307명)로 가장 많았고, 17세 이

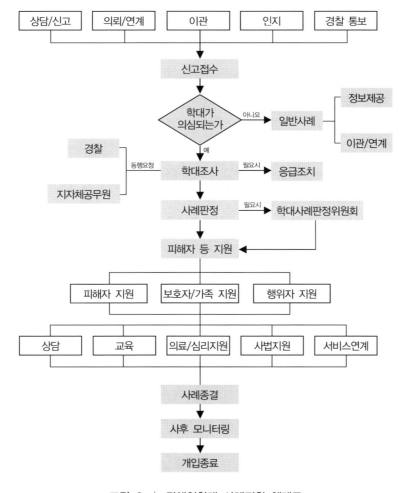

그림 2 │ 장애인학대 사례지원 체계도

하 21.0%(249명), 30대 16.3%(193명), 40대 13.4%(159명) 순으로 나타났다. 17세 이하 사례는 2020년 13.2%(133명)에서 2022년 21.0%(249명)로 증가 추세를 보여주고 있다.[15]

장애인학대 의심사례가 발생하면 신고접수부터 개입종료까지의 일련의 절차 진행은 앞의 장애인학대 사례지원 체계도를 참고할 필요가 있다.

(3) 「장애인차별금지법」의 이해

장애인의 인권을 보장하는 중요한 법률의 하나인 2007년에 제정된 「장애인차별금지법」은 거의 모든 일상 및 사회생활 영역에서 차별을 금지한다. 차별을 금지하는 영역은 고용, 교육, 재화 및 서비스의 제공, 사법·행정 절차 및 서비스 제공, 참정권 영역 등이다. 「장애인차별금지법」은 이처럼 여러 영역에서 장애인에 대한 차별을 금지하고, 나아가 학대, 폭력, 착취 등을 금지함으로써 가장 시급히 조치를 취하여 보호해야 할 자유권적 권리까지도 망라하고 있다.[16]

이 법의 시행으로 우리 사회에서 장애인에 대한 차별은 개선되고, 장애인의 인권 보장은 향상되고 있는가? 이에 대해 3년마다 실시되고 있는 장애인 실태조사에서는 중요한 사회생활 영역에서 장애인이 차별을 경험한 경우를 조사하여 발표하고 있다.

2020년 장애인 실태조사에 의하면, 학교생활에서의 차별 조사에서 장애유형별 차별 경험 비율은 초등학교부터 고등학교까지 정신장애인이 40% 이상으로 가장 높게 나타났다. 대학에서는 장애유형별로는 뇌병변장애인(19.1%), 청각장애인(16.0%), 지적장애인(13.8%), 자폐성장애인(12.9%) 순으로 높게 나타났다. 학교생활에서 또래 학생으로부터 차별을 경험했다는 비율은 29.4%로 나타났는데, 장애유형별로는 자폐성장애인의 차별 경험 비율이 68.6%로 가장 높고 그 다음은 지적장애인(55.2%), 심장장애인(35.9%), 뇌전증장애인(33.7%), 언어장애인(33.2%) 등의 순서로 나타났다.

또 결혼 과정에서 받은 사회적 차별의 경우 차별 받은 경험이 있다는 비율이 17.7%로 나타났으며, 장애유형별로는 정신장애인의 차별 경험 비율이 39.7%로 가장 높았고, 다음이 뇌병변장애인(26.3%), 뇌전증장애인(24.0%), 안면장애인(20.6%) 등의 순서로 조사되었다. 취업 시 차별을 경험한 비율은 21.5%로 높게 나타났으며,

장애유형별로는 안면장애인이 54.5%로 가장 높고, 지적장애인(37.7%), 뇌전증장애인(32.9%), 정신장애인(28.1%) 등이 뒤를 잇고 있다. 장애인 중 직장생활에서 소득(임금) 차별 경험이 있다고 응답한 비율은 13.6%로 나타났으며, 장애유형별 차별 경험은 지적장애인이 26.5%로 가장 높고 다음이 안면장애인(24.4%), 뇌전증장애인(16.9%), 정신장애인(16.3%) 등의 순서이다. 직장생활 중 동료와의 관계에서 차별을 경험했다는 응답 비율은 13.5%로 나타나 장애유형별로는 안면장애인의 차별 경험 비율이 36.9%로 가장 높고 뇌전증장애인(27.8%), 지적장애인(26.4%)이 다음으로 높게 나타났다. 직장생활의 승진에서 차별을 경험했다는 비율은 7.8%로 나타났다.

　장애 때문에 본인이 차별받고 있다고 느끼는지에 대해서는 '별로 느끼지 않는다'는 응답이 55.4%로 가장 많았다. '항상 느낀다'와 '가끔 느낀다'라는 응답은 각각 1.7%와 27.6%로 장애인의 29.3%가 장애 때문에 본인이 차별받고 있다고 느끼고 있었다. 장애 때문에 본인이 차별받고 있다고 항상 느끼는 경우와 가끔 느끼는 경우를 합하여 장애유형별로 보면, 지적장애인의 비율이 52.3%로 가장 높고, 정신장애인(50.8%), 자폐성장애인(49.9%), 안면장애인(48.3%) 등의 순으로 나타났다.

　우리나라에서 장애인에 대한 차별이 어느 정도 있다고 생각하는지에 대해서는 '약간 있다'는 응답이 53.8%로 가장 많았고, 다음으로 '별로 없다'(32.9%), '매우 있다'(9.8%), '전혀 없다'(3.6%)의 순으로 나타났다. 장애유형별로는 차별이 '매우 있다'고 응답한 비율이 자폐성장애인이 24.0%로 가장 높고, 지적장애인(20.4%), 언어장애인(15.1%), 정신장애인(12.2%), 뇌전증장애인(12.1%) 등의 순이었다. 「장애인차별금지법」에 대해 어느 정도 알고 있는지에 대해서는 '모른다'는 경우가 63.6%로 가장 많았고 '알고 있다'는 10.5%로 나타났다. '들어본 적이 있으나 내용에 대해서 모른다'는 경우는 25.9%로 나타났다.[17] 이러한 결과는 장애차별 해소를 위한 인식개선을 위해 실효성 있는 교육을 실시하고, 「장애인차별금지법」에 의한 구제수단에 대한 홍보와 접근성 확대가 필요하다는 점을 의미한다.

　장애인 차별이란 '장애를 가진 개인'을 장애인이 속한 집단과 동일시하여 장애인 집단이 가진 속성을 가졌다고 보고, 장애인 개인을 불리하게 구분하고 배제하고 제한하는 것을 의미한다.[18] 「장애인차별금지법」은 모든 생활영역에서 장애를 이유로 한 차별을 금지하고 장애를 이유로 차별받은 사람의 권익을 효과적으로 구제함으로써 장애인의 완전한 사회참여와 평등권 실현을 통하여 인간으로서의 존엄과 가치를 구현함을 목적으로 한다(동법 제1조). 차별행위의 사유가 되는 장애는 "신체적·정신적 손상 또는 기능상실이 장기간에 걸쳐 일상 또는 사회생활에 상당한 제약을 초래하는 상태"이고, 이러한 장애를 가진 자(장애인)가 이 법의 적용대상이지만 「장애인복지법」상의 장애인등록[19] 유무를 묻지 않는다.

「장애인차별금지법」은 차별행위를 직접차별, 간접차별, 정당한 편의제공 거부에 의한 차별, 광고에 의한 차별 및 기타 차별 등으로 구분하고, 과도한 부담이나 현저히 곤란한 사정, 특정 직무나 사업 수행의 성질상 불가피한 경우 그리고 적극적 우대조치를 차별의 예외로 명시하고 있다. 이렇듯 「장애인차별금지법」은 장애인의 실질적인 평등 보장을 위하여 장애인 차별의 보편성과 특수성을 감안하여 차별 유형을 상세히 적시함으로써 장애인 차별의 판단기준과 내용에 대한 가이드라인을 제시하고 있다.

① **직접차별**

직접차별은 장애인을 장애를 사유로 정당한 사유 없이 제한·배제·분리·거부 등 불리하게 대하는 경우를 의미한다. 직접차별은 장애인 개인의 능력이나 장애 특성 등을 고려하는 대신에 장애를 가졌다는 이유만으로 혹은 장애인 일반에 대한 선입견이나 왜곡된 가정을 함으로 주로 발생한다.

사례 시각장애를 가진 사람은 사무실 업무를 수행할 수 없다는 생각으로 고용주가 지원자의 개인적 특성 및 능력을 전혀 고려하지 않고 면접 명단에서 시각장애인을 제외시킨 경우

② **간접차별**

형식상으로는 제한·배제·분리·거부 등 불리하게 대우하지 않았지만, 정당한 사유 없이 장애를 고려하지 아니하는 기준을 적용하여 장애인에게 불리한 결과를 초래하는 경우를 의미한다. 비장애인의 다수가 따르거나 따를 수 있는 조건이지만 장애인에게 상황상 불리한 조건 등을 따를 것을 요구한다면, 이는 장애를 이유로 한 간접차별에 해당한다. 장애가 있든 없든 동일한 규칙과 조건, 요구사항, 실천을 적용하지만, 그 차별 효과가 부당하게 장애인을 소외시키거나 불이익을 줄 경우에 일어난다.

사례 공무원시험에서 시각장애인과 비장애인에게 동일한 평가조건을 제공한다는 이유로 동일한 시험시간이 주어져서 결과적으로 시각장애인은 점역시험지를 다 읽지 못하여 낙방한 경우

③ 정당한 편의제공 거부에 의한 차별

과도한 부담이나 현저히 곤란한 사정과 같은 정당한 이유 없이 장애인에 대하여 정당한 편의제공을 거부하는 경우를 말한다. 여기서 '정당한 편의'란 장애인이 장애가 없는 사람과 동등하게 같은 활동에 참여할 수 있도록 장애인의 성별, 장애의 유형 및 정도, 특성 등을 고려한 편의시설·설비·도구·서비스 등 인적·물적 제반 수단과 조치를 말한다(동법 제4조 제2항). 일반적으로 과도한 부담이나 현저히 곤란한 사정, 특정 직무나 사업 수행의 성질상 불가피한 경우 등 정당한 사유가 있는 경우를 제외하고는 이 법에 규정된 정당한 편의를 제공하지 않는 경우 장애인 차별에 해당한다.

「미국장애인법(ADA)」은 편의제공으로 사업운영에 과도한 곤란이 초래된다는 점을 입증할 수 있는 경우에는 차별로 인정하지 아니한다. 이때 과도한 곤란(undue hardship)은 조직의 성격이나 운영을 근본적으로 변화시킬 정도로 지나치게 비용이 많이 들고 광범위하고 본질적이고 파멸적인 조치를 말하는데, 이의 판단요소로는 사업규모, 재정상태, 사업의 성격과 구조 등과 관련한 편의의 성격과 비용, 편의제공이 시설의 운영에 미치는 영향 등이 있다. 또한 편의제공의 과도한 곤란 초래 여부의 입증책임은 사용자에게 있다.

> **사례** 장애학생이 수학여행을 가는 데 있어서 학교가 그 장애학생에게 수학여행 중에 필요한 추가적인 지원(예컨대, 보조원 고용 등)을 제공할 수 없으며, 그래서 수학여행 중에 해당 장애학생이 어떤 활동에서 배제될 수밖에 없다는 것에 동의한다는 서약서를 부모로부터 받은 경우. 그러나 비록 부모로부터 동의서를 받았다고 할지라도 해당 학교의 장애학생 배제조치는 정당한 편의제공 거부에 의한 차별행위에 해당한다.

④ 광고에 의한 차별

정당한 사유 없이 장애인에 대한 제한·배제·분리·거부 등 불리한 대우를 표시·조장하는 광고를 직접 행하거나, 허용·조장하는 경우와 광고효과가 있다고 인정되는 행위도 광고에 의한 차별행위에 해당한다.

> **사례** 영어수강생을 모집하는 학원이 지면에 "벙어리 영어, 귀머거리 영어는 이제 가라"라는 광고를 싣은 경우

⑤ 기타 차별

장애아동의 보호자 또는 후견인, 그 밖에 장애인을 돕기 위한 자 등 장애인을 돕기 위한 목적에서 장애인을 대리·동행하는 자에 대하여 차별행위를 하는 경우에 장애인 관련자 차별에 해당한다. 또 보조견 또는 장애인보조기구 등의 정당한 사용을 방해하거나 보조견 및 장애인보조기구 등을 대상으로 광고를 통한 차별이 금지된 행위를 하는 경우에도 차별행위에 해당한다. 여기서 장애인보조기구란 장애인이 스스로 운전할 수 있도록 하는 자동차 보조기구, 장애인의 직업생활에 필요한 작업보조공학기기와 장비, 정보통신제품 등을 말한다. 한편 차별의 원인이 2가지 이상이고, 그 주된 원인이 장애라고 인정되는 경우 그 행위는 「장애인차별금지법」에 따른 차별로 인정된다. 장애인 차별을 판단할 때에는 장애인의 성별, 유형, 특징 등을 고려하여 판단하여야 한다.

사례 보조견을 데리고 버스를 타려는 시각장애인에게 버스기사가 승차를 거부하는 경우

한편 국가인권위원회는 「장애인차별금지법」상 차별행위에 대한 조사와 구제 업무를 전담하는 장애인차별시정소위원회를 설치하되, 소위원회의 구성·업무 및 운영 등에 관하여 필요한 사항은 국가인권위원회 규칙으로 정한다(동법 제40조). 국가인권위원회는 「장애인차별금지법」에서 제시하는 차별의 판단기준에 근거하여 차별 여부를 명확히 판단하여야 한다. 「장애인차별금지법」에서 금지하는 차별행위로 인하여 피해를 입은 사람은 국가인권위원회에 진정할 수 있으며, 진정이 없는 경우라도 차별행위의 내용이 중대하다고 인정되는 때에는 국가인권위원회가 직권으로 조사하여 권고할 수 있다(동법 제38조). 국가인권위원회 내에 설치되는 '장애인차별시정소위원회'는 장애인 차별에 대한 예방·조사·시정조치 등의 책임 및 권한을 가진다. 다만 국가인권위원회는 이 법이 금지하는 차별행위로 시정권고를 한 경우에는 권고한 내용을 법무부장관에게 통보하여야 한다. 국가인원위원회의 권고를 이행하지 않는 경우 법무부장관은 피해자의 신청 또는 직권으로 피해자가 다수인인 차별행위, 반복적이거나 고의적인 불이행에 대해서는 시정명령을 할 수 있으며, 시정명령 불이행 시 3천만 원 이하의 과태료를 부과할 수 있다(동법 제43조). 이에 따라 법무부는 장애인차별 시정명령 심의위원회를 9명 이하로 구성하고 권고불이행 사안에 대하여 심의하도록 한다.

법원은 「장애인차별금지법」에서 금지한 차별행위를 행하고 그 행위가 악의적인 경우 3년 이하의 징역 또는 3천만 원 이하의 벌금에 처할 수 있으며(동법 제49조), 차별로 인하여 손해가 발생한 경우 차별행위자는 피해를 입은 사람에게 손해배상 책임을 져야 한다. 여기서 악의적인 차별이라 함은 '고의적인 차별', '반복적인 차별', '다수에게 피해를 끼친 차별'을 의미하는데, 이 3가지를 전부 고려하여 시정명

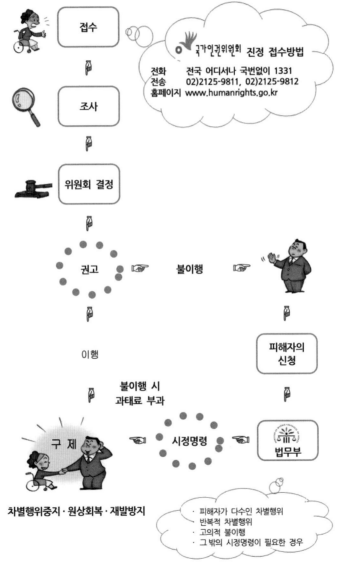

그림 3 │ 차별시정 및 권리구제 절차

령을 내리도록 규정하고 있다.

법원은 소송 제기 전이나 소송 제기 중이라도 임시로 차별행위를 중지시킬 수 있는 임시구제조치를 명할 수 있으며, 법원은 피해자의 청구에 따라 차별적 행위의 중지, 임금 등 근로조건의 개선, 그 시정을 위한 적극적 조치 등의 판결을 할 수 있다. 법원은 차별행위의 중지 및 차별시정을 위한 적극적 조치가 필요하다고 판단하는 경우 그 이행기간을 밝히고, 이를 이행하지 아니하는 때에는 늦어진 기간에 따라 일정한 배상을 하도록 명할 수 있다(동법 제48조).

이는 법원이 개별 사안별로 적절한 방법으로 구제를 할 수 있도록 한 것으로, 특히 피해자가 증명보다는 입증의 정도가 낮은 소명만으로도 제소 전이나 후에 법원의 적절한 임시조치 명령을 통하여 본안 판결 전이라도 임시적인 구제를 받을 수 있도록 하였다. 한편 「장애인차별금지법」과 관련한 분쟁해결에 있어서, 차별행위 사실은 피해자가 입증하여야 하고, 장애를 이유로 한 차별이 아니거나 정당한 사유가 있었다는 점은 차별행위자가 입증하여야 한다(동법 제47조).

2 | 유엔 장애인 권리협약

(1) 세계 장애인 인권 현황과 협약의 배경

장애를 가진 많은 사람들은 보건의료, 교육, 고용기회에 관한 동등한 접근성을 갖고 있지 못하며, 또한 그들이 필요로 하는 장애와 관련된 서비스들을 받지 못하는 실정이고, 일상생활 활동에서도 배제당하며 살아가고 있다. UN 장애인 권리협약(United Nations Convention on the Rights of Persons with Disabilities, CRPD)의 발효에 따라 장애는 점차 인권의 문제로 이해되고 있다. 또한 장애인들이 비장애인에 비하여 열악한 사회경제적 성과와 빈곤을 겪고 있다는 증거들이 늘어나고 있는 상황에서 장애는 중요한 개발문제이기도 하다.[20]

장애인 권리협약은 20세기에 유엔이 제정한 주요한 국제인권조약[21]들이 장애인 인권의 보호와 신장에 충분히 기여하지 못하였다는 비판적인 평가와 문제의식에서 탄생하였다고 볼 수 있다. 세계보건기구(WHO)가 2011년에 발간한 세계장애보고서에 따르면, 약 7억 8천 5백만명 내지 9억 7천 5백만명의 15세 이상의 장애인들이 있으며, 이들 중 1억 1천만명의 사람들이 매우 심한 기능상의 어려움을 가지고 있다고 보고 있다. 세계질병부담연구에서는 1억 9천만명의 사람들이 '중증장애(사지마비, 심한 우울증, 전맹(全盲)등과 같은 정도의 장애)'를 가진 것으로 보고 있다. 아이들을 포함하여 10억 이상의 사람들(세계인구의 약 15%)이 장애를 갖고 살아가는 것으로 추정되었다. 많은 지역에서 장애의 증가 비율은 당뇨, 심장혈관질환, 정신적 장애, 암, 호흡기 질병과 같은 만성적 건강상태 및 부상의 증가와 연관된다. 고령이 되면 더 높은 장애 위험에 처하므로, 세계적 고령화가 또한 장애 동향에 중요한 영향을 미친다. 환경은 장애출현율과 장애정도에 큰 영향을 미치고, 장애인들이 직면하는 불이익에도 큰 영향을 미친다. 비장애인에 비하여, 장애인과 그 가족들은 더 나쁜 사회경제적 성과들을 경험한다. 모든 환경에서 장애인과 그 가족들은 비장애인들과 대등한 삶의 수준을 달성하기 위해 종종 추가비용을 부담하게 된다.[22]

장애인은 오랜 기간 신체적·정신적 무능력자라는 편견 속에서 온전한 사회적 역할을 수행하는 데 부적합한 집단으로 인식되어 왔다. 장애를 이유로 가정과 사회에서 격리되어 부당한 대우를 받아 왔으며 의료나 교육 등 다양한 영역에서 비장애인과 동등한 수준의 권리를 향유하거나 기회를 제공받는 데 제약을 받아왔다. 장애인 당사자의 의사와 상관없이 시설 등에 구금되어 공공연한 차별과 폭력을 경험하면서 비장애인과 동등한 위치에서 인간으로서 누려야 할 기본적 권리와 자유 역시 많은 부분에서 제한당하는 차별을 경험하여 왔다. 장애인들과 인권활동가들은 열악한 상황에 있는 장애인의 인권을 증진시키기 위한 투쟁을 계속하여 왔고, 그 결과 UN은 1980년 1월 13일에 '세계 장애인의 해 행동계획'을 채택하면서 사회생활 및 사회개발에 있어 '장애인의 완전한 참여와 평등(full participation and equality)'을 목표로 삼고 이듬해인 1981년을 '세계 장애인의 해(International Year of Disabled Persons, IYDP)'로 선언하였다. 이어서 1983년부터 1992년까지 10년 동안을 '세계장애인 10년'으로 선포하는 등 장애인에 대한 관심을 증대시키고 장애에 대한 부정적인 인식전환 및 개선을 위한 노력을 시도하였다.[23]

이 같은 문제의식에 근거하여 장애인의 인권보장을 목적으로 하는 별도의 국제 인권조약을 제정할 필요성이 있다는 논의가 있게 되었는데, 본격적으로 그 논의가 시작된 것은 1987년에 개최된 UN총회에서 이탈리아 정부가 36개 조항으로 구성된 장애인의 인권에 관한 국제 협약을 제안하면서부터이다. 그러나 호주, 일본, 영국 등의 국가에서는 각 당사국에 돌아갈 재정적인 부담을 이유로 반대하였고, 북유럽 등의 국가에서는 이와 유사한 기존의 국제인권조약이 존재하고 있으므로 새로운 국제협약의 제정은 불필요하다는 부정적인 의견을 제시하는 등 많은 지지를 받지 못하였다. 그 후 1989년에 스웨덴, 2000년에는 중국 정부가 다시 장애인 인권협약 제정을 제안하였으나 미국 등 일부 선진국들의 반대로 인해 무산되었다.

2001년 제56차 UN총회에서 멕시코의 빈센트팍스(Vincent Fox) 대통령은 기조연설을 통해 국제장애인 권리협약의 성안을 위한 특별위원회의 설치를 제안하였다. 이 제안이 2001년 12월 총회에서 채택되었으며, 동시에 '장애인의 권리와 존엄을 보호하고 촉진하기 위한 총체적이고 통합적인 국제협약에 관한 특별위원회'의 설립이 결정되었다. 그 결정에 따라 2002년 8월부터 8차례의 특별위원회가 개최되어 협약안을 만들어내는 작업을 수행하였다. 특별위원회는 협약의 형태, 성격, 구조, 비차별 및 장애인의 실질적 권리 등 협약의 주요한 쟁점들을 집중적으로 토의하였다. 장애인 권리협약은 각 조항별로 제출된 의장안에 대하여 각국 정부대표와 국가인권기구 그리고 국제장애인연맹 및 장애시민단체들이 자신들의 입장과 견해를 개진하고 이를 각 조항별 조정자(Facilitator)가 취합하여 완성된 조문을 발표하면 동 조문에 대하여 국가들이 만장일치 또는 찬반투표를 통해 합의하는 방식으로 성안되었다. 합의를 이끌어내기 위한 회의장 안팎에서의 각 당사국과 장애인 단체들의 지속적인 논의와 토론 끝에 마침내 2006년 8월 제8차 특별위원회에서 장애인 권리협약안이 완성되었으며, 이 안은 동년 12월에 개최된 UN총회에서 192개국의 만장일치로 채택되었다. 4년간의 각 당사국 정부 및 장애인 당사자들의 공동노력의 결실로, 장애인의 인권보장을 천명한 여덟 번째 국제인권협약이 이렇게 탄생하게 된 것이다.[24]

이미 유엔에서 채택했던 장애인의 권리에 대한 여러 형태의 결의문, 선언문, 가이드라인이 유명무실했던 결과로 결국 장애인 권리협약이 등장하게 되었지만, 그 외의 절박한 또 하나의 이유가 있었다. 그것은 범세계적으로 만연한 장애인의 빈곤 문제이다. 적어도 연구자들의 견해로서는 의, 식, 주, 의료, 교육 등 장애인의 기본적 사회권, 생존권을 보장할 수 있으리만큼 만연한 빈곤의 문제가 해결되지 않으면, 장애인의 인권과 권리의 실현은 다시 한 번 미사여구로 끝날 것이라는 국제 장애계의 집요한 주장이 있었다. 대략 5명의 빈민 중 1명은 장애인이며, 이들은 빈곤과 장애로 인해 그들의 권리를 주장하지 못하는 취약 계층을 대표하는 위치에 있

다. 이와 같은 장애 현실을 감안할 때 새삼 권리협약의 중요성을 인정함과 동시에
이 협약 또한 또 하나의 추상적인 권리만을 제시하고 요구하는 문건으로 남지 않
도록 이행시켜야 할 막중한 과제를 앞에 두고 있다.[25]

(2) 장애인 권리협약의 주요 내용

2006년 12월 13일, 유엔 제61차 총회에서 회원국 192개국의 만장일치로 21세기
최초의 인권조약으로서 「장애인 권리협약(CRPD)」이 통과되었다. 그후 20개국이
가입 비준하고 30일이 경과한 2008년 5월 3일에 국제적 효력이 발생하였다. 우리
나라는 2008년 12월 국회에서 비준하여 유엔 사무국에 기탁 후 30일이 경과한
2009년 1월 10일부터 국내에서 효력이 발생하였다. 이후 장애인 권리협약은 국내
법과 동일한 효력을 가지게 되었다(헌법 제6조 제1항).

제3차 아시아·태평양 장애인 10년, 인천전략(2013 – 2022)에서는 '장애인 권리협
약 비준 및 이행과 국내법에의 조화'를 10대 목표 중 하나로 선택하기도 하였으며,
제4차 아·태 장애인 10년, 자카르타 선언(2023 – 2032)에서도 장애인 권리 증진 및
보호를 위한 행동으로 '장애인 권리협약과 국내법의 조화'를 명시하였다.

장애인 권리협약은 본문 50개 조항의 문건과 별개의 문건인 18개 조항으로 이루
어진 선택의정서(Optional Protocol)로 구성되어 있다. 협약은 전문(preamble)과 본
문 50개 조항으로 나눌 수 있다. 권리협약 전문은 보편적인 인권의 정신을 기반으
로 시작된다.

〈UN CRPD의 전문〉
(a) 자유, 정의 및 세계 평화의 기초로서 모든 인류의 천부적 존엄성과 가치 및
동등하고 양도 불가능한 권리를 인정하고 있는 국제연합헌장에 천명된 원칙
들을 상기하고
…
(y) 장애인의 권리와 존엄성을 증진하고 보호하기 위한 총체적이고 통합적인 국
제협약은 개발도상국과 선진국 모두에서 장애인의 근본적인 사회적 불이익
을 완화시키는데 기여하여 이들의 시민적·정치적·경제적·사회적·문화적
영역에 있어서 동등한 참여 기회를 증진할 것이라 확신한다.(마지막 부분)

　권리협약은 상당히 혁신적인 요소를 많이 내포하고 있는 현대적인 국제 인권법
이다. 이 협약은 향후 학술적 차원에서 장애학과 인권법에 지대한 영향을 미칠 것
이다. 혁신적인 내용으로서는 장애차별과 장애의 모델과 평등에 관한 것이다. 권리
협약은 장애의 문제를 의료적 모델에서 인권적 모델로 패러다임을 전환시켰다는
것이다. 특히 권리협약은 차별의 새로운 개념을 국제인권법에 도입했다고 주장할
수 있다. 왜 이러한 패러다임의 전환이 혁신적인가? 역사적으로 오랜 기간을 장애
인들은 보이지 않는 '무형'의 존재였고, 권리의 주체가 아닌 보호, 치료, 도움을 받
아야 하는 존재로 인식되었다. 이것이 바로 장애인의 임상적, 복지적 개입을 정당
화시킨 의료적 차원에 집착한 복지 모델이고 의료모델이다. 결과적으로 장애인들
은 정상적으로 생활할 수 없음으로 사회 속에서 주류사회로부터 격리되어 특수학
교, 보호 작업장과 숙소, 교통수단 등이 주어졌다. 동시에 그들은 의료, 고용, 교육,
선거, 사회참여, 문화적 활동 등에서 배제되어 기본권 권리와 자유를 박탈당했다.
그러나 지난 20여 년간 장애에 대한 접근은 변하기 시작하였고 이제는 권리의 주
체로 인식되기 시작했다. 권리기반으로의 전환은 유엔의 지지를 받았고, '1981년
세계 장애인의 해', '완전한 참여와 평등' 등이 각국과 유엔총회의 선언문으로 채택
되었다. 이것이 장애의 인권기반으로의 시작이 된다. 인권기반은 '장애'가 아닌 '사
람'에게 초점을 두며, 소위 장애인의 문제라는 것도 권리 기반에서는 신체와 정신
손상의 문제가 아니라 사회와, 국가 및 시민사회의 부적절한 혹은 무(無)반응에 기
인한다. 그러므로 국가는 사회적으로 만들어진 장애물의 문제를 해결하여 모든 인
간의 존엄성을 회복해야 한다. 이러한 과제를 국제법으로 엮어낸 것이 바로 장애인
권리협약이다. 권리협약을 뒷받침하는 인권기반은 이미 유엔에서 채택된 아래의
여러 협약과 밀접하게 연계되어 있으며 일곱 개의 기존 인권기반을 전제로 하고
있다.26)

① 세계인권 선언(1948, Universal Declaration of Human Rights(UDHR))
② 경제적 · 사회적 · 문화적 권리에 관한 국제규약(1966, International Covenant on
　　Economic, Social and Cultural Rights(ICESCR))
③ 시민적 · 정치적 권리에 관한 국제규약(1966, International Covenant on Civil
　　and Political Rights(ICCPR))
④ 인종차별 금지 협약(1965, International Convention on the Elimination of All

Forms of Racial Discrimination(CERD))

⑤ 여성차별금지 협약(1979, Convention on the Elimination of All Forms of Discrimination against Women(CEDAW))

⑥ 고문 및 학대 금지 협약(1984, Convention against Torture and Other Cruel, Inhuman or Degrading Treatment or Punishment(CAT))

⑦ 아동권리 협약(1989, Convention of the Rights of the Child(CRC))

이러한 인권조약이 구체적으로 권리협약의 각 조항에 어떻게 반영되었는가의 예를 들면, 「유엔 장애인 권리협약」의 제10~23조, 제29조는 자유권, 제24~28조, 제30조는 사회권에 기반하고 있는 것이다. 본문 50개 조항을 정리하여 보면 아래와 같다.

제 1 조 목 적 Purpose
제 2 조 정 의 Definitions
제 3 조 일반 원칙 General principles
제 4 조 일반 의무 General obligations
제 5 조 평등 및 비차별 Equality and non-discrimination
제 6 조 장애여성 Women with disabilities
제 7 조 장애아동 Children with disabilities
제 8 조 인식 제고 Awareness-raising
제 9 조 접근성 Accessibility
제10조 생명권 Right to life
제11조 위험상황과 인도적 차원의 긴급사태 Situations of risk and humanitarian emergencies
제12조 법 앞의 평등 Equal recognition before the law
제13조 사법에 대한 접근 Access to justice
제14조 신체의 자유 및 안전 Liberty and security of the person
제15조 고문 또는 잔혹한, 비인도적이거나 굴욕적인 대우나 처벌로부터의 자유 Freedom from torture or cruel, inhuman or degrading treatment or punishment
제16조 착취, 폭력 및 학대로부터의 자유 Freedom from exploitation, violence and abuse

제17조 개인의 존엄성 보호 Protecting the integrity of the person
제18조 이주 및 국적의 자유 Liberty of movement and nationality
제19조 자립생활 및 지역사회 통합 Living independently and being included in the community
제20조 개인의 이동성 Personal mobility
제21조 의사 및 표현의 자유와 정보 접근권 Freedom of expression and opinion, and access to information
제22조 사생활의 존중 Respect for privacy
제23조 가정과 가족에 대한 존중 Respect for home and the family
제24조 교육 Education
제25조 건강 Health
제26조 재활 Habilitation and rehabilitation
제27조 근로 및 고용 Work and employment
제28조 적절한 생활수준과 사회적 보호 Adequate standard of living and social protection
제29조 정치 및 공적 생활에 대한 참여 Participation in political and public life
제30조 문화생활, 레크리에이션, 여가생활 및 체육활동에 대한 참여 Participation in cultural life, recreation, leisure and sport
제31조 통계와 자료 수집 Statistics and data collection
제32조 국제협력 International cooperation
제33조 국내적 이행 및 감독 National implementation and monitoring
제34조 장애인권리위원회 Committee on the Rights of Persons with Disabilities
제35조 당사국 보고서 Reports by States Parties
제36조 보고서의 검토 Consideration of reports
제37조 당사국과 위원회 간의 협력 Cooperation between States Parties and the Committee
제38조 위원회와 기타 기구와의 관계 Relationship of the Committee with other bodies
제39조 위원회 보고서 Report of the Committee
제40조 당사국회의 Conference of States Parties
제41조 수탁자 Depositary
제42조 서명 Signature
제43조 기속적 동의 Consent to be bound
제44조 지역통합기구 Regional integration organizations

제45조 발효 Entry into force
제46조 유보 Reservations
제47조 개정 Amendments
제48조 폐기 Denunciation
제49조 접근 가능한 형식 Accessible format
제50조 정본 Authentic texts

장애인 권리협약의 제3조는 협약의 핵심 8대 원칙을 다음과 같이 규정하고 있다.

가. 천부적인 존엄성, 선택의 자유를 포함한 개인의 자율성 및 자립에 대한 존중

나. 비차별(차별금지)

다. 완전하고 효과적인 사회 참여 및 통합

라. 장애가 갖는 차이에 대한 존중과 인간의 다양성 및 인류의 한 부분으로서의
   장애인의 인정

마. 기회의 균등(평등)

바. 접근성

사. 남녀의 평등

아. 장애아동의 점진적 발달능력 및 정체성 유지 권리에 대한 존중

장애인 권리협약 제4조 일반 의무에서는 이 협약에서 인정된 권리의 이행을 위하여 모든 적절한 입법적, 행정적 및 기타 조치를 채택하고, 장애인에 대한 차별을 구성하는 기존의 법률, 규칙, 관습 및 관행을 개정 또는 폐지하기 위하여 입법을 포함한 모든 적절한 조치를 취할 것 등을 명시하고 있다. 제4조의 국가의 일반적 의무는 다음과 같다.

■ 이 협약에서 인정된 권리의 이행을 위해 모든 적절한 입법, 행정 및 기타 조치를 취한다.

■ 장애인을차별하는 법, 규칙, 관습 및 관행을 개정 또는 폐지하기 위해 입법 포함하여 모든 적절한 조치를 취한다.

■ 모든 정책과 프로그램에서 장애인의 인권 보호와 증진을 고려한다.

■ 이 협약에 부합되지 아니하는 일체의 행동이나 관행을 억제하고, 정부와 공

공기관이 이 협약과 일치하는 업무수행을 보장한다.

■ 모든 개인, 단체 또는 사기업에 의한 장애인 차별을 철폐하기 위한 적절한 조치를 취한다.

3 | 장애인 인권 보장의 과제

유엔 「장애인 권리협약(CRPD)」은 신체장애, 정신장애, 지적장애를 포함한 모든 장애가 있는 이들의 존엄성과 권리를 보장하기 위한 유엔 인권협약으로 동 협약에서 "장애인은 다양한 장벽과의 상호작용으로 인하여 다른 사람과 동등하며 완전하고 효과적인 사회참여를 저해하는 장기간의 신체적, 정신적, 지적, 또는 감각적인 손상을 가진 사람을 포함한다."고 하여 장애의 개념에 장애인의 사회참여를 제한하는 태도 등을 반영하고 있다. 이는 장애인을 둘러싼 환경의 문제에 주목한다는 점에서 의학적 손상만을 근거로 장애를 규정하는 의료적 모델에서 벗어나 사회적 억압, 차별로 인식하는 사회적 구성체로서 장애를 규정하는 사회적 모델을 수용하고 있음을 보여주는 것이다. 또한 이 협약은 장애인의 법적 능력, 접근권, 자립생활 등에서 장애인의 권리를 제고하기 위한 다양한 조항들을 명시하고 있으며, 상대적으로 권리보장이 더욱 취약한 여성장애인 및 장애아동 등에 대한 특별한 보호에 관한 사항 등도 규정하고 있다. 동 협약을 비준한 국가의 협약 준수를 촉진하기 위해 18명의 전문가로 구성된 장애인권리위원회가 설치되어 있는데, 협약을 비준한 각 당사국은 협약에 따른 의무를 이행하기 위하여 취한 조치 및 이행사항에 관하여 위원회에 보고서를 제출해야 하며, 이후 위원회는 각 보고서를 검토하고, 적절한 제안과 일반적인 권고를 하게 된다.

우리나라의 장애인복지가 발전을 거듭해 왔음에도 불구하고 장애인복지 수준은 복지 선진국에 비해 많은 격차가 존재하며, 급속히 증가하는 장애인의 기대 욕구를 충족시키기에는 아직도 미흡한 것이 사실이다. 장애인은 성별, 연령별, 그리고 장애 유형별로 일상생활이나 취업 및 교육 등에 있어 다양한 욕구를 가지고 있다. 이러한 장애인의 특성과 욕구에 맞는 생애 주기별 맞춤 서비스를 제공해 줄 수 있는 정책의 수립과 서비스 공급 기반의 구축이 필요하다. 현재까지 장애인복지의 역사를 살펴본 결과, 장애인복지는 어느 시대든 어떤 나라든 우리가 알지 못하는 나와 다른 생활 환경이나 인종 등을 다르게 보거나 편견의 시선으로 보는 현상은 항상 존재하고 있다. 이미 선진국에서는 우리나라보다 더 먼저 장애인 관련된 시설, 전달 체계 등이 제도적으로 잘 만들어져 있고, 일부 언론에 비친 모습에서는 비장애인과 장애인들이 차별을 찾아보기 어려울 정도이다. 장애가 차별이 아닌 차이로 인정되는 사회가 되어야 한다. 서양의 장애인복지가 종교를 기반으로 만들어졌다면, 우리나라의 장애인복지는 시대적 상황과 정치적 상황에 따라 만들어졌다고 볼 수 있다. 다소 임시방편의 전술적이고 전시행정의 요소가 다분히 존재한다.[27]

앞으로 우리나라도 좀 더 거시적이고 과학적이며 구체적인 제도를 현실에 맞게 선진적으로 만들어 나가야 할 것이다. 장애인의 생활 안정을 위한 정부의 지원과 다양한 직업재활 서비스의 체계적 제공, 복지·교육·고용 등 관련 분야의 협업을 통한 장애인의 자립 능력 배양, 그리고 편의시설 확충 및 국민의 장애인식 증진을 통하여 가족과 이웃 및 지역사회가 장애인과 더불어 사는 사회가 될 때, 비로소 21세기 우리나라의 장애인인권 보장 수준이 더욱더 발전할 수 있을 것이다. 장애인 인권과 복지에 투입되는 예산은 우리 사회가 발전하는 데 필요한 생산적 요소이며, 국가 발전을 위해 꼭 이루어야 할 책무라는 것을 모든 국민이 공감해야 할 것이다.

미주

1) 이러한 점에서 유엔이 21세기 최초로 제정한 국제인권조약인 장애인 권리협약(Convention on the Rights of Persons with Disabilities, CRPD)은 전문(Preamble) (e)에서 "장애는 점진적으로 변화하는 개념(disability is an evolving concept)"이라고 언급하고 있다.

2) 세계보건기구(WHO)와 세계은행(The World Bank)은 2011년에 '세계 장애 보고서 (World Report on Disability)'를 공동으로 작성해 발표하면서 10억 이상의 사람들이 다양한 형태의 장애를 겪고 있다고 밝혔다(출처: World report on disability 2011, WHO Library Cataloguing—in—Publication Data, ISBN 978 92 4 068521 5 PDF).

3) 31개 국가가 발표한 수치의 가중치를 부여하지 않은 단순 평균치임. 김현지 외, 『2023 장애통계연보』, 한국장애인개발원, 2023, 357쪽.

4) 김현지 외, 앞의 책, 355쪽. OECD 국가 중 장애인 출현율이 높은 국가로는 라트비아 38.5%, 덴마크 36.1%, 네덜란드 32.3%, 독일 30.3%, 영국 27.3%, 프랑스 25.3% 등이며, 장애인 출현율이 낮은 국가로는 한국 외에 일본 7.6%, 미국 13.4%로 나타나고 있다.

5) 김종인·우주형·이준우, 『장애인복지론』, 서현사, 2007, 34쪽.

6) 장애학(disability studies)은 1970~80년대에 영국과 미국을 중심으로 발달하여 여성학·흑인학과 유사한 진정성(authenticity)을 가진 새로운 영역의 학문 분야로서, 장애를 개인의 결함으로 보지 않고 장애를 규정하는 정치적·경제적·사회적·문화적 요인 등을 탐구하는 다학제적 학문이라고 할 수 있다.

7) 김종인 외, 앞의 책, 35쪽.

8) 우주형 외, 『장애인복지론』, 어가, 2022, 381쪽.

9) 우주형 외, 앞의 책, 384~388쪽 참조.

10) 김재익·김종인, 『자립생활실천론』, 창지사, 2014, 65쪽.

11) 국가인권위원회, 『2023 국가인권위원회 통계』, 2024, 76~77쪽. 2023년 사유별 차별행위 상담 현황을 보면, 장애차별 관련 상담 675건(38.6%), 성희롱 관련 상담 303건(17.3%), 사회적 신분을 이유로 한 차별 186건(10,6%), 기타 133건(7.6%), 나이를 이유로 한 차별 상담 131건(7.5%) 순이다(국가인권위원회, 같은 책 7쪽).

12) 지적장애인 채 모씨는 2008년 11월 전라남도 목포의 직업소개소를 통해 신의면 신의도의 염전에 취업을 하였다. 2012년 7월에는 시각장애인 김 모씨가 섬에 들어와, 채씨와 김씨는 경찰에 구출되기 전까지 각각 5년 2개월과 1년 6개월 동안 염전에서 함께 돈도 받지 못하고 강제로 일을 하게 되었다. 두 사람은 3번에 걸쳐 염전 탈출을 시도했지만 붙들려 무차별적으로 폭행을 당하였다. 하지만 포기하지 않았던 김 씨는 이발을 하러 읍내에 간 길에 "섬에 팔려와 도망갈 수 없으니 구출해달라. 소금을 사러 온 것처럼 위장하라"라는 편지를 어머니에게 보내는데 성공하였고, 편지를 받은 경찰은 소금 구매업자로 위장해 섬 곳곳을 탐문한 끝에 두 사람을 극적으로 구출하는데 성공하여 자유의 몸이 되었다(동아일보, 2014.02.07. 기사 발췌). 당시 이 사건은 'KBS 추적 60분'에도 방영되는 등 사회적 파장을 불러 일으켰다.

13) 한국장애인개발원, 『2017 장애인백서』, 2017, 388쪽.

14) 중앙장애인권익옹호기관과 19개 지역장애인옹호기관으로서 17개 광역지방자치단체 중 경기도와 충북에 2곳이 설치되어 있다.

15) 보건복지부·중앙장애인권익옹호기관, 『2022 장애인학대 현황보고서』, 2022, 22~23쪽.

16) 우주형 외, 앞의 책, 341쪽.

17) 보건복지부·한국보건사회연구원, 『2020년 장애인 실태조사』, 2021, 401~408쪽.

18) 이채식 외 4인, 『장애인복지론』, 2017, 335쪽.

19) 「장애인복지법」은 지원의 대상이 되는 장애인의 범주를 15개 유형으로 시행령에서 규정하고 있는 법정장애인제도를 채택하고 있으며, 15개의 법정장애인은 등록을 하여야 서비스의 대상이 되도록 규정하고 있다.

20) 세계보건기구, 전지혜 외 번역, 『WHO 세계장애보고서』, 한국장애인재단, 2012, 24쪽.

21) 20세기에 유엔이 채택한 국제인권조약으로는 '시민적 및 정치적 권리에 관한 국제규약'(1966), '경제적, 사회적 및 문화적 권리에 관한 국제규약'(1966), '여성에 대한 모든 형태의 차별철폐에 관한 협약'(1979), '고문 및 그 밖의 잔혹한, 비인도적인 또는 굴욕적인 대우나 처벌의 방지에 관한 협약'(1984), '아동 권리 협약'(1989), '모든 형태의 인종차별철폐에 관한 협약'(1965), '모든 이주노동자와 그 가족의 권리보호에 관한 국제협약'(1990) 등이 있다.

22) 세계보건기구, 앞의 책, 107쪽.

23) 국가인권위원회, 『장애인권리협약해설집』, 2007, 3쪽.

24) 국가인권위원회, 앞의 책, 4~5쪽.

25) 김형식 외, 『유엔장애인권리협약해설 – 복지에서 인권으로』, 어가, 2019, 41쪽.

26) 김형식 외, 앞의 책, 47~48쪽.

27) 우주형 외, 앞의 책, 411쪽.

제 6 장

사법절차에서의 인권보장

제 6 장

사법절차에서의 인권보장

손 형 섭

1 │ 사법제도와 개혁

사법(司法)이란 구체적인 법적 분쟁이 발생한 경우 이에 관한 법을 해석하고 판단하는 작용을 의미한다. 주로 민사재판, 형사재판과 같이 존재하는 법의 존재를 전제로 개별 사건을 구체적으로 적용하는 작용이다. 대한민국 헌법 제101조는 사법권(司法權)을 법관으로 구성된 법원에 부여하고 있다.

본장에서는 이러한 사법부에 관한 인권 문제에만 국한하지 않고, 폭넓게 경찰의 수사단계에서부터 검찰의 기소, 재판, 교정기관에 이르는 사법절차 전체에서 발생하는 인권 쟁점을 기술한다.

사법의 정의 실현을 위해서는 독립성과 공정성이 필수적으로 요청된다.[1] 국민의 법원에 대한 국민의 신뢰는 2015년 형사정책연구원의 조사에 따르면 경찰(24.9%), 법원(24.2%)로 일선 현장에서 국민을 상대하는 경찰과 비교하여도 크게 높지 않고, 2012년 참여연대 사법감시센터의 설문조사에서도 대법원을 신뢰하지 않는다는 응답이 55.5%로 신뢰한다는 43.5%보다 높게 나타났다.[2] 2008년 11월 6일 촛불시위 사건의 담당 판사들에게 보낸, 대법관 제청을 목전에 둔 신영철 중앙지방법원장의 재판개입 논란이 있었다. 그리고 10년 후인 이른바 사법농단 사건에서도 재판개입의 논란은 데자뷔처럼 발생했다.[3][4]

2 | 수사에서의 인권침해

(1) 수사와 신체의 자유

수사는 범죄혐의가 있다고 의심되는 사건에 대하여 증거를 수집·보존하고 범인을 검거하며 그 행위의 범죄 여부를 밝혀 공소의 제기·유지 여부를 결정하는 수사기관의 활동이다. 이러한 수사는 고소·고발·자수·신고·인지 등으로 수사기관은 수사를 개시하게 된다. 수사기관은 범죄 혐의가 있다고 생각되면 범죄사실과 증거에 대하여 수사를 하게 된다. 수사기관이 수사하는 경우 피의자는 상황에 따라 체포나 구속하여 수사할 수 있으며 수사가 완료되어 혐의가 인정되면 검사는 공소를 제기한다.

수사기관 중 사건의 초동수사를 담당하는 경찰은 국민의 생명과 재산을 보호하는 역할을 하고 법을 집행하는 국가기관이다. 경찰력이 잘 행사되어야 야간이나 격오지에서도 노약자 등이 자유롭게 삶을 영위할 수 있다. 그런데 이러한 경찰이 수사권한을 남용하여 국민의 인권을 침해한 사례가 모든 국가의 역사에 존재한다. 따라서 이러한 경찰권의 행사에서도 국민의 인권을 보장하고 그 권한이 필요한 최소한도에서 행사되어야 하며 남용되면 안 된다.

이미 이러한 경찰권 남용 및 경찰권으로부터 국민의 신체의 자유를 보장하기 위하여 헌법 제12조 제1항에서는 "모든 국민은 신체의 자유를 가진다."고 규정하고 있다. 신체의 자유에 관한 규정은 인신에 관한 실체적 권리를 제한하는 경우 입법권자를 비롯한 국가권력이 반드시 존중해야 되는 헌법상 기속원리를 명백히 밝힘과 동시에 체포·구속·압수·수색·심문·재판과정에서의 여러 가지 권리를 사법절차적 기본권으로 보장하고 있다. 따라서 이것은 경찰에 한정하지 않고 마찬가지로 수사권을 가지고 있는 검찰과 같은 기관에도 국민의 신체의 자유를 보장하도록 요구하고 있는 것이다.

헌법 제12조, 제13조 등에서는 죄형법정주의(罪刑法定主義), 적법절차원리(適法節次原理), 이중처벌(二重處罰)의 금지, 사전영장제도(事前令狀制度), 연좌제(連坐制)의 금지, 자백(自白)의 증거능력 제한, 무죄추정원칙(無罪推定原則), 고문(拷問)을 받지 아니할 권리, 불리한 진술거부권(陳述拒否權), 영장제시요구권(令狀提示要求權), 변호인(辯護人)의 도움을 받을 권리, 체포·구속시 이유와 권리를 고지받을 권리, 체포(逮捕)·구속적부심사청구권(拘束適否審査請求權), 정당한 재판(裁判)을 받을 권리, 형사보상청구권(刑事補償請求權)이 보장되어 있다.

죄형법정주의는 "법률 없으면 범죄 없고, 범죄 없으면 형벌도 없다"라는 근대 형법의 기본원리를 의미하는 것으로 무엇이 처벌될 행위인가를 예측가능한 형식으로 정하도록 하여 국민의 법적 안정성을 보호하고 국민의 기본권을 국가권력의 자의적 행사로부터 보호하려는 데 그 의의가 있다. 죄형법정주의는 형벌법규의 성문법주의 및 관습형법의 금지, 형벌불소급효의 원칙, 절대적 부정기형의 금지, 구성요건의 명확성 원칙, 유추해석의 금지 등 파생원칙을 그 내용으로 한다.

적법절차원리는 입법·행정·사법 등 모든 국가작용은 정당한 법률을 근거로 하고 정당한 절차에 따라 발동되어야 한다는 헌법의 원리를 말한다. 적법절차원리는 원래 신체의 자유보장 내지 형사사법적인 원리로서 출발하였으나, 오늘날에는 헌법전반을 지배하는 헌법의 원리로서 기능한다. 그리고 적법절차원리는 단순히 절차적 차원의 적정성뿐만 아니라 실체적 차원의 적정성도 함께 요구한다.

헌법 제12조 제4항에서는 변호인의 도움을 받을 권리를 규정하고 있다. 같은 조 단서에서는 형사피고인에게는 국선변호인(國選辯護人)의 도움을 받을 권리를 인정하고 있다. 누구든지 체포·구속을 당한 때에는 즉시 변호인을 선임하고, 변호인과 자유롭게 접견·협의할 수 있다. 변호인의 접견교통권(接見交通權)은 신체구속을 당한 사람에게 보장된 변호인의 조력을 받을 권리의 가장 중요한 내용이어서 국가안전보장·질서유지·공공복리 등 어떠한 명분으로도 제한하는 것은 매우 신중해야 한다.

이러한 헌법규정의 취지는, 수사기관이 국민의 신체의 자유와 같은 실체적 권리를 제한하는 경우에는 입법권자를 비롯한 국가권력이 반드시 존중해야 되는 헌법상의 기속원리를 명백히 밝힘과 동시에 체포·구속·압수·수색·심문·재판과정에서의 여러 가지 권리를 사법절차적 기본권으로 보장하는 것이다.

경찰이 수사과정에서 인권을 침해하는 사례는 다양한 형태로 발생하는데, 예를 들어 피해자로부터 신고와 함께 신변보호요청을 받은 경찰관이 피해자에게 신변을 특별히 보호해야 할 의무를 다하지 못한 경우도 있다.5) 또한 사건이 발생한 때 피의자가 자신을 변명하기 위하여 피해자에게 책임을 떠넘기는 경우가 많은데, 이를 언론에서 그대로 보도하게 되면 피해자가 이중의 피해를 입게 될 수 있다. 예를 들어 여성과 관련된 사건에서 확인되지 않은 사실을 유포하여 선정적인 보도가 나오면서 피해자의 인격을 침해하고 유가족에게 상처를 입히게 되는 경우가 발생하게 된다. 이렇게 언론이나 수사기관에 의하여 피의사실이 발표되면 피의자뿐만 아니라 피해자의 인권에 대한 침해가 발생된다. 이를 막기 위해 헌법 제27조 제4항은 형사피고인에 대한 무죄추정 원칙을 규정하면서 형법 제126조는 검찰, 경찰 그 밖에 범죄수사에 관한 직무를 수행하는 자 또는 이를 감독하거나 보조하는 자가 그 직무를 수행하면서 알게 된 피의사실을 공소제기 전에 공표하는 행위를 범죄로 규정하고 있다.6)

따라서 검사가 피의자가 피의사실을 강력히 부인하였음에도 불구하고 추가 보강수사를 하지 않고 참고인의 불확실한 진술만을 근거로 피의자의 범행이 확정된 듯한 표현을 사용하여 각 언론사의 기자들을 상대로 언론에 의한 보도를 전제로 피의사실을 공표한 경우, 피의사실 공표행위의 위법성이 조각되지 않는다.7)

우리 헌법은 형사피의자나 형사피고인에 대한 일체의 육체적·심리적 폭력행사를 금지하고 있다. 오늘날 각국의 헌법 역시 고문의 금지를 규정하고 있고, 국제적 차원에서도 고문금지협약에 가입하여 활동하고 있다.

또한 인권보장을 위한 독립기관인 국가인권위원회에서는 2022년 진정사건을 조사하여, 경찰의 인권침해와 관련하여 신고를 받고 출동한 경찰관이 영장 없이 주거지 내부를 확인할 때는 거주자의 명확한 동의를 받고 이를 증명할 수 있는 절차를 마련할 것을 권고하고, 과도한 수갑 사용, 변호인 조력권 침해 등 형사절차에서 계속 반복되는 사례에 대하여 조사하고 개선을 권고하였다.[8]

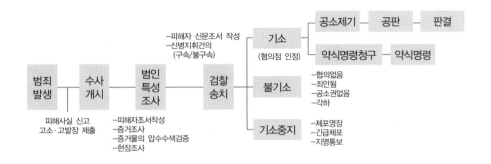

그림 4 │ 형사사건 처리절차[9]

(2) 체포·구속에서의 인권침해

피의자가 죄를 범했다고 의심할 만한 상당한 이유가 있고, 정당한 이유 없이 수사기관에 출석요구에 응하지 않거나 응하지 않을 우려가 있을 때에는 검사는 관할 지방법원 판사에게 청구하여 체포영장을 발부받아 피의자를 체포할 수 있다. 그러나 헌법은 사전영장제도(事前令狀制度)를 두어, 수사기관이 체포·구속·압수·수색 등의 강제처분을 하는 경우에 법관이 발부한 영장을 사전에 발부받아 하는 제도를 두고 있다. 우리 헌법 제12조에서는 "체포·구속·압수 또는 수색을 할 때에는 적법한 절차에 따라 검사의 신청에 의해 법관이 발부한 영장을 제시해야 한다"라고 하여 사전영장주의를 규정하고 있으며, 헌법 제16조에서는 주거에 대한 압수나 수색에 대한 사전영장주의를 규정하고 있다.

물론 사전영장주의에 대해서도 예외가 인정된다. 긴급체포와 현행범·준현행범, 그리고 비상계엄을 선포한 경우가 그것이다. 대상이 한정되지 않은 '일반영장' 및 별건구속라고 주된 사건이 아닌 다른 사건으로 신병을 확보하기 위한 구속을 하는 경우도 영장주의의 위배되어 위헌이라 할 수 있다.

피의자는 수사기관에 대하여 영장제시요구권(令狀提示要求權)을 가지며 현행범인과 긴급체포의 경우를 제외하고는 영장제시요구권을 무시하고 임의로 인신의 자유와 주거의 자유를 제한해서는 아니 된다.

헌법 제12조 제5항에서 "누구든지 체포 또는 구속의 이유와 변호인의 조력을 받을 권리가 있음을 고지받지 아니하고는 체포 또는 구속을 당하지 아니할 권리가 있다. 체포 또는 구속을 당한 자의 가족 등에게는 그 이유와 일시·장소가 지체 없이 통지되어야 한다"고 규정하여 설명요구권을 명문화하였다. 체포 또는 구속을 당한 경우에 그 이유를 알지 못하거나 변호인의 조력을 받을 권리가 있음을 알지 못한다면 변명의 기회나 방어수단을 가질 수 없을 뿐만 아니라 그러한 경우 불법구금과 고문 등 심각한 인권 침해행위가 자행될 가능성이 있기 때문에 체포·구속되는 경우 고지받을 권리는 신체의 자유에서의 필수적인 제도이다.

검사 또는 사법경찰관은 수사에 필요한 때에는 피의자의 출석을 요구하여 진술을 들을 수 있는다. 이때 피의자가 죄를 범하였다고 의심할 만한상당한 이유가 있고, 정당한 이유 없이 제200조의 규정에 의한 출석요구에 응하지 아니하거나 응하지 아니할 우려가 있는 때에는 **검사**는 관할 지방법원판사에게 **청구**하여 체포영장을 발부받아 피의자를 체포할 수 있고, **사법경찰관**은 검사에게 **신청**하여 검사의 청구로 관할지방법원판사의 체포영장을 발부받아 피의자를 체포할 수 있다. 다만, 다액 50만원 이하의 벌금, 구류 또는 과료에 해당하는 사건에 관하여는 피의자가 일정한 주거가 없는 경우 또는 정당한 이유 없이 제200조의 규정에 의한 출석요구에 응하지 아니한 경우에 한한다(형사소송법 제200조, 제200조의2).

또한, 형사소송법 제70조제1항 각 호의 1에 규정한 구속의 사유 즉, "① 법원은 피고인이 죄를 범하였다고 의심할 만한 상당한 이유가 있고 다음 각 호의 1에 해당하는 사유가 있는 경우에는 피고인을 구속할 수 있다. 1. 피고인이 일정한 주거가 없는 때, 2. 피고인이 증거를 인멸할 염려가 있는 때, 3. 피고인이 도망하거나 도망할 염려가 있는 때"에는 검사는 관할지방법원판사에게 청구하여 구속영장을 받아 피의자를 구속할 수 있고 사법경찰관은 검사에게 신청하여 검사의 청구로 관할지방법원판사의 구속영장을 받아 피의자를 구속할 수 있다. 다만, 다액 50만 원 이하의 벌금, 구류 또는 과료에 해당하는 범죄에 관하여는 피의자가 일정한 주거가 없는 경우에 한한다(형사소송법 제210조). 이때 법원은 구속사유를 심사함에 있어서 범죄의 중대성, 재범의 위험성, 피해자 및 중요 참고인 등에 대한 위해 우려 등을 고려하여야 한다.

기본적으로 불구속 수사를 원칙으로 하기에, 주거불명이나 증거인멸 우려가 있거나 도주 우려가 있는 경우에만 구속수사를 하여야 한다. 피의자의 인신의 자유를 보장하기 위해 구속영장의 발부에 법관이 피의자심문을 가능하게 하는 구속전 피의자심문제도(영장실질심사제도)를 도입하여 형사소송법 제201조의2에 두고 판사가 직접 심문을 하도록 하도록 하고 있다.

나아가 헌법은 제12조 제6항에서 "누구든지 체포 또는 구속을 당한 때에는 그 적부의 심사를 법원에 청구할 권리를 가진다."고 하여 체포·구속적부심사청구권을 규정하고 있다. 구속적부를 청구할 수 있는 자는 피의자 또는 그 변호인, 법정대리인, 배우자, 직계친족, 형제자매, 호주, 가족이나 동거인 또는 고용주이며, 피고인에게는 구속적부심사청구권이 인정되지 않는다. 이 헌법상의 구속적부심사제도를 형소법은 "체포되거나 구속된 피의자 또는 그 변호인, 법정대리인, 배우자, 직계친족, 형제자매나 가족, 동거인 또는 고용주는 관할법원에 체포 또는 구속의 적부심사(適否審査)를 청구"할 수 있도록 구체화하고 인신의 자유를 최대한 보장하며 불구속 수사의 원칙을 규정하고 있다.

구속적부심사를 청구하면 법원은 청구서가 접수된 때부터 48시간 이내에 구속된 피의자를 심문하고 수사관계서류와 증거물을 조사하여 그 청구가 이유 없다고 인정되는 때에는 결정으로 이를 기각하며, 이유 있다고 인정되는 때에는 결정으로 구속된 피의자의 석방을 명한다. 한편, 보증금 납입을 조건으로 하는 피고인석방제도가 피의자에게도 신설되어 구속적부심사청구시 법원이 구속된 피의자를 보증금 납부를 조건으로 석방할 수 있다[2020. 12. 8. 개정 형사소송법 제214조의2(체포와 구속의 적부심사)].

(3) 검찰에서의 인권 이슈

사법경찰관은 수사를 종결하면 소속 경찰관서장인 사법경찰관의 명의로 사건을 검찰에 송치한다. 검사는 해당 사건에 대하여 공소제기 여부를 결정하여, 양형조건인 범인의 연령·성행·지능과 환경·피해자에 대한 관계, 범행의 동기, 수단과 결과, 범행 후의 정황을 참작하여 공소를 제기하지 않을 수 있고, 공소를 제기하면 검사가 피고인으로 지정한 자에게만 그 효력이 미친다. 범죄사실 일부에 대한 공소의 효력은 범죄사실 전부에 미친다.

헌법 제12조 제7항에서는 "고문, 폭행, 협박, 구속의 부당한 장기화 또는 기망 등의 방법으로 받아낸 임의성이 없는 자백과 피고인의 자백이 그에게 불리한 유일한 증거인 경우에는 이를 뒷받침하는 보강증거가 없는 한 유죄의 증거로 삼거나 이를 이유로 처벌할 수 없다"고 규정하여 자백의 증거능력 및 증명력을 제한하고 있다.

헌법 27조 제4항에서 "형사피고인은 유죄의 판결이 확정될 때까지는 무죄로 추정된다"고 하여 무죄추정원칙을 명문화하고 있다. 헌법은 형사피고인에 대해서만 무죄추정원칙을 밝히고 있지만 형사피의자에게도 당연히 무죄추정원칙이 적용된다.

무죄추정원칙은 불구속수사, 불구속재판을 원칙으로 한다. 다만, 예외적으로 피의자 또는 피고인이 도망할 우려가 있거나 증거를 인멸할 우려가 있는 때에 한하여 구속수사 또는 구속재판이 인정된다.

헌법 제12조에서 "모든 국민은 형사상 자기에게 불리한 진술을 거부할 권리를 가진다"고 규정한다. 불리한 진술을 거부할 권리는 현재 피의자나 피고인으로서 수사 또는 공판절차에 계속 중인 자뿐만 아니라 장차 피의자나 피고인으로서 수사 또는 공판절차에 계속 중인 자, 장차 피의자나 피고인이 될 자에게도 보장된다. 증인이나 감정인 등도 유죄 여부의 기초가 되는 사실뿐만 아니라 양형의 기초가 되는 사실에 대해서도 자기에게 불리하다고 생각되는 진술을 거부할 수 있다. 진술거부권은 형사절차뿐만 아니라 행정절차나 국회에서의 조사절차 등에서도 보장된다.

불리한 진술거부권에 있어서 '진술'이라 함은 언어적 표출, 즉 생각이나 지식, 경험사실을 언어를 통해 표출하는 것을 의미한다. 따라서 음주측정의 요구는 불리한 진술강요에 해당되지 않는다는 것이 우리 헌법재판소의 견해이다.

3 | 사법부에서의 인권 보장

(1) 법원의 재판에서의 인권 이슈

정당한 재판(裁判)을 받을 권리를 보장하기 위하여 헌법은 인신보호를 위한 사법절차적 기본권으로 정당한 재판을 받을 권리를 보장하고 있다. 정당한 재판을 받을 권리는 헌법과 법률이 정한 법관에 의한 재판을 받을 권리, 민간인의 군사법원재판의 거부권, 신속한 공개재판(公開裁判)을 받을 권리 등을 포함한다.

또한, 형사피의자 또는 형사피고인으로 구금되었던 자가 불기소처분을 받거나 무죄판결을 받은 때에는 법률이 정하는 바에 의해 국가에 정당한 보상을 청구할 권리를 형사보상청구권이라고 한다. 형사보상 및 명예회복에 관한 법률은 형사소송 절차에서 무죄재판 등을 받은 자에 대한 형사보상 및 명예회복을 위한 방법과 절차 등을 규정함으로써 무죄재판 등을 받은 자에 대한 정당한 보상과 실질적 명예회복을 도모하고 있다.

대한민국에서는 심급제도에 따라 재판은 1, 2, 3심의 심급을 거쳐 진행될 수 있다. 그러나 오랜 재판의 역사에서 오판 또한 숙명적으로 관계로 남아왔다. 2005년 12월 제정되었던 진실·화해를 위한 과거사정리 기본법'은 항일독립운동, 반민주적 또는 반인권적 행위에 의한 인권유린과 폭력·학살·의문사 사건 등을 조사하여 왜곡되거나 은폐된 진실을 밝혀냄으로써 민족의 정통성을 확립하고 과거와의 화해를 통해 미래로 나아가기 위한 국민통합에 기여함을 목적으로 제정된 법률(제1조)이다. 당시 이용훈 대법원장 임기의 대법원은 과거 조봉암사건과 같은 많은 과거판결에 대해 재심을 했다. 이 법은 2014년 12월에도 과거사연구재단의 설립 기금 규정을 추가하여 일부개정 시행되었다. 또한 국민으로부터 재심청구 사건의 청구는 매년 1천 건 이상에 달했다.

표 1 | 2017 제1심 민사본안사건 재심 접수, 처리건수[10]

구분\년도	접수	처리											
		합계	소장각하명령	판결						소취하(소취하간주포함)	조정	화해	기타
				계	원고승	원고일부승	원고패	각하	기타				
2013	389	411	54	214	13	—	56	144	1	87	12	6	38
2014	389	366	45	179	12	2	52	112	1	77	11	14	40
2015	383	371	40	156	8	5	32	111	—	103	12	6	54
2016	384	370	52	177	9	1	41	125	1	72	5	2	62
2017	405	569	220	181	3	—	49	128	1	71	2	9	86

표 2 | 2017 제1심 형사공판사건 재심 접수, 처리건수[11]

구분 년도	접수 인원수	처 리 인 원 수											
		계	자유 형	집행 유예	재산 형	선고 유예	무죄	형의 면제 면소	공소 기각 판결	재심 청구 기각 판결	재심 청구 기각 결정	재심 청구 취하	기타
2014	589	622	5	2	3	1	156	1	–	12	380	14	48
2015	3,878	3,409	708	77	13	2	338	1	1	29	1,910	102	228
2016	2,056	2,294	449	116	14	3	124	1	1	26	1,348	75	137
2017	1,501	1,418	132	35	3	–	108	13	–	15	962	60	90

위의 표처럼 법원의 재판에 대하여 많은 재심 청구사건이 있었으며, 이를 개선하기 위한 임시적인 법으로 과거사진상위원회 등을 통하여 인권침해적인 과거 판결에 대한 재검토가 진행되었다. 주요 재심사건[12] 중 "익산 약촌오거리 택시기사 살인사건"은 2000년 8월 익산시에 발생한 사건으로 처음 지목된 피의자는 1심에서 범죄를 부인하고 2심에서는 범죄를 인정 후 10년 징역 선고받고 항소를 포기하여 형이 확정되었다. 그러나 2003년 6월 진범이 잡혔다. 억울하게 범인으로 몰려 한 시민은 10년 동안 수감생활을 했다. 이 사건은 영화의 모티브가 되어 2017년 영화 "재심"으로 상영되었다. 이러한 사건의 수사와 공소과정에서 인권침해가 자행되지 않았다면, 그리고 재판에서 인권침해를 원인으로 한 증거가 재판에서 인정되지 않았다면, 나아가 법원의 이러한 인권을 도외시한 판단이 재판소원의 형태로 헌법재판소에서 재검토가 가능했다면 한 시민이 10년을 감옥에서 고통을 받게 한 사법피해는 재심을 거치기 전에 구제가 가능했을 것이다. 최근 화성연쇄살인사건에서도 주범은 8차 사건에 대하여 범행을 인정하였고, 이미 범인으로 지목되어 강압에 의한 수사 과정에서 자백하여 억울하게 무기수로 20년간 복역한 윤모 씨에 대한 법원 판결이 다시 문제가 됐다. 그는 당시 3일동안 고문을 당해 경찰에게 허위자백을 했다[13]고 한다. 현재 윤모 씨의 재심이 검토되고 있다.[14] 다른 주요재심 사건에서도 불법 구금, 가혹행위, 허위 진술강요가 수반되고 이러한 증거가 법원에서 채택된 경우가 많다.[15]

(2) 헌법재판소의 역할과 기대

1987년 현행 헌법에서 헌법재판소를 설치하고 법률의 위헌심사제도를 도입하여 기본권을 침해하는 법률의 효력을 무효화할 수 있게 됐다. 그러나 이미 헌법재판소의 처음 출범부터 "모든 공권력 작용에 의한 기본권 침해를 헌법소원의 대상으로 삼으면서도 유독 법원의 재판(결정과 판결)만은 헌법소원으로 다툴 수 없도록 함으로써 사법작용에 의한 기본권 침해에 대해서 효과적으로 권리구제를 받을 수 없게 만들었다." 이러한 모순의 발생을, 허영 교수는 사법부의 지나친 기관이기주이 때문이라고 지적했다. 즉, 법원의 재판을 헌법소원으로 다툴 수 있게 하면 대법원을 정점으로 하는 사법부가 헌법재판소의 통제를 받는 꼴이 되어 대법원의 위상이 크게 훼손된다는 생각이 현재의 모순적이고 권력에 대한 견제와 균형이 불철저한 사법제도 구성의 근본 배경에 있었다.[16]

헌법재판소의 출범 처음부터 제도적 결함으로 법원의 재판을 헌법소원의 대상에서 제외한 헌법재판소법 제68조 제1항의 규정과 헌법소원을 다른 법률의 구제절차가 마련된 경우에는 먼저 그 절차를 모두 거쳐야만 헌법소원을 제기할 수 있는 헌법소원의 보충성 요건이 동시에 존재함으로 인해 기본권의 보호에 구조적 결함이 있어 제도적 개선이[17] 필요하다.

관련 규정을 보면, 헌법재판소법 제68조 제1항은 "법원의 재판"을 헌법소원심판의 청구대상에서 제외하고 있다. 여기서 법원의 재판은 재판절차에 관한 법원의 판단도 포함된 것으로 보며, 재판장의 소송지휘 또는 재판진행을 그 대상으로 하는 헌법소원심판청구는 결국 법원의 재판을 직접 그 대상으로 하여 청구하는 경우에 해당하여 부적법하다.[18] 따라서 재판에 대한 헌법소원이 원칙적으로 부인된다. 아래의 그림과 같이 보충성의 원칙으로 인해, 헌법 제107조 제2항에 따라 명령·규칙 또는 처분은 행정소송을 제기할 수 있음으로, 원행정처분에 대한 헌법소원은 원칙적으로 인정할 수 없게 되었다.[19][20] 따라서 헌법재판에서 기본권을 침해하는 공권력의 상당 부분이 헌법소원의 대상으로부터 배제되게 된다. 또한, "재판의 지연"을 다투는 헌법소원도 곧 "법원의 재판"을 다투는 헌법소원이어서 부적법하다. 또한 법원의 부작위를 다투는 헌법소원은 헌법에서 유래하는 작위의무가 없는 공권력의 불행사에 대한 헌법소원이어서 부적법하다.[21]

아래 그림에서 볼 수 있듯이, 보충성 원칙으로 인해 행정처분의 경우 행정소송을 제기할 수 있으면 헌법소원을 제기할 수 없고, 행정소송을 제기하면 헌법재판소법 제68조 제1항의 재판소원 금지규정으로 헌법소원이 허용되지 않는다. 결국, 행정작용에 의한 기본권 침해를 이유 헌법소원이 허용되는 경우는 검사의 불기소처분 중 재정신청의 대상이 되지 않는 경우22), 행정입법이 구체적 집행행위를 거치지 않고 기본권을 침해하는 경우, 헌법상 유래하는 작위의무위반의 행정(입법)부작위, 권력적 사실행위. 대외적 구속력을 갖는 행정계획 등23) 원칙적으로 행정소송의 제기가 불가능하거나 판례상 행정소송의 대상이 되지 아니하여 구제수단이 없는 경우로 사실상 국한된다.24)

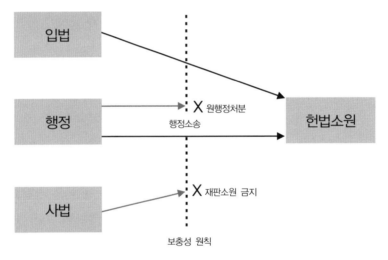

그림 5 | 국가작용 중 헌법소원 가능성

독일 연방헌법재판소의 소송 중 연간 약 6천 건 소송 중 약 95%가 헌법소원이고, 다시 이들 중에서 압도적 다수가 재판소원에 해당한다.25) 앞으로 헌법재판소법 개정으로 재판소원이 인정되면, 법원의 재판이 기본권 침해 문제를 야기한 많은 사건에서 헌법소원심판이 진행될 수 있다. 즉, 재판소원을 인정할 경우 헌법재판소에 헌법소원은 크게 증가할 것이다. 이것이 헌법재판소의 부담될 수 있다는 비판이 있다면, 기본적으로 기본권의 보장을 위한 국가기관으로 헌법재판소가 이러한 역할을 다하는 것은 국민의 기본권 보호를 위한 당연한 헌법적 사명이다. 헌법재판소는 법원의 재판에 대한 충분한 견제기관이 되어 그 역할을 통해 국민의 기본권을 보장을 위한 제도적 흠결상태를 개선하여야 한다. 다만 헌법소원의 적법요건의 검토를 통하여 헌법재판소가 신청사건을 기본권 침해 여부에 중심을 두어 심판에 회부할 것인지 불수리할 것인지를 판단하여, 중요 사건에 한정하여 재판소원을 인정하는 규정을 두는 방법도 검토할 수 있다. 기본적으로 적법요건의 검토와 보충성 원칙을 검토하는 과정에서 헌법소원 사건에 대한 절차적인 통제를 진행할 수 있다.

이렇게 법원의 판결에서 국민이 납득하지 못하거나 그 판결에서 인권 침해적인 문제의 발생을 막기 위해 이를 사전에 견제하고 사후에 구제할 수 있는 근본 제도 개혁이 필요한데 그 해결 방법의 하나가 재판에 대한 헌법소원을 인정하는 것이다. 그리고 이것이 법원의 재판이 기본권을 침해하는 경우, 헌법재판소에 의해 재판에 대한 견제와 균형이 가능하도록 하는 구조적인 해결 방법이라는 것이다.[26)]

4 | 수용시설에서의 인권 보장

(1) 수용시설 규정

수용시설에는 미결수 즉 아직 형사재판의 결과가 확정되기 전에 구금되어 있는 자로 미결수용자와 기결수 즉 이미 형사재판이 확정된 상태에서 그 선고형에 따라 형벌을 받고 있는 수형자가 수용된다. 흔히 전자는 구치소에 후자는 교도소에 수감된다. 여기에 사형의 선고를 받아 그 형이 확정된 사형확정자도 수용시설에 수용된다.

관련된 법으로 종래 행형법이 있었는데 이 법을 인권존중의 시대적 요구에 따라 수형자·미결수용자 등 교정시설 수용자에 대한 차별금지 사유의 확대 등을 위해 2007년 '형의 집행 및 수용자의 처우에 관한 법률'로 다음과 같이 전면개정했다.

1) 차별금지사유의 확대

종전에는 수용자 처우에 있어서 국적·성별·종교 및 사회적 신분에 따른 차별금지만을 규정하였으나, 교정시설 내에서의 수용자간 실질적인 평등 실현과 사회 전반의 인권의식 고양을 위하여 장애, 나이, 출신지역, 출신민족, 신체조건, 병력(病歷), 혼인 여부, 정치적 의견 및 성적(性的) 지향 등을 차별금지사유로 추가했다(법 제5조).

2) 서신 검열제도 개선 및 집필 사전허가제 폐지

종전에는 수용자의 서신은 원칙적으로 검열할 수 있었고 교정시설의 장의 허가를 받아야만 문학·학술 등에 관한 집필을 할 수 있었으나, 수용자의 통신의 자유와 문예 및 창작활동의 자유를 보다 적극적으로 보장하기 위하여 서신내용의 검열원칙을 무검열 원칙으로 전환하고 집필에 대한 사전허가제를 폐지했다(법 제43조제3항 및 제49조제1항).

3) 여성·노인·장애인 및 외국인 수용자의 처우

사회적 약자인 여성·노인·장애인 수용자를 특별히 보호하기 위하여 신체적·심리적 특성, 나이·건강상태 및 장애의 정도 등을 고려하여 그 처우에 있어 적정한 배려를 할 것을 명시하고, 외국인 수용자의 경우에는 언어·생활문화 등을 고려하여 적정한 처우를 하도록 했다(법 제50조부터 제54조까지).

4) 수형자 개별처우계획 수립 등

수형자의 교정교화와 사회적응능력 함양을 위하여 교정시설의 장은 수형자의 개별적인 특성에 알맞은 처우계획을 수립·시행하고, 분류심사 결과에 따라 그에 적합한 시설에 수용하도록 하며, 교정성적에 따라 그 처우가 상향 조정될 수 있도록 했다(법 제56조).

수형자의 도주방지 등을 위한 수용설비와 계호의 정도에 따라 교정시설을 개방시설·완화경비시설·일반경비시설 및 중(重)경비시설로 차등·구분함으로써 수형자의 교정성적에 따라 다양한 처우를 실시할 수 있는 시설기반을 마련했다(법 제57조).

5) 분류심사 전담시설의 지정·운영

수형자에 대한 과학적인 분류와 체계적인 처우계획의 수립·시행을 위하여 법무부장관으로 하여금 수형자의 인성·자질·특성 등을 조사·측정·평가하는 분류심사를 전담하는 교정시설을 지정·운영할 수 있도록 했다(법 제61조).

6) 미결수용자의 무죄추정에 합당한 지위 보장

미결수용자는 무죄추정에 합당한 처우를 받는다는 것을 명시하고, 미결수용자가 교정시설 수용 중에 규율위반으로 조사를 받거나 징벌집행 중인 경우라도 소송서류의 작성, 변호인과의 접견, 서신 수수 등 수사 및 재판과정에서의 권리행사를 보장하도록 했다(법 제85조).

7) 전자장비의 사용 및 한계규정 마련

육안에 의한 수용자 감시의 한계로 자살 등 각종 사고가 빈발함에 따라 선진 외국에서 성공적으로 행하여지고 있는 발전된 계호(戒護)시스템의 도입했다.

자살·자해·도주·폭행·손괴 그 밖에 수용자의 생명·신체를 해하거나 시설의 안전 또는 질서를 해치는 행위의 방지를 위하여 필요한 범위 안에서 전자장비를 이용하여 수용자 또는 시설을 계호할 수 있도록 하되, 전자영상장비로 거실에 있는 수용자를 관찰하는 것은 자살 등의 우려가 클 때에만 할 수 있도록 하고, 전자장비로 계호하는 경우에도 피계호자의 인권이 침해되지 않도록 했다(법 제94조).

8) 보호장비의 종류 변경

종전의 보호장비 중 사슬은 비인도적이므로 이를 보호장비에서 제외하는 대신, 수용자의 신체압박을 최소화하면서 필요한 신체부위에만 사용할 수 있는 현대적 보호장비인 보호복·보호침대·보호대 등을 보호장비에 추가했다(법 제98조).

9) 마약류사범·조직폭력사범 등에 대한 특별 관리

마약류사범에 의한 교정시설 내 마약류 반입을 효과적으로 차단하고 조직폭력사범으로부터 일반수용자를 보호하기 위하여 마약류사범 및 조직폭력사범 등에 대하여는 수용자로서의 기본적인 처우가 보장되는 범위 안에서 다른 수용자와는 달리 법무부령이 정하는 바에 따라 별도의 관리를 할 수 있도록 했다(법 제104조).

10) 징벌종류의 확대

교정시설의 장이 수용자의 규율위반 등을 이유로 부과하는 징벌이 금치 위주로 집행되어 왔고, 그 종류도 5종에 불과하여 다양하지 못하다는 문제점이 있어, 징벌의 종류에 근로봉사, 공동행사 참가 정지, 전화통화 제한, 텔레비전 시청 제한, 자비구매물품 사용 제한 등 9종을 추가함으로써 규율위반 등의 태양에 따라 다양한 징벌을 부과할 수 있도록 했다(법 제108조).

11) 청원제도의 다양화

수용자가 그 처우에 불복이 있는 경우에 제출하는 청원은 법무부장관 또는 순회점검공무원에게만 하도록 되어 있어 회신이 지연되는 등 문제점이 있어, 처우에 관한 불복이 있는 수용자는 법무부장관 또는 순회점검공무원뿐만 아니라 관할 지방교정청장에게도 청원을 할 수 있도록 했다(법 제117조).

12) 교정자문위원회 제도 도입

교정시설이 인권의 사각지대라는 대외적 비판을 극복하기 위하여는 교정행정에 대한 국민 참여를 보다 확대할 필요가 있어, 5명 이상 7명 이하의 순수 외부인사로 구성되는 교정자문위원회를 교정시설별로 설치하여 수용자 처우 및 교정시설 운영 등에 관하여 교정시설의 장에게 자문할 수 있도록 하였다(법 제129조).

13) 부정물품의 반입·수수 등에 대한 벌칙

수용자가 주류·담배·현금·수표를 교정시설에 반입하거나 이를 소지·사용·수수·교환 또는 은닉하는 경우와 수용자 외의 사람이 위 물품을 반입·수수·교환하는 경우 6개월 이하의 징역 또는 200만 원 이하의 벌금에 처하여 시설의 안전과 질서를 유지하고 각종 사고를 예방할 수 있도록 했다(법 제132조).

(2) 수용시설에서의 인권 이슈

수용시설의 과밀문제는 여러나라에서도 공통된 문제점인데, 국내 교정시설은 독거실이 아닌 혼거실 중심으로 설계되어 혼거실 기준 면적으로 3.4㎡(화장실 포함)로 2017년 12월 29일 법무시설기준규칙을 변경했다. 실제는 1인당 수용 면적이 2㎡ 미만의 좁은 공간 속에 수용한 것은 인간의 존엄과 가치를 침해한 것으로 수감자에게 국가배상하라는 판결[27]이 나오기도 했다.

2022년 코로나19 발생시 교정시설 과밀화 상황에 대처하기 위하여 국가인원위원회에서는 "법무부장관에게 코로나19 확진 수용자에 대한 의료 및 관리시스템을 개선하고, 응급상황 대응 관련 지침 및 매뉴얼이 준수될 수 있도록 관리·감독을 강화하며, 재발방지를 위해 관련 사건 사례를 교정시설에 전파하고, 문제 발생 구치소에 대하여 기관경고를 권고하고 해당사건 구치소장에게 응급상황 및 코로나19 확진자 대응 관련 조치에 차질이 없도록 관련 업무 직원들에 대하여 직무교육을 권고, 대한법률구조공단 이사장에게 피해자 및 그 유가족의 권리구제를 위한 법률구조 요청"을 결정한 바 있다.[28]

교정 사고 발생은 2020년 법무부 통계에 따르면 도주미수, 병사, 자살, 자살방지(자살미수), 화재, 수용자가 폭행, 수용자에 의한 직원 폭행 등의 사고가 발생했다.[29] 판례에는 "일석점호시에 위 망인이 번호를 잘못 불렀기 때문에 단체 기합을 받은 것이 사실이라면 그들이 혹시 그 분풀이로 위 망인에 대하여 폭행등 위해를 가할지도 모를 것이 예상된다 할 것이고, 이와 같은 경우에는 교도소 직원으로서는 통례적인 방법에 의한 감시에 그칠 것이 아니라 특별히 세심한 주의를 다하여 경계함으로써 그와 같은 사고의 발생을 미연에 방지할 직무상의 의무가 있으므로 이를 태만히 한경우에는 교도소 직원에게 직무상 과실이 있다."[30]고 판결하여 교도관의 사고예방 책임을 인정했다.

미주

1) 한상규, "사법 불신과 법원 개혁 : 1987년 민주화 이후 법원개혁의 성찰", 강원법학 53, 2018. 2, 425면.

2) 한상규, 앞의 논문 426면.

3) 경향신문, 2019. 3. 6. "재판 개입 10년 전에도 있었다[오래전 '이날']"

4) 이에 대해서는 손형섭, "사법제도 개혁을 위한 헌법 구조적 대안 연구 −헌법재판소법 개정을 통한 재판소원제도 도입론−", 공법연구, 제48집 제1호(2019), 317−353를 참조.

5) 김신규, 『인권법』, 박영사 2021, 64쪽.

6) 김신규, 위의 책, 65쪽.

7) 김신규, 위의 책, 69쪽, 대법원 1998. 7. 14. 선고 96다17257 판결.

8) 국가인권위원회, 『2022 국가인권위원회 연간보고서』, 2023, 40쪽.

9) 알뜰법잡, https://lawkey.kr/wiki/%ED%98%95%EC%82%AC%EC%82%AC%EA%B1%B4_%EC%B2%98%EB%A6%AC%EC%A0%88%EC%B0%A8

10) 법원행정처, 『2018년 사법연감』, 2018. 559면, 표16.

11) 법원행정처, 위의 책, 597면, 표95.

12) 〈주요 재심 사례〉

년도	사건	법원	경과
2012	"수원역 노숙소녀 사망사건"	서울고법	무죄
2014	"부림사건"	부산지방법원	무죄
2015	"익산 약촌오거리 택시기사 살인사건"	광주고등법원	무죄
2018	"무기수 김신혜 사건"	대법원	공판진행 중
2018	"1973年 간첩조작사건"	서울고등법원	무죄
2018	"이재오 반공법 사건"	서울고등법원	공판진행 중
2019	"여순 사건"	대법원	공판진행 중

13) 동아일보, 2019. 10. 28. "화성 8차사건 재조사, 이춘재 자백 고맙다" http://www.donga.com/news/article/all/20191028/98095379/1 (2019.10.28. 확인)

14) 중앙일보, 2019. 10. 10. https://news.joins.com/article/23600103 (2019.10.10. 확인)

15) 연합뉴스, 2019. 6. 13, "이재오, '반공법 사건' 재심 속행공판 출석" https://www.yna.co.kr/view/PYH20190613118200013 (2019.10.10. 확인)

16) 손형섭, "사법제도 개혁을 위한 헌법 구조적 대안 연구 −헌법재판소법 개정을 통한 재판소원제도 도입론−", 공법연구 제48집 제1호(2019) 참조.

17) 허영, 『한국헌법론』, 전정15판, 박영사, 2019, 342면.

18) 헌법재판소, 1992. 6. 26. 89헌마271.

19) 성낙인, 앞의 책, 816−817면.

20) 행정소송의 대상에 관하여 개괄주의를 취하는 현행 행정소송법 체제에 의하면 행정처분에 대하여 이의가 있는 경우 행정소송을 제기할 수 있음으로 바로 헌법소원을 제기할 수 없고, 만일 행정소송을 제기하였다면 재판소원 금지규정 때문에 헌법소원이 허용되지 않는다. 헌법재판소, 『헌법재판실무제요』, 제2개정판, 2015, 315면.

21) 헌재 1999. 9. 16. 98헌마75, 판례집 11-2, 364, 368면 이하 참조.

22) 2008년 형사소송법 개정으로 불기소처분에 대한 재정신청이 인정되어 보충성 원칙에 따라 헌법소원심판 대상에서 대폭 제외되었다.

23) 이동흡, 『헌법소송법』, 박영사, 2015, 419면.

24) 헌법재판소, 앞의 책, 315-316면.

25) 이것은 독일 연항헌법재판소법(BVerfGG) 제90조 제2항의 헌법소원이 보통 다른 법률상의 수단을 거친 후에야 허용되기 때문이다. 또한 행정행위나 법률로부터 비롯된 헌법소원은, 그 법률이 헌법소원심판의 청구인에게 적용되고 그 적용행위가 먼저 관할 일반법원에서 문제된 경우에만 연방헌법재판소에 의하여 다루어진다. Dieter Grimm, 앞의 논문, 363면.

26) 이 내용은 손형섭, 앞의 논문, 325~327쪽을 주로 참조하였음.

27) 한겨레, 2022. 7. 15. "교정시설 과밀수용, 국가배상책임 있다" 대법원 첫 판단, https://www.hani.co.kr/arti/society/society_general/1051129.html

28) 대한변호사협회, 『2021 인권보고서』, 제36집(2022), 127쪽.

29) 대한변호사협회, 위의 보고서, 122쪽.

30) 대법원 1979. 7. 10 선고 79다521 판결.

제 7 장

언론 · 정보인권

제 7 장

언론·정보인권

표 시 영

1 | 정보인권이란

인권(Human Rights, 人權)이란, 사람이 마땅히 누려야 할 기본적인 자유와 권리를 의미하며, 우리나라 헌법은 제10조[1])에서 이러한 인권을 확인하고 보장할 의무를 국가에게 부여하고 있다. 따라서 우리는 신체의 자유와 같은 기본적 인권뿐만 아니라 정치에의 참여, 교육을 받을 권리, 근로의 권리, 재산권, 예술의 자유 등 다양한 영역에서 인간답게 살아가기 위한 기본권을 보장받고 있다. 그중 '정보인권(Information and Communication Technology(ICTs) and Human Rights)'은 정보의 유통에 관한 개인의 기본적 권리들을 한데 지칭하는 것으로, 정보사회가 도래하면서 사생활의 비밀과 자유(헌법 제17조) 그리고 통신의 비밀(헌법 제18조) 등과 같은 전통적인 기본권들과 함께 논의가 되어왔다.

정보인권은 2003년 8월 19일 국가인권위원회(이하 '인권위')가 개최한 '정보화 사회에서의 인권'이라는 주제의 토론회에서 처음 그 개념이 사용되었고, 2013년 인권위에서 발행한 <정보인권 보고서>에서 인권 중의 하나로 인정받으며, 우리나라에서 보편적으로 수용되기 시작했다. 위 보고서에서 인권위는 정보인권을 "정보통신기술에 의하여 디지털화된 정보가 수집·가공·유통·활용되는 과정과 그 결과로 얻어진 정보가치에 따라 인간의 존엄성이 훼손되지 않고 자유롭고 차별없이 이용할 수 있는 기본적 권리"로 정의내리고 있는데, 이후 정보인권 관련 많은 연구에서도 대체로 위 정의를 그대로 사용하고 있는 것으로 확인된다.

지능정보사회에서 정보는 그 자체로 중요한 핵심 자원이 된다. 따라서 정보가 수집·가공·유통·활용되는 과정에서 새로운 인권 이슈들이 끊임없이 재생산되고 있다. 정보인권은 말 그대로 '정보'에 대한 인권이기 때문에 이러한 기술 및 사회 변화에 탄력적으로 대응하고 이를 개념적 정의 안에 수용할 필요가 있다. 인권위의 2013년도 <정보인권 보고서>는 제2장에서 정보인권을 유형별로 나눠 접근하고 있는데, 크게 정보주체가 프라이버시에 영향을 미칠 수 있는 자신에 관한 정보를 스스로 통제할 수 있는 권리를 의미하는 '정보프라이버시권', 온라인에서 새롭게 나타난 타인의 인격권을 침해하는 사례(명예훼손, 모욕, 혐오표현, 프라이버시 침해 등)를 표현의 자유를 위축시키지 않으면서 어떻게 통제해야 할 것인가를 논의하는 '온라인에서의 표현의 자유', 정보에 대한 알 권리 나아가 정보격차의 해소에 관한 권리까지 포괄하는 '정보접근권', 문화생활과 과학 기술 혜택을 향유할 수 있도록 과도한 지적재산권보호를 제한하기 위해 형성된 '정보문화향유권'으로 분류하고 있다. 기존 기본권으로 포섭될 수 있는 언론·출판의 자유, 학문·예술의 자유, 인격권, 사생활의 비밀과 자유, 통신의 자유 등과 정보인권 영역에서 새롭게 부각된 알 권리, 엑세스권, 개인정보자기결정권 사이에 적절한 조율과정이 있었음을 알 수 있다.

이후 인권위에서 발간한 2022년 <지능정보사회의 정보인권> 보고서에서는 위 4가지 분류를 바탕으로 '공공 및 민간의 개인정보 보호', '형사사법 절차에서 개인정보 및 통신의 비밀 보호', '온라인에서의 표현의 자유 증진', '정보격차 및 차별 해소', '재난 대응 및 사회 안전과 정보인권', '기업의 전자적 노동감시와 정보인권', '지능정보 기술과 정보인권'이라는 지능정보사회에서 중요하게 논의되어야 할 현안과 쟁점을 보다 구체적으로 다룬바 있다. 무엇보다 위 보고서는 빅데이터(Big Data), 메타버스(MetaVerse), 인공지능(Artificial Intelligence, AI) 등의 새로운 정보기술이 급속하게 발달하면서 정보인권은 새로운 전환기를 맞이하고 있고, 이러한 변화에 맞춰 정보인권에 대한 개선이 필요함을 강조한다. 본 장에서는 인권위의 분류 방식을 바탕으로 최근 중요하게 논의된 이슈를 중심으로 개인정보보호법 개정 방향을 통해 살펴본 개인정보의 보호 및 활용, 개인정보자기결정권, 정보접근권 그리고 인공지능과 정보인권 등을 중심으로 검토한다.

2 │ 개인정보의 보호 및 활용:「개인정보보호법」의 개정방향

코로나19로 맞이한 비대면 환경, 업무의 전자화로 행정 효율성을 높인 전자정부(e-Government), 이와 더불어 빅데이터 및 인공지능과 같이 대량의 개인정보가 각종 서비스 제공 과정에서 사용되면서 이제 개인정보의 수집 및 활용은 공공 및 민간 부문에서 필수가 되었다. 개인정보가 적극 활용되며 절차의 간소화, 개인 맞춤형 서비스, 전반적인 품질 향상 등 각종 편익이 창출된 것도 사실이지만 개인정보의 침해, 분실, 도난, 유출, 목적 외 이용 등의 오남용과 같은 부작용도 만만치 않다. 따라서 개인정보 활용 과정에서의 적법성, 투명성과 신뢰성을 강화하고 개인정보보호를 위한 강력한 보안 체계를 갖춰야 한다는 주장과 기업들이 보다 나은 서비스를 개발하고 이를 이용자들이 누리게 하기 위해서는 과도한 규제를 제한하고 개인정보를 보다 원활하게 활용할 수 있도록 해야 한다는 주장이 맞서고 있다.

국내 「개인정보보호법」은 이러한 상반된 주장 속에서 지난 2020년 그리고 2023년 중요한 개정 작업이 이뤄졌다. 먼저 2020년 소위 데이터3법이라 불리는 「개인정보보호법」, 「정보통신망 이용촉진 및 정보보호 등에 관한 법률」(이하 '정보통신망법'), 「신용정보의 이용 및 보호에 관한 법률」(이하 '신용정보법')의 개정이 있었는데, 개정의 주요 목표는 개인정보의 '활용'과 '보호' 간의 적절한 균형점을 찾아 개인정보 자체를 보호하면서도 활용을 촉진하여 데이터 경제를 활성화하는 것이었다.

「개인정보보호법」의 주요 개정 내용 중 정보인권과 관련된 부분을 중심으로 살펴보도록 하겠다. 먼저 "개인정보의 일부를 삭제하거나 일부 또는 전부를 대체하는

등의 방법으로 추가 정보가 없이는 특정 개인을 알아볼 수 없도록 처리된" 가명정
보와 "시간, 비용, 기술 등을 합리적으로 고려할 때 다른 정보를 사용하여도 더 이
상 개인을 알아볼 수 없는" 익명정보의 개념이 도입된 부분이 눈에 띈다. 이에 따
라 가명정보는 통계작성, 과학적 연구, 공익적 기록보존 등의 목적을 위해서는 정
보주체의 동의 없이 활용할 수 있게 되었고, 익명 정보는 개인정보보호법의 대상이
되지 않아 제한 없이 자유롭게 활용이 가능하게 되었다. 가명 정보의 경우 여전히
다른 정보와 결합시 특정 개인을 식별할 수 있다는 점에서 문제가 제기되지만, 안
정성 확보 조치를 전제로 일정 목적 범위 내에서 정보 활용 범주를 확장했다는 점
에서 의미가 있다. 이와는 별개로 개인정보 유출 및 오남용에 대한 제재 규정은 강
화되었다. 즉 개인정보 처리자의 책임을 강화하고 이를 어길시 형사벌 외 위반행위
관련 매출액의 3%에 해당하는 과징금을 부과할 수 있도록 하였다. 이 외에 개인정
보위원회가 중앙 행정기관으로 격상되어 그동안 행정안전부, 방송통신위원회, 금융
위원회로 분산되어 있던 개인정보보호 관련 정책을 총괄·감독하게 되었다.

「정보통신망법」은 「개인정보보호법」과의 중복 규정(개인정보 수집 및 이용, 안정성
확보 조치, 제3자 제공, 취급 위탁 등)을 삭제하여 일관성을 높였으며, 정보통신 서비
스 제공자의 책임을 강화하였다는 특징이 있다. 「신용정보법」의 경우도 마찬가지
로 유사 조항이 정비되고 금융 분야의 개인정보보호가 강화되었다. 또한 개인이 자
신의 신용정보를 본인의 요청에 따라 본인 또는 제3자에게 전송하도록 요구할 수
있는 권리인 '개인신용정보 전송요구권'이 신설되었는데, 이는 정보주체가 자신의
신용정보를 보다 용이하게 관리할 수 있도록 함으로써 마이데이터(MyData) 사업의
근간이 되었다.

2023년 2월 27일, 국회 본회의를 통과하여 9월 15일 시행된 개인정보보호법 일
부개정법률안은 그동안 국회에 발의된 20개의 의원안을 통합한 실질적 전면 개정
이라고 할 수 있다. 내용을 살펴보면 지난 2020년 개정과 유사한 목표를 확인할
수 있는데, 무엇보다 개인정보주체의 권리 보호를 이전보다 더 강화했으며, 국제적
기준에 부합하는 방향으로 개정이 이뤄진 것이 주요한 차별점이다.

정보주체의 권리 강화와 관련하여 '개인정보 전송요구권' 관련 규정이 신설되었
다(제35조의2부터 제35조의4). 이로써 금융 분야에만 한정되었던 마이데이터 서비스
가 전 분야로 확대되어 정보주체의 요청만 있다면 자유롭게 개인정보를 이동할 수
있게 되었다. 그리고 인공지능과 알고리즘 등 완전히 자동화된 시스템에 의한 개인

정보의 처리 과정에 있어 정보주체에게 거부권, 설명요구권 등을 부여하여 정보에 대한 통제권을 강화하였다(제37조의2). 즉 완전히 자동화된 시스템을 통해 결정된 내용이 정보주체에게 중대한 영향을 미칠 경우 정보주체는 이를 거부할 수 있는데, 이는 2021년 뉴욕시(New York City)에서 최초로 '인공지능을 활용하여 채용 시스템을 진행하는 기업에게 편향성 감사 의무'를 부여한 조례, 「Local Law 144」보다 이용자의 선택권을 강화한 것으로써 그 의미가 크다. 하지만 이러한 자동화된 결정이 정보주체의 동의를 받은 경우(제15조제1항제1호), 법률에 특별한 규정이 있거나 법령상 의무를 준수하기 위하여 불가피한 경우(제2호), 정보주체와 체결한 계약을 이행하거나 계약을 체결하는 과정에서 정보주체의 요청에 따른 조치를 이행하기 위하여 필요한 경우(제4호)에는 그럴 수 없다는 단서 조항을 두고 있어 한계가 있다(표시영, 2024). 한편 그동안 서비스를 이용하기 위해서 필수적으로 수집 및 이용이 필요한 정보에 대해서도 정보주체의 동의가 필요하였지만, 이제는 동의 이외의 다른 처리 요건을 활성화함으로써 정보처리자의 부담을 덜어주는 한편, 정보주체에게는 선택적 동의 사항에 집중함에 따라 실직적 선택권이 보장된 형태로 법이 개정되었다(제15조). 즉 수집 및 이용할 수 있는 개인정보 관련 조항에서, 정보주체와 계약을 체결하고 이행하는 과정에서 '불가피하게 필요한 경우'가 삭제되고, '이행하기 위하여 필요한 경우'로 조항이 변경되면서, 필수 정보가 아닌 선택 정보에 대한 동의만 남게 되어, 이용자들이 보다 실질적인 선택권을 행사할 수 있게 되었다. 이와 더불어 개인정보 분쟁조정 제도의 대상을 확대하고 절차를 강화하여 분쟁이 발생하였을 경우 정보주체가 신속하고 공정하게 구제받을 수 있도록 하였다(제43조, 제45조, 제47조, 제50조의2).

개인정보를 활용한 서비스 시장이 전세계로 확대되면서 국내 「개인정보보호법」도 국제 표준에 맞춰야 할 필요성이 높아졌고, 이에 동의 없이 개인정보의 국외 이전이 가능한 요건을 다양화하였다. 즉 개인정보가 이전되는 국가가 우리나라와 유사한 수준으로 개인정보를 보호하고 있다고 개인정보보호위원회가 인정을 하거나, 개인정보를 이전받는 자가 개인정보보호위원회가 고시하는 인증을 받은 경우 등 일정한 조건을 갖춘 경우에는 국외 이전에 대한 별도의 동의 절차 없이 개인정보의 국외 이전이 가능하다(제28조의8). 이로써 그동안 제기되었던 국외이전 조항 관련 경직성에 대한 문제는(고수윤·박시원, 2022), 어느 정도 해결되었다고 보인다. 또한 과징금 제도도 국제 표준에 맞춰 기존 위반행위 관련 매출액에서 전체 매출액의

3%로 개정됐다(전체 매출액에서 위반행위와 관련이 없는 매출액을 제외한 매출액을 기준으로 과징금을 산정). 이 외에도 개인정보처리자에 대한 규제를 일원화하고, 이동형 영상정보처리기기의 운영 제한 조항을 신설하여 고정형 기기와 구별을 둠으로써 규제 사각지대에 있었던 자율주행, 드론 등을 법에 명문화하였다(제25조의2).

두 차례에 걸친 「개인정보보호법」의 주요 개정 내용을 살펴보면 디지털 미디어 환경에서 지속되었던 고민들, 즉 '산업의 발전'과 '이용자 보호'라는 양가적 목표 사이의 조화와 균형을 이루려는 시도를 발견할 수 있었다. 정보인권 측면에서 볼 때, 정보주체가 자신의 개인정보를 효율적이고 안전하게 관리할 수 있게끔 법과 제도가 뒷받침해주는 것은 분명 긍정적인 변화라고 할 수 있다. 다만 이러한 변화가 현장에서 잘 발현될 수 있는 후속 조치가 잘 갖춰져야 할 것으로 보인다.

3 | 개인정보자기결정권

(1) 마이데이터

2005년, 헌법재판소는 개인정보자기결정권을, "자신에 관한 정보가 언제 누구에게 어느 범위까지 알려지고 또 이용되도록 할 것인지를 그 정보주체가 스스로 결정할 수 있는 권리"로 정의내리며, 사생활의 비밀과 자유 혹은 행복추구권으로는 완전히 포섭될 수 없는 독자적 기본권으로 인정한 바 있다.[2] 위 정의에서 알 수 있듯이 개인정보자기결정권의 핵심은 정보주체에게 개인정보의 자율적인 통제권을 부여하는 것이며, 이때 통제권은 개인정보 형성 과정에서의 통제라기보다는 활용 과정에서의 통제에 가깝다고 할 수 있다.

개인정보자기결정권은 글로벌 플랫폼 기업의 데이터 독점이 가속화되고, 그로 인한 개인정보 유출 및 오남용 사고들이 증가하면서 그 중요성이 점차 증가하기 시작했다. 2016년 초 케임브리지 애널리티카사(Cambridge Analytica)는 페이스북(Facebook)이 이용자들에게 제공한 퀴즈앱 'This Is Your Digital Life'를 통해 수집된 약 8,700만 명의 이용자 정보를 무단으로 정치선거 캠페인에 활용한 바 있으며, 2018년 구글(Google) 서비스 중 일부에서는 사용자가 위치 기반 기록을 비활성했음에도 불구하고 사용자의 GPS 정보가 동의 없이 수집된 사실이 보고됐다. 같은해 구글 플러스는 API 버그로 인해 약 50만 명의 이용자 개인정보(이름, 이메일 주소, 직업, 나이 등)가 타사에 노출됐는데, 구글은 이를 6개월간 외부에 공개하지 않아 큰 비판을 받은바 있다. 이 외에도 해킹이나 내부 직원에 의한 부적절한 개인정보 유출 사례들이 지속해서 나타나고 있는 상황이다. 이러한 일련의 사건들은 정보주체의 권리 보장을 위한 제도적 보완으로 이어졌다.

EU의 「GDPR」(General Data Protection Regulation, 개인정보보호법)은 이미 2018년부터 개인정보 활용 과정에서 발생할 수 있는 다양한 정보주체의 권리를 '법적으로 명시'하고 있다. 여기에는 자신의 개인정보에 접근할 수 있는 '접근권', 부정확한 개인정보에 대한 수정을 요구할 수 있는 '정정권', 특정 조건하에 자신의 개인정보의 삭제를 요구하는 '삭제권('잊혀질 권리')', 자신의 개인정보 처리의 제한을 요구하는 '처리 제한권', 자신의 개인정보를 판독 가능한 형식으로 수취하거나 다른 개인정보 처리자에게 전송할 수 있는 '데이터 이동권', 자신의 개인정보 처리에 이의를 제기할 수 있는 '이의 제기권' 그리고 프로파일링을 포함한 자동화된 처리에 따른 의사 결정에 대해 거부할 수 있는 '프로파일링 거부권' 등이 있다. 「GDPR」은 점차 국제적인 기준이 되어 가고 있으며, 앞서 살펴본 국내 「개인정보보호법」의 개정 방향에도 많은 영향을 주었다.

표 3 | 「GDPR」에 명시된 정보주체의 권리

구분	GDPR
접근권	제15조 Right of access by the data subject
정정권	제16조 Right to rectification
삭제권	제17조 Right to erasure ('right to be forgotten')
처리 제한권	제18조 Right to restriction of processing
데이터 이동권	제20조 Right to data portability
이의 제기권	제21조 Right to object
프로파일링 거부권	제22조 Automated individual decision—making, including profiling

두 차례에 걸친 개인정보 관련법 개정을 통해 확립된 '마이데이터' 개념은 우리나라 정보인권 신장에 있어 중요한 의미를 가진다고 할 수 있다. 개인정보 전송 요구권이 신설되면서 다양한 분야에서 마이데이터가 활용되고 있는데, 그중 가장 활발히 사용되고 있는 분야는 단연 금융분야다. 2022년 1월 시작된 마이데이터 플랫폼 서비스 가입자는, 개인의 금융 데이터를 한 곳에 모아 관리할 수 있도록 한 편의성 덕분에, 2024년 2월 기준 가입자가 약 1억 1,787만명을 넘어섰다. 이 외에도 의료, 교육, 공공분야에서도 마이데이터가 이용되고 있는데 가령 빅데이터연구센터를 운영하고 있는 서울아산병원은 개인 건강 정보를 통합 관리하여 환자들이 보다 편리하게 자신의 건강 정보를 관리할 수 있도록 했다.[3]

지난 「개인정보보호법」 개정 이후 마이데이터를 전 분야로 확대하기 위한 본격적인 후속조치도 잇따라 진행되고 있다. 금융위원회는 2024년 4월 4일 <마이데이터 2.0 추진 방안>을 발표했는데, 그 주요 내용을 살펴보면, 마이데이터 서비스를 이용할 수 있는 이용자에 디지털 취약계층과 14세 이상의 청소년들을 포함시켜 가급적 많은 국민들이 마이데이터 서비스를 이용할 수 있도록 한 '마이데이터 정보확대', 보다 정확하고 상세한 데이터(판매사업자명, 구입한 물품 내역 등)를 제공하여 마이데이터 사업자가 실제 수요에 부합하는 맞춤형 서비스를 이용자들에게 제공할 수 있도록 한 '영업 활성화', 휴면예금이나 보험금 혹은 1년 이상 미사용 계좌도 한 번에 파악하여 이용자가 원하는 계좌로 이전할 수 있도록 한 '이용자 편의성 제고', 그리고 사업자가 제3자에게 마이데이터 제공시 이를 <안심 제공 시스템>에 올려 제3자가 접속하게 하고, 이용자가 제3자에게 제공된 자신의 정보를 조회하고 또 삭제할 수 있도록 한 '마이데이터 정보보호'로 구성되어 있는 것을 알 수 있다(금융위원회 보도자료, 2024, 4).[4]

개인정보보호위원회 역시 2024년 4월 30일 전 분야 마이데이터 시행을 위한 개인정보보호법 시행령 개정안을 입법예고한 바 있다. 개인정보보호위원회의 보도자료에 따르면, 시행령 개정안은 "첫째 정보주체의 전송 요구에 따라 정보를 전송하는 개인정보처리자(정보전송자) 및 전송 요구 대상 정보의 기준을 마련하고, 둘째 정보를 전송받을 수 있는 수신자로서 개인정보관리 전문기관 지정에 관한 기준 및 절차를 마련하였으며, 셋째 정보주체가 효과적으로 전송요구권을 행사할 수 있도록 전송 과정에서 필요한 절차 및 방법 등의 기준을 수립하였고, 넷째 비활동·무실적 결합전문기관의 경우 재지정 시 결합실적 및 향후 운영계획 등을 추가 검토하여 재지정 여부를 결정할 수 있는 근거를 마련"하였다(개인정보위원회 보도자료, 2024, 4).[5] 앞으로 남은 조율 과정이 많지만, 지금까지 진행된 후속 작업들을 보면, 가능한 많은 국민들이 자신의 개인정보를 효율적이고 효과적으로 관리할 수 있는 방향으로 구체화되고 있다.

(2) 잊혀질 권리와 모를 권리

한편 수많은 개인정보가 온라인상에 남겨지고 있는 지금, 나의 개인정보를 잘 활용하는 것만큼 삭제할 수 있는 권리 또한 정보인권 측면에서 중요해지고 있다. 소위 '잊혀질 권리'라고 불리우는 정보 삭제권은 2014년 유럽사법재판소의, 삭제를 원하는 검색 결과인 정보가 프라이버시에 있어 민감한 정보이고 처음 개재된 뒤로 오랜 시간이 흘러 정보의 정확성과 최신성 등 정보처리를 위해 준수해야 할 조건을 충족하지 못하게 된 경우 이에 대한 정보 주체의 삭제권을 인정하되, 다만 정보 주체의 사적 이익과 검색으로 인한 공적 이익의 형량에 의한 공정한 균형이 필요하다는 판결 이후,[6] 점차 인정되기 시작했으며, 2018년 시행되는 「GDPR」에 명문화되었다. 그 전 삭제권이 정보주체가 동의를 철회하였을 경우에만 인정되는 제한적인 규정이었다면, 개정 이후에는 처리목적과 관련하여 더 이상 필요 없는 경우에도 삭제권을 폭넓게 인정한다(이권일, 2023).

한국은 GDPR의 삭제권과 유사한 조항을 「개인정보보호법」 안에 이미 갖추고 있으며(제36조), 개별법령의 규정에 따른 삭제권의 제한이 있을 뿐 「GDPR」과 같은 일반적인 이익형량에 의한 제한 규정은 존재하지 않는다. 이뿐만 아니라 잊혀질 권리와 결은 다르지만 언론기사에 대한 반론권과 더불어 인격권에 기한 기사삭제청구권 등도 존재하고 있어, 유럽에서 논의되는 잊혀질 권리보다 더 적극적으로 개인정보의 보호가 이뤄지고 있다고 볼 수 있다(최자림, 2019). 이러한 이유로 잊혀질 권리의 법적 도입에 대해서는 여전히 신중해야 한다는 견해가 지배적이다. 이미 갖추고 있는 제도의 부분적 보완을 통해 접근하는 것이 바람직하다는 것이다. 하지만 현행 제도로는 잊혀질 권리를 완전하게 보장받기에는 한계가 있다. 사람들이 잊혀질 권리를 행사하고자 하는 정보 유형은 굉장히 다양한데, 법적으로 인정될 수 있는 개인정보는 이러한 다양한 유형의 정보를 포괄하지 못하고, 권리 침해 사실이 인정되어야만 권리 행사를 할 수 있는 경우가 대부분이기 때문이다. 더군다나 디지털 기술의 빠른 발전과 상용화는 개인정보 침해 양상을 더욱 교묘하고 광범위하게 만들고 있다.

이러한 변화 속에서, 2023년 4월 개인정보위원회는 아동 또는 청소년 시기에 본인 혹은 제3자(부모나 친구 등)가 자신과 관련하여 올린 개인정보 중 삭제하고 싶은 정보가 있을 경우, 이에 대한 삭제권 또는 접근배제권을 행사할 수 있도록 지원하는 '아동·청소년 디지털 잊힐권리 시범사업'을 개시하였다. 아동 및 청소년을 '보호의 대상'에서 자신의 정보를 주도적으로 통제할 수 있는 '정보주체'로 바라봄으로써 인식의 전환이 이뤄진 것이다. 이제 만 24세 이하 국민이라면 누구나 해당 게시물이 자신과 관련된 것임을 입증한다면 보다 손쉽게 해당 게시물을 삭제 혹은 가림 처리할 수 있다. 이용절차는 개인정보포털을 통한 신청 및 접수, 담당자 매칭을 통한 상담 및 지원방법 결정, 게시판 운영 사업자에게 접근배제 요청, 결과 확인 및 모니터링이라는 4단계로 이뤄진다(개인정보위원회 정책뉴스, 2023, 4).[7]

잊혀질 권리와 함께 검토되어야 할 개념으로 최근 '모를 권리'가 주목을 받고 있다. 모를 권리는 언론사들 간 과열된 경쟁으로 인해 자극적이고 선정적인 보도가 증가하자, 이러한 보도가 국민의 알 권리를 명분으로 한 상업주의라는 비판이 일면서 거론됐다. 최근 미디어 분야에서 모를 권리라는 말이 사용된 것은 고 이선균씨 사망사건을 보도한 언론의 행태를 비판한 기사들에서였다. 2024년 1월 4일 보도된 한국일보의 <"이선균 사생활 '모를 권리'도 지켜달라"… 경쟁적 보도가 남긴 숙제>라는 제목의 기사에서는 수사와 관련 없는 사생활 보도가 야기한 부작용을 꼬집으며, 향후 언론이 국민의 알 권리와 국민의 인권 사이에서 신중한 선택을 할 필요가 있다고 비판한 바 있다(남보라, 2024, 1).[8]

모를 권리는 원래 생명의료 영역에서 주로 논의가 전개되어 왔다. 즉 환자에 대한 불확실한 유전 정보를 발견했을 때, 해당 정보를 전달할 것인지에 대해 환자 본인의 동의를 받지 않았을 경우 환자에게 이를 알림으로써 오히려 그의 평온한 삶에 해악을 끼칠 가능성이 있으므로, 모를 권리를 선택사항에 포함해야 한다는 것이다(최정호, 2023).

이러한 모를 권리가 미디어 분야에서 다시금 중요해진 이유는 기술의 발달 그리고 경쟁적인 미디어 환경과 밀접한 관련이 있다. 미디어 기술이 발달하면서 우리는 범람하는 정보 속 알 권리가 비약적으로 상승했는데, 이와 동시에 알고 싶지 않은 정보와 알 가치가 없는 정보 역시 병렬적으로 증가했기 때문이다. 여기에 더해 한정된 이용자의 관심을 얻기 위한 언론사들 간 치열한 경쟁은 공익성이 없으면서 타인의 인격권을 침해하는 정보를 양산하고, 이를 접한 국민들은 뉴스에 대한 피로도를 느껴, 급기야 정보를 회피하기에 이른다. 양질의 정보를 건강하게 소비할 수 있는 환경 구축이 민주사회의 유지에 필수적임을 감안하면 알 권리만큼이나 모를 권리 역시 우리 분야에서 본격적으로 논의가 시작될 필요가 있다.

하지만 생명의료 분야에서 논의되었던 모를 권리를 사회과학 분야에 그대로 적용하기에는 다소 조심스러운 측면이 있다. 생명의료 분야에서 모를 권리를 적용할 수 있는 정보는 비교적 명확하지만, 표현의 자유 측면에서 어떠한 정보가 마땅히 알아야 할 정보이고 어떠한 정보는 알 가치가 없는 정보인지는 쉽게 판단할 수 없으며, 이는 사람, 시대, 상황에 따라 가변적일 수밖에 없기 때문이다. 이와 관련하여 유용민(2024)은 "두 개념 간의 관계를 상호 호혜적으로 바라보면서, 무지와 앎의 관계를 반성적 평형(Reflective Equilibrium) 상태가 될 수 있도록" 하여 다른 권리들과의 조화와 균형을 모색해야 한다고 주장한다.

(3) 언론중재제도

우리나라는 언론보도를 통해서 개인의 사생활이 침해 받거나, 잘못된 정보로 명예가 훼손됐을 경우 이에 대한 피해를 구제받을 수 있는 언론중재제도를 가지고 있다. 이는 언론보도에서 다뤄진 개인정보를 전제로 하고, 낡은 정보가 아닌 잘못된 허위 정보 혹은 의도와는 다르게 과장되거나 편파적이거나 왜곡된 보도를 대상으로 함으로 잊혀질 권리와는 그 성격을 달리하지만, 언론보도로 인한 피해구제절차를 언론사 내외부의 기관을 통해 체계적으로 갖추고 있다는 것만으로도 그 의미가 크다고 할 수 있다.

언론중재제도는 언론사와 언론중재위원회를 통해 진행된다. 「언론중재 및 피해구제 등에 관한 법률」(이하 '언론중재법') 제7조 제1항은 언론등의 보도 또는 매개로 인한 분쟁의 조정·중재 및 침해사항을 심의하기 위하여 언론중재위원회를 둔다고 규정하고 있다. 언론중재위원회에서 다루는 잘못된 보도에는 '인명이나 지명, 통계수치 등을 잘못 기록한 보도', '거짓을 사실인 것처럼 꾸민 허위보도', '기사 내용과 관련 없는 사진을 보도하여 피해를 준 경우', '필자의 허락을 받지 않고 글을 고쳐 필자의 의도와 다르게 표현된 보도', '사실을 그릇되게 과장한 보도', '전체 사실 중 일부분만을 부각하여 나쁜 인상을 심어준 왜곡 및 과장 보도', '한쪽의 주장만을 전달한 편파보도', '범죄혐의자나 범인으로 보도되었으나 수사결과 혐의가 없는 것으로 밝혀진 경우', '승낙 또는 정당한 이유 없이 개인의 초상, 음성, 사생활, 성명을 보도한 경우', '개인의 사회적 평가를 저하시키는 명예훼손 보도' 등이 있다.9)

　침해에 대한 구제방법으로는 크게 반론권(Right to reply), 조정, 중재, 소송, 시정권고가 있다. 여기서 반론권의 경우 피해를 입은 자가 언론사에 직접 청구할 수 있는 권리로, 우리 언론중재법에서는 정정보도청구권(제14조, 제15조), 반론보도청구권(제16조), 추후보도청구권(제17조)을 각기 규정하고 있으며, 2009년 반론권 적용 대상을 인터넷뉴스서비스로 확장하였다(제17조의2). 먼저 정정보도청구권의 경우 사실적 주장에 관한 언론보도 등이 진실하지 아니하여 피해를 입은 경우 해당 보도 등이 있음을 안 날부터 3개월 이내 청구할 수 있는데, 이때 언론사 등의 고의나 과실이라는 위법성은 필요로 하지 않는다. 청구를 받은 언론사는 3일 이내에 수용 여부를 알려야 하며, 청구를 수용할 경우 7일 이내에 정정보도문을 게재해야 한다.10) 정정보도문을 어떠한 형식으로 게재하는 것이 적정할 것인가와 관련하여, 현행 규정은 같은 채널·지면·장소에서 같은 효과를 발생시킬 수 있는 방법으로 해야 한다고 했지만, 그게 과연 충분한 것인지와 관련하여서는 논의가 더 필요하다. 특히 대부분의 언론보도가 온라인에서 유통 및 소비되면서 방송과는 다른 이용 행태를 보이는 인터넷뉴스서비스의 경우 보다 적극적인 방법으로 반론보도가 이뤄지는 것이 더 타당할 수 있다는 의견이 제기되고 있기 때문이다(표시영·이영희·최경미·진승현, 2023).

　반론보도청구권의 경우 사실적 주장에 관한 언론보도 등으로 인해 피해를 입은 자가 그에 대한 반론보도를 언론사에 청구할 수 있는 권리로, 보도 내용의 진실 여부와 상관없이 청구를 할 수 있다는 점이 정정보도청구권과의 주요 차이점이라고 할 수 있다. 청구 절차나 요건과 관련하여서는 대부분 정정보도 청구에 관한 법 규정을 준용한다.

　추후보도청구권은 범죄혐의 혹은 형사상의 조치를 받았다고 보도된 자가 향후 이와 관련하여 무죄판결을 받았거나 이와 동등한 형태로 종결되었을 경우 그 사실을 안 날부터 3개월 내에 언론사에 추후보도 게재를 청구할 수 있는 권리로, 청구인의 명예 회복과 직접적인 관련이 있다.

　다음으로 반론권과 관련하여 피해자와 언론사가 합의에 이르지 못할 경우 언론중재위원회를 통해 조정과 중재 제도를 신청할 수 있다. 먼저 조정은 협의가 불발된 날부터 14일 이내에 신청해야 하고 조정 신청이 접수가 되면 관할 중재부는 지체 없이 조정기일을 정하여 당사자의 출석을 요구할 수 있다. 조정기일에 중재부는 당사자들에게 절충안을 제시하며 합의를 권유할 수 있는데, 만약 이 같은 과정을 통해 조정이 성립된 경우 '조정 성립'을, 합의가 되지 않은 경우에는 '조정 불성립'을 결정할 수 있다. 이밖에도 중재부는 조정신청이 부적법할 때에는 '각하(却下)'를, 신청인의 주장이 이유 없음이 명백한 경우 '기각'을, 당사자들의 사정을 참작하여 직권으로 조정을 갈음하는 '직권 조정'을 결정할 수도 있다. 다만 조정이 성립된 경우 재판상 화해와 동일한 효력이 있으나 당사자의 수락을 전제로 하기 때문에 당사자가 해당 결정에 불복할 경우 그 결정은 효력을 상실한다. 중재는 조정과 달리 확정판결과 동일한 효력이 있으므로, 양 당사자가 정정보도청구나 손해배상 분쟁과 관련하여 중재부의 종국적 결정에 따르기로 합의하고 신청을 해야 한다. 다만 중재판정에 일정한 사유가 존재하면 당사자는 법원에 중재판정 취소의 소를 제기할 수 있다.

이 밖에도 피해자는 처음부터 정정보도청구등의 소를 제기할 수 있다. 소가 제기된 경우 판결은 '3개월 이내'에 선고되어야 하며, 이때 정정보도청구등이 이유 있다고 인정된다면 반론보도를 어떻게 해야할 것인지 구체적인 방법(내용, 크기, 시기, 횟수, 위치, 순서 등)을 함께 명해야 한다. 위 재판결과에 대해서는 항소하는 것 외에는 불복할 수 없다. 언론보도로 인한 피해는 즉각적이고 광범위하기 때문에 신속하게 진행된다. 특히 법원은 언론보도로 인한 피해구제와 관련된 재판은 다른 재판보다 우선적으로 처리해야 한다.

마지막으로 언론중재위원회는 언론보도가 국가, 사회, 타인의 법익을 침해했다고 판단했을시 언론사에 직접 서면으로 시정을 권고할 수 있는데, 이는 언론사에 대한 권고적 효력을 가진다.

이처럼 언론보도에 대한 피해구제 절차와 이를 주도적으로 담당하는 언론중재위원회의 존재는 다른 국가에서는 발견할 수 없는 시스템으로, 향후 미디어 유형이 다양해지면서 인격권을 침해하는 콘텐츠가 증가하여 이에 대한 대응방안이 더욱 중요해질 것임을 고려한다면, 이러한 피해구제 절차를 구심점으로 하여 보다 정교한 제도적 보완이 지속해서 이뤄질 필요가 있다(표시영·이영희·최경미·진승현, 2023).

4 | 정보접근권

(1) 정보공개청구권

정보공개청구권이란, 국민이 공공기관이 보유 및 관리 하고 있는 정보에 대한 열람 및 공개를 요구할 수 있는 권리를 의미하며,「공공기관의 정보공개에 관한 법률」(이하 '정보공개법')을 통해 보장된다. 위 법에서는 제3조를 통해 공공기관은 국민의 알 권리 보장을 위해 이 법에서 정하는 바에 따라 정보를 적극적으로 공개하여야 한다는 원칙을 명시하고 있다. 정보공개청구권의 대상이 되는 정보는 "공공기관이 직무상 작성 또는 취득하여 관리하고 있는 문서(전자문서 포함) 및 전자매체를 비롯한 모든 형태의 매체 등에 기록된 사항"이며(제2조의1), 정보공개청구를 요청할 수 있는 공공기관은 국회, 법원, 헌법재판소, 중앙선거관리위원회와 같은 국가기관과 지방자치단체를 포함하며, 이 외에도「공공기관의 운영에 관한 법률」제2조에 따른 공공기관,「지방공기업법」에 따른 지방공사 및 지방공단 그리고 그 밖에 대통령령으로 정하는 기관이 해당된다(제2조의3).

「정보공개법」의 역사는 그리 오래 되지 않았다. 우리나라는 1980년대까지 정부에서 공적 정보를 국민에게 공개하지 않고 독점하고 있었는데, 1989년 헌법재판소가 행정청의 정보 공개 거부는 위헌이라고 결정하면서, 정부가 보유·관리하는 정보에 대한 국민의 알 권리를 인정하고 구체적인 법률이 없더라도 정보공개청구는 사법적으로 집행 가능한 권리라는 것을 분명히 하였다.[11]

이후 1996년 12월 31일, 세계에서 21번째이자 아시아에서 처음으로 한국에「정보공개법」이 제정되면서, 정보공개청구권은 사법적인 권리가 되었다. 하지만 공공기관이 보유한 모든 정보가 공개 대상이 되는 것은 아니었는데,「정보공개법」제9조의 비공개 대상 정보에 해당될 경우 공공기관은 정보를 공개하지 아니할 수 있다.[12] 비공개 대상 정보의 범위 및 절차는 법 개정을 통해서 점차 구체화되었다.

비공개정보 사유 중 6번째 사생활의 비밀 또는 자유를 침해할 우려가 있는 정보의 경우 '인간의 존엄성이 훼손되지 않으면서, 자유롭고 차별 없이 정보를 이용하는 것이 중요한' 정보인권 측면에서 볼 때 조화와 균형이 필요한 영역이다. 이와 관련하여 서울고등법원은 "사생활의 비밀과 자유의 불가침은 사생활의 내용을 공개당하지 아니할 권리, 자신에 관한 정보를 스스로 관리·통제할 수 있는 권리 등을 내용으로 하는 인격권으로서 오늘날 정보화 사회가 급속히 진행되면서 그 보호가 절실한 권리이고, 국민의 알 권리 또한 국민의 기본권에 속하나 공공기관의 정보에 대한 공개청구권을 의미하는 한 청구권적·간접적 성격을 가진다고 보여지는 점에서, 위 두 개의 기본권이 경합하여 충돌하는 경우에 구체적 상황을 고려하여 그 보호법익을 형량하되 …(중략)… 일반적으로 기본권의 보호법익은 생명권, 인격권이 가장 우선한다고 보여지는 점에서 알 권리 보다는 개인의 사생활의 비밀과 자유가 더욱 보호해야 할 우선적인 가치라고 할 것이므로 그 범위 내에서는 국민의 알 권리도 제한을 받지 아니할 수 없다"고 보면서 세무조사결과에 대한 정보는 개인의 알 권리에 우선하는 개인 또는 법인의 사생활이 포함되어 있다고 보았다(서울고등법원 1995. 8. 24. 선고 94구39262 판결).

비공개 대상 정보와 관련하여 논란이 되었던 또 다른 쟁점은 바로 코로나 확진자에 대한 정보이다. 초기 확진자에 대한 정보는 이동 경로나 병원 정보뿐만 아니라 성별, 국적, 구체적인 나이, 직장명, 가족구성원 정보, 거주지 정보 등 매우 구체적인 정보까지 언론을 통해 공개됐는데, 이는 해당 정보만으로는 특정 개인을 알아볼 수 없더라도 다른 정보들과 결합했을 때 개인을 식별할 가능성이 높아, 사생활의 비밀과 자유을 침해할 가능성이 제기됐기 때문이다. 이러한 확진자 정보는 「정보공개법」 제9조의6에 해당될 가능성이 높지만, 해당 조항의 경우 '공공기관이 작성하거나 취득한 정보로서 공개하는 것이 공익이나 개인의 권리 구제를 위하여 필요하다고 인정되는 정보'에 한해서는 예외조항을 두고 있었고, 특히 팬데믹과 같은 국가 비상 상황에서 개인의 사생활은 국민의 알 권리와 재난 상황 타개라는 공익을 이유로 희생될 확률이 높아, 과연 확진자 정보공개의 적정 범주는 무엇인지 의견이 분분했다.

이와 관련하여 확진자 개인정보를 공익성과 개인정보 침해수준을 기준으로 분류한 정지영과 표시영(2021)은 코로나 발병 초기 대부분의 기사에서 확진자에 대한 과도한 개인정보가 공개된 것을 확인하였고, 확진자에 대한 개인정보 공개 여부와 관련하여 논의가 필요한 범주는 '공익성도 높고 개인정보 침해수준도 높은 정보 중 확진자 특정 가능성이 높은 정보'와, '공익성은 낮지만 정보 결합 수준에 따라 개인정보 침해 가능성이 있는 정보'라고 보고, 이러한 정보들은 "공익과 인격권의 이익

형량의 관점에서 공개되는 것이 바람직하지 않기 때문에 이를 수집하여 처리하는 행위"는 신중하게 이뤄져야 한다고 보았다.

한편 정부의 정보 공개는 점차 능동적이고 선제적으로 변화하고 있다. 2013년 제정된 「공공데이터의 제공 및 이용 활성화에 관한 법률」(이하 '공공데이터법')은 제1조 목적에서 공공기관이 보유·관리하는 데이터의 제공 및 그 이용 활성화에 관한 사항을 규정함으로써 국민의 공공데이터에 대한 이용권을 보장하고, 공공데이터의 민간 활용을 통한 삶의 질 향상과 국민경제 발전에 이바지함을 목적으로 한다고 밝히고 있다. 즉 국민들이 정보를 청구하기에 앞서 먼저 공공데이터를 공개하고, 국민들이 이를 보편적으로 활용할 수 있도록 공공데이터 개방 원칙을 준수하며, 표준화 지원 등 다양한 사업 등을 실시해야 한다. 정보공개법이 정보에 대한 '공개'라면, 공공데이터법은 정보에 대한 '개방'이다. 즉 전자가 국민의 정보공개청구에 대한 공공기관의 공개의무를 규정한 것이라면, 후자는 공공기관이 선제적으로 다양한 정보를 국민들이 자유롭게 이용하게 하여 다양한 시너지 효과를 창출하는데 그 목적이 있다고 할 수 있다.

(2) 정보격차해소청구권과 리터러시 교육

모든 국민은 헌법 제34조 제1항을 통해 인간다운 생활을 할 권리를 보장받고 있다. 그리고 헌법 제11조는 "모든 국민은 법 앞에 평등하다. 누구든지 성별·종교 또는 사회적 신분에 의하여 정치적·경제적·사회적·문화적 생활의 모든 영역에 있어서 차별을 받지 아니한다."고 명시함으로써 실질적인 평등권을 지향하고 있다. 정보는 현대사회에서 인간다운 생활을 영위하기 위해서는 없어서는 안 될 필수재라고 할 수 있고, 이 때문에 정보를 접할 수 있는 창구인 방송 나아가 인터넷은 '국민이라면 언제 어디서나 제공받을 수 있는 기본적인 전기통신 서비스'를 의미하는 보편적 서비스에 해당되어, 낮은 가격과 높은 접근성을 국가로부터 보장받는다.

하지만 정보에 대한 접근 및 이용에 있어 차별과 불평등은 지속적으로 발생하여 왔다. 이는 교육 수준, 소득 수준, 거주지, 세대 등 다양한 차이로 말미암아 발생했고, 디지털 기술의 발달은 이러한 정보 격차(Digital divide)를 가속화시키고 있다. 키오스크(Kiosk) 사용법을 몰라 음식점에서 주문을 하지 못하거나, 스마트폰으로 기차표를 구입하지 못해 고향에 내려가지 못하는 디지털 취약계층의 문제는 이러한 정보 격차가 문화생활을 누릴 수 있는 권리부터 생존에 이르기까지 다양한 영역에 깊숙이 개입하고 있음을 의미한다.

점차 사회적 문제로 대두되고 있는 정보 격차를 해소하기 위해서 우리나라는 「정보격차에 관한 법률」을 2001년에 제정한바 있고, 이는 2009년 「국가정보화 기본법」이 되었으며, 인공지능 시대에 대비하기 위해 2020년 다시 「지능정보화 기본법」으로 전면 개편되었다. 당시 지능정보화 기본법으로 제명이 바뀌면서 정보, 지능정보기술, 지능정보서비스, 초연결지능정보통신망 등 지능정보화와 관련된 핵심 용어들이 정의조항에 대거 포함되었다. 개정이유를 살펴보면 "4차 산업혁명 지원을 위한 범국가적 추진체계를 마련함으로써 데이터·인공지능 등 핵심기술 기반과 산업생태계를 강화하는 한편, 정보통신에 대한 접근성 품질인증 등을 실시함으로써 4차 산업혁명 과정에서 발생할 수 있는 부작용에 대한 사회적 안전망을 마련하여 국가경쟁력을 강화하고 국민의 삶의 질 향상에 기여"하기 위함이라고 되어 있어, 국민들이 보다 원활하게 정보에 접근할 수 있도록 함이 주요 개편 목적임을 알 수 있다. 이 외에도 정보격차를 해소하기 위한 법률에는 「장애인복지법」, 「국민기초생활 보장법」, 「장애인차별금지 및 권리구제 등에 관한 법률」, 「도서관법」 등이 있다(국가인권위원회, 2022).

OECD에 따르면 디지털 격차는 "정보통신에의 접근가능성 및 인터넷 사용과 관련하여 서로 다른 사회경제적 수준에서 나타나는 개인간, 가정간, 기업간, 지역간 격차"라고 정의되며, 이는 기술적인 접근(Technical Access), 기술적인 리터러시(Technological Literacy), 사회적인 접근(Social Access), 사회적인 이용(Social Use)으로 분류된다. 여기서 기술적인 접근은 정보 접근을 위한 인프라가 갖춰졌는지를 의미하며, 기술적인 리터러시는 개인이 커뮤니케이션 능력, 즉 기술 활용 능력을 갖췄는지의 문제와 관련되어 있다. 사회적인 접근은 디지털 기술을 사용할 수 있는 조건(소득, 거주지 등)과 연관되어 있으며, 사회적인 이용은 정보 격차를 해소하기 위한 개인 의지를 의미한다. 과거에는 기술적인 접근이 중요했다면, 기술에 대한 인프라를 대부분 갖춘 지금, 기술적인 리터러시가 정보 격차를 해소함에 있어 보다 중요한 영향을 미친다고 할 수 있다.

개인의 리터러시 능력을 향상하기 위해서 정부를 포함한 다양한 기관에서 정보 취약계층을 대상으로 한 리터러시 교육을 실시하고 있다. 리터러시 교육은 다양한 미디어를 통해 필요한 콘텐츠에 접근하는 '미디어 접근 능력', 미디어에 대한 이해를 바탕으로 미디어 콘텐츠를 비판적으로 해석하는 '비판적 이해 능력', 자신의 생각을 표현하기 위해 미디어 콘텐츠를 창의적으로 생산하되 그 영향력을 책임지는 '창의적 표현 능력' 마지막으로 미디어를 활용해 사회적 소통에 참여하는 '사회적 소통 능력'으로 구분된다(김경희 외, 2020). 즉 리터러시 교육의 목표는 정보를 생산, 소비, 유통하는 전 과정을 아우른다.

우리나라에서 리터러시 교육은 주로 시청자미디어재단(방송통신위원회 산하, 방송법 제90조 제2항), 한국언론진흥재단(문화체육관광부 산하, 신문법 제31조), 지능정보사회원(과학기술정보통신부 산하, 지능정보화기본법 제12조) 그리고 교육부 등을 통해 시행되고 있다. 시청자미디어재단은 직업별, 생애주기별, 학교별, 소외계층별로 대상을 구체적으로 분류하여 그에 맞는 전생애 리터러시 교육을 실시하고 있다는 특징이 있다. 특히 노년층과 그보다 더 취약한 고령층을 구분하고, 장애인 역시 일반인과 학생에 구분을 둔다. 또한 리터러시 교육을 일자리와 연계하여 정보 취약계층의 경제적 자립에도 도움을 주고 있다. 그에 반해 한국언론진흥재단에서 실시하는 리터러시 교육은 상대적으로 언론과 뉴스 콘텐츠에 대한 비판적 해석이 주가 된다. 그에 따라 언론인에 대한 세분화된 교육이 포함되고, 미디어 교육자나 교사 및 강사를 대상으로 한 교육 및 연구도 활발히 운영되고 있다. 지능정보사회원의 경우 정보격차 해소에 교육의 초점이 맞춰져 있다. 지능정보사회에서 디지털 혁신과 건전한 정보문화를 위한 중장기 계획 수립과 정책 개발을 주요 과제로 두고 있는 점도 다른 기관과의 차이점이다. 이 외에도 정보 과식이나 편식이 유발할 수 있는 과의존, 중독 등의 문제와 더불어 생성형 인공지능, NFT, 메타버스 등 새로운 기술도 다루고 있다. 교육부는 주로 초·중·고등학생과 교원 및 학교를 대상으로 한 구체적이고 광범위한 리터러시 교육을 진행하고 있는데, 2024－2025년부터 시행되는 '2022 개정 교육과정'은 리터러시 교육에 대한 포괄적인 사항을 담고 있다.

국내에서 실시되고 있는 리터러시 교육을 기관별로 비교한 표시영(2023)은 일상생활을 영위하기 위해 필수적인 교육과 직업이나 취업을 위한 교육을 구분하여 전자는 가급적 모든 사람이 들어야 할 교육으로 제도화하고 후자는 필요한 경우에 한해 선택적으로 들을 수 있도록 하는 이원화가 필요하다고 보았다. 또한 정보 취약계층뿐만 아니라 일반 성인에 대한 리터러시 교육도 확대될 필요가 있으며, 기술의 활용과 기술로부터의 보호가 리터러시 교육 안에 조화롭게 공존해야 한다고 덧붙였다.

디지털 미디어 환경에서 정보를 이해하고 활용할 수 능력은 정치, 경제, 사회, 문화 등 모든 삶의 영역에 파급력을 행사하기 때문에 정보 격차가 심화됐을 때 야기될 수 있는 구조적 불평등을 극복하기란 쉽지 않다. 이에 따라 정보에 대한 접근권을 기본권의 한 차원으로 이해해야 한다는 정보복지(Information Welfare) 개념을 유념할 필요가 있다. 2018년 3월 26일 발의된 대통령 헌법개정안은 제22조 제3항에서 "국가는 정보의 독점과 격차로 인한 폐해를 예방하고 시정하기 위하여 노력해야 한다."는 정보격차해소에 대한 내용을 담고 있는데, 이러한 사회적 요구에 따라 아직 정보격차해소청구권이 명시적으로 승인된 기본권은 아니지만, 분명히 생성 중에 있는 기본권으로 이해해야 할 것이다(권건보, 2018).

5 | 인공지능과 정보인권

2016년 3월, 이세돌과 알파고의 바둑 대결이 우리에게 인공지능이 보유한 능력에 대한 막연한 충격을 줬다면, 2022년 11월 OpenAI에서 출시한 생성형 인공지능 Chat-GPT(Generative Pre-trained Transformer)는 우리 일상생활 속 깊숙이 인공지능이 자리잡게 된 계기가 되었다. Chat-GPT 가입자는 출시 닷새 만에 100만 명을 기록한 뒤, 현재(2024년 7월 기준) 약 1억 8,050만 명 이상의 가입자를 보유하고, 한 달에 약 6억 3,700만 명의 방문자를 확보하고 있는 것으로 나타나, 급격한 성장세를 보이고 있다(Dave Ver Meer, 2024, 6).[13] 더욱이 Chat-GPT를 활용한 다양한 부가 서비스들도 적극 나오면서 이제 생성형 인공지능의 활용은 더욱 증가될 전망이다.

생성형 인공지능의 자원은 '정보'이다. Chat-GPT는 인터넷에서 크롤링한 약 3,000억 단어 데이터를 학습한 모델로, GPT-4의 매개변수는 1조 7,000억개에 이른다. 즉 Chat-GPT와 같은 생성형 인공지능을 활용하는 사람들은 생성형 인공지능이 자신이 학습한 데이터와 알고리즘을 기반으로 제시한 답안을 제공받게 되는 것인데, 이에 따라 생성형 인공지능에 대한 의존도가 높을수록 인공지능이 생산하는 정보에 기반하여 이 세상을 판단하게 될 확률이 높다. 다시 말하면 생성형 인공지능이 편향되거나 잘못된 정보를 제시할 경우 이용자는 이에 기반하여 왜곡된 인식과 세계관을 형성할 위험이 있다는 것이다.

생성형 인공지능의 편향성과 차별은 생성형 인공지능이 처음 출시되었을 때부터 꾸준히 제기되어 온 문제이다. 생성형 인공지능은 흑인 여성을 고릴라로 인식하기도 했고,[14] 성별을 제대로 구분하지 못해 남성과 여성을 구분하는 라벨을 인공지능에서 아예 삭제하기도 했으며,[15] 과거 남성이 더 많은 돈을 사용했던 신용카드 실적 데이터를 기반으로 현재 남성보다 임금이 높은 여성에게 낮은 한도의 카드를 발급하는 등 차별적인 판단을 내리기도 했다.[16] 이처럼 비의도적인 편향뿐만 아니라 생성형 인공지능을 이용하여 의도적으로 편향을 유발한 사례도 있다. 2016년 마이크로소프트사(Microsoft Corporation, 이하 'MS')에서 출시한 챗봇 '테이(Tay)'에게 인종차별주의자 및 나치 지지자들이 편향된 정보를 학습하게 하여 단시간에 유대인을 싫어하고 히틀러를 지지하는 트윗을 게재하게 만든 사례가 바로 그것이다.[17] MS는 바로 서비스를 중단했는데, 출시부터 중단까지 소요된 시간은 겨우 16시간이었다.

편향과 차별을 방지하기 위해서는 생성형 인공지능에 활용된 학습데이터와 알고리즘을 감시하고 견제할 수 있는 장치가 필요하고, 이는 공급자와 개발자에 대한 책임과 의무 규정 등을 통해서 달성될 수 있다(표시영, 2024). 이와 관련하여서는 2021년 전세계 최초로 인공지능을 활용하는 기업에게 독립된 제3의 기관을 통해 편향성 감사를 의무화한 뉴욕시의 조례 「Local Law 144」를 비롯하여, 인공지능을 사용하여 화상면접 진행시 작동 방식과 평가 기준 그리고 삭제 옵션을 면접자에게 설명한 후 동의를 받아야 하는 일리노이주(State of Illinois)의 「820 ILCS 42」, 고용을 위한 면접을 보는 동안 동의 없는 안면 인식 기술 사용을 금지하는 메릴랜드주(State of Maryland)의 「B. 1202」, 그리고 앞서 살펴봤던 국내 「개인정보보호법」 개정을 통해 신설된 제37조의2 '자동화된 결정에 대한 정보주체의 권리 등'이 해당된다.

EU는 인공지능에 대한 포괄적인 규제 기준인 「인공지능 규제 법안」(Artificial Intelligence Act)을 마련하고 2026년 전면 시행을 앞두고 있다. 해당 규정은 인공지능을 '위험도'에 따라서 구분하여 차등 규제를 둔 점이 특징인데, 허용할 수 없는 위험을 가진 인공지능 서비스의 경우 금지되며, 고위험 서비스의 경우 특정한 법적 규제를 적용 받고, 제한적 위험을 가진 인공지능 서비스는 비교적 얕은 수준의 투명성 규제만을 적용 받으며, 최소한의 위험을 가진 서비스는 규제를 적용 받지 않는다.[18] 이와 같이 전세계적으로 인공지능을 제작하는 개발자와, 유통하는 공급자에 대한 의무 및 책임 규정을 통해 양질의 정보가 유통될 수 있도록 하고, 인공지능 서비스를 사용하는 혹은 적용받는 이용자가 전 과정을 인지할 수 있도록 투명성을 강화하고 있다.

인권위 또한 2022년 5월 11일, 인공지능의 개발 및 활용 과정에서 발생할 수 있는 인권침해를 방지하고자 '인공지능 개발과 활용에 관한 인권 가이드라인'을 다음과 같이 여섯 가지 기준으로 마련하였는데(국가인권위원회 보도자료, 2022, 5),[19] 현재 정보인권 측면에서 신설 및 개정되는 국내 법·제도들을 살펴보면 이러한 기준안에서 이뤄지고 있으므로 참고할 만하다.

표 4 | '인공지능 개발과 활용에 관한 인권 가이드라인(2022)'

	구분	세부 내용
1	인간의 존엄성 및 개인의 자율성과 다양성 보장	인공지능은 인간으로서의 존엄과 가치 및 행복을 추구할 권리에 부합하는 방향으로 개발·활용되어야 하며, 개인의 선택과 판단 및 결정을 강요하거나 자율성을 침해하여서는 안 된다.
2	투명성과 설명 의무	인공지능 기술을 활용한 판단 과정과 그 결과에 대하여 적절하고 합리적인 설명이 보장되어야 한다. 특히 인공지능이 개인의 생명이나 안전 등 기본적 인권에 중대한 영향을 미치는 경우에는 사용한 데이터와 알고리즘의 주요 요소를 일반에 공개하고 설명할 수 있어야 한다.
3	자기결정권의 보장	인공지능의 개발·활용 시 개인정보는 목적달성에 필요한 최소한의 범위 내에서 처리하여야 하며, 그에 필요한 최소한의 기간 동안만 보관하여야 한다. 또한 이러한 개인정보 처리 방침은 정보주체가 확인할 수 있도록 공개하여야 한다.
4	차별금지	인공지능의 결정이 특정 집단이나 일부 계층에 차별적이거나 부당한 영향을 초래하지 않고 개인의 안전이나 권리에 차별적 영향을 미치지 않도록 필요한 조치를 하여야 한다.
5	인공지능 인권영향평가 시행	국가는 인공지능 개발 및 활용과 관련하여 인권침해나 차별이 발생할 가능성을 고려한 인권영향 평가제도를 마련하고, 평가 결과 부정적 영향이나 위험성이 드러난 경우 이를 방지할 수 있는 조치사항을 적용하며 그 내용을 공개하여야 한다.
6	위험도 등급 및 관련 법·제도 마련 등	인공지능이 개인의 인권과 안전에 미치는 위험성을 단계별로 구분하고, 그에 걸맞은 수준의 규제와 인적 개입이 이루어지도록 법과 제도를 마련하여야 한다.

한편 생성형 인공지능을 통해서 생성된 불법 정보의 책임 소재도 문제가 된다. 생성형 인공지능이 잘못된 정보를 제공해 타인의 명예를 훼손할 경우, 혹은 불법 정보를 포함한 콘텐츠를 제작했을 경우, 누구에게 책임을 물을 것인지 모호하기 때문이다. 생성형 인공지능 서비스를 만든 개발자와 이를 제공한 공급자 그리고 서비스를 사용하여 불법 정보를 제작한 이용자 모두 책임 소재의 주체가 될 수 있다는 면에서 문제는 한층 복잡해진다. 이와 관련하여 김정화·임동민·차호동(2023)은 생성형 인공지능을 제공한 자와 이용한 자를 나눠서 규제할 필요가 있다고 말하며, 이용자의 경우 명예훼손이나 범죄이용 '목적'으로 생성형 인공지능을 활용할 경우 이를 금지시키고 나아가 형사처벌할 필요가 있으며, 제공자에게는 인공지능 생성물에 대하여 인공지능이 제작했다는 사실을 표시하게 할 의무가 필요하다고 보았다. 하지만 이 경우 비의도적으로 불법 콘텐츠를 생산하였을 경우 이용자에 대한 책임 소재가 불분명하다는데서 법적 공백이 있다. 또 다른 견해로 김윤명(2024)은 인공지능 서비스 제공자의 법적 지위를 OSP와 ISP 중 무엇으로 인정하는가에 따라서 책임 소재 문제는 달라질 수 있으며, 중요한 것은 제공자가 법적 지위에 따라 책임을 차등적으로 부여받는 것이 아닌 포괄적으로 법적 책임을 질 수 있도록 하는 일관된 일반법 제정이 필요하다고 보았다.[20]

미주

1) 헌법 제10조. 모든 국민은 인간으로서의 존엄과 가치를 가지며, 행복을 추구할 권리를 가진다. 국가는 개인이 가지는 불가침의 기본적인권을 확인하고 이를 보장할 의무를 진다.

2) 헌법재판소 2005. 5. 26. 99헌마513 결정.

3) 서울아산병원 빅데이터연구센터: https://bigdata.amc.seoul.kr/ails/bigdata/ko/main/main.do.

4) https://www.fsc.go.kr/no010101/82061?srchCtgry=&curPage=&srchKey=&srchText=&srchBeginDt=&srchEndDt=.

5) https://www.korea.kr/briefing/pressReleaseView.do?newsId=156628223.

6) Case C−131/12, Google Spain SL, Google Inc. v Agencia Española de Protección de Datos (AEPD), Mario Costeja González, (2014.5.1.)

7) https://www.korea.kr/news/policyNewsView.do?newsId=148914178#policyNews.

8) https://www.hankookilbo.com/News/Read/A2024010316560002859.

9) 언론중재위원회: https://www.pac.or.kr/kor/pages/?p=8.

10) 언론사는 정정보도문 청구를 거부할 수 있는데, 언론중재법 제15조 제4항에는 거부사유를 다음과 같이 명시하고 있다. 1. 피해자가 정정보도청구권을 행사할 정당한 이익이 없는 경우, 2. 청구된 정정보도의 내용이 명백히 사실과 다른 경우, 3. 청구된 정정보도의 내용이 명백히 위법한 내용인 경우, 4. 정정보도의 청구가 상업적인 광고만을 목적으로 하는 경우, 5. 청구된 정정보도의 내용이 국가·지방자치단체 또는 공공단체의 공개회의와 법원의 공개재판절차의 사실보도에 관한 것인 경우.

11) "'알 권리'는 민주국가에 있어서 국정의 공개와도 밀접한 관련이 있는데 우리 헌법에 보면 입법의 공개(제50조 제1항), 재판의 공개(제109조)에는 명문규정을 두고 행정의 공개에 관하여서는 명문규정을 두고 있지 않으나, '알 권리'의 생성기반을 살펴볼 때 이 권리의 핵심은 정부가 보유하고 있는 정보에 대한 국민의 알 권리 즉, 국민의 정부에 대한 일반적 정보공개를 구할 권리(청구권적 기본권)라고 할 것이며, 또한 자유민주적 기본질서를 천명하고 있는 헌법 전문과 제1조 및 제4조의 해석상 당연한 것이라고 봐야 할 것이다. '알 권리'의 법적 성질을 위와 같이 해석한다고 하더라도 헌법 규정만으로 이를 실현할 수 있는가 구체적인 법률의 제정이 없이는 불가능한 것인가에 대하여서는 다시 견해가 갈릴 수 있지만, 본건 서류에 대한 열람·복사 민원의 처리는 법률의 제정이 없더라도 불가능한 것이 아니라 할 것이고, 또 비록 공문서 공개의 원칙보다는 공문서의 관리·통제에 중점을 두고 만들어진 규정이기는 하지만 "정부공문서 규정" 제36조 제2항이 미흡하나마 공문서의 공개를 규정하고 있는 터이므로 이 규정을 근거로 해서 국민의 알 권리를 곧바로 실현시키는 것이 가능하다고 보아야 할 것이다."(헌법재판소 1989. 9. 4. 선고 88헌마22).

12) 비공개 정보는 1. 다른 법률 또는 법률에서 위임한 명령에 따라 비밀이나 비공개 사항으로 규정된 정보, 2. 국가안전보장·국방·통일·외교관계 등에 관한 사항으로서 공개될 경우 국가의 중대한 이익을 현저히 해칠 우려가 있다고 인정되는 정보, 3. 공개될 경우 국민의 생명·신체 및 재산의 보호에 현저한 지장을 초래할 우려가 있다고 인정되는 정보, 4.

진행 중인 재판에 관련된 정보와 범죄의 예방, 수사, 공소의 제기 및 유지, 형의 집행, 교정(矯正), 보안처분에 관한 사항으로서 공개될 경우 그 직무수행을 현저히 곤란하게 하거나 형사피고인의 공정한 재판을 받을 권리를 침해한다고 인정할 만한 상당한 이유가 있는 정보, 5. 감사·감독·검사·시험·규제·입찰계약·기술개발·인사관리에 관한 사항이나 의사결정 과정 또는 내부검토 과정에 있는 사항 등으로서 공개될 경우 업무의 공정한 수행이나 연구·개발에 현저한 지장을 초래한다고 인정할 만한 상당한 이유가 있는 정보. 6. 해당 정보에 포함되어 있는 성명·주민등록번호 등 「개인정보 보호법」 제2조 제1호에 따른 개인정보로서 공개될 경우 사생활의 비밀 또는 자유를 침해할 우려가 있다고 인정되는 정보, 7. 법인·단체 또는 개인(이하 "법인등"이라 한다)의 경영상·영업상 비밀에 관한 사항으로서 공개될 경우 법인등의 정당한 이익을 현저히 해칠 우려가 있다고 인정되는 정보, 8. 공개될 경우 부동산 투기, 매점매석 등으로 특정인에게 이익 또는 불이익을 줄 우려가 있다고 인정되는 정보 등이다.

13) https://www.namepepper.com/chatgpt−users.

14) https://www.bbc.com/news/technology−33347866.

15) https://www.theverge.com/2020/2/20/21145356/google−ai−images−gender−bias−labels−people.

16) https://www.washingtonpost.com/business/2019/11/11/apple−card−algorithm−sparks−gender−bias−allegations−against−goldman−sachs/.

17) https://www.cbsnews.com/news/microsoft−shuts−down−ai−chatbot−after−it−turned−into−racist−nazi/.

18) The EU Artificial Intelligence Act: https://artificialintelligenceact.eu/.

19) https://www.humanrights.go.kr/site/program/board/basicboard/view?boardtypeid=24&boardid=7607961&menuid=001004002001.

20) https://www.lawtimes.co.kr/opinion/197097.

제 8 장

여성 인권

제 8 장

여성 인권

최 다 혜

1 | 여성인권의 의의와 침해 구제

(1) 여성 인권의 의의

여성 인권은 여성들이 남성과 동등한 권리를 가지며, 차별 없이 평등하게 대우받을 권리를 의미하는 것으로, 이는 성별과 관계없이 모든 인간이 평등하게 대우받아야 한다는 평등 원칙에 기반한다. 여성은 역사적으로 다양한 형태로 차별받아왔다. 영국에서 19세기 후반까지 여성에게는 선거권이 부여되지 않았고, 미국에서 역시 1920년 19차 수정헌법이 통과되기 전까지 투표권을 가질 수 없었다. 프랑스에서는 1944년에 여성에게 참정권이 부여되었다. 또한, 산업혁명 시기 영국에서는 여성은 남성에 비해 낮은 임금을 받았으며, 경영진이나 고위직 업무를 할 수 없었다. 이 밖에도 여성들이 남성에 비해 교육의 기회가 부족하거나, 문화적으로 차별을 받기도 하였다. 유엔은 1967년 여성차별철폐선언을 한 이후, 1979년 유엔여성차별철폐협약(Convention on the Elimination of All Forms of Discrimination against Women)을 채택하였다. 유엔여성차별철폐협약은 비준국으로 하여금 여성이 정치, 경제 및 사회적으로 동등한 참여를 보장하도록 하는 여성 인권의 권리장전으로서의 역할을 하고 있다. 영국에서는 19세기 말부터 여성들이 참정권을 얻기 위해 여성인권 운동이 전개되었는데, 에멜린 팽크허스트와 같은 여성 참정권 운동가들은 투쟁을 통해 1918년에 일부 여성에게, 1928년에 모든 여성에게 참정권을 획득하는 데 기여했다. 유엔은 여성인권의 보장을 위해 1999년 여성협약의 선택의정서를 채택하였다.[1)]

하지만 오늘날에도 여러 가지 형태의 폭력과 차별로 인해 여성 인권은 여전히 위협받고 있다. 경제적 및 정치적 참여가 형식적으로는 평등화가 실현되었다고 할지라도, 실질적으로 보장되고 있지 않다. 여전히 여성의 경제적·정치적 참여율은 남성에 비해 낮고, 기업이나 공무원 고위직의 경우 여성들이 차지하고 있는 비율은 여전히 낮다. 제20대 국회의원 선거 결과 여성 국회의원은 51명, 국회의원 정수의 17%, 2020년 제21대 국회의원 선거에서는 여성 57명, 19% 비율로 다소 증가하였지만, 남성 국회의원의 수에 비하면 현저히 낮은 참여율을 보인다.[2)] 여성 임금 역시 2022년 기준 임금 격차는 월평균 남성의 65%로 집계되었다.[3)] 여성의 참여율 저조와 임금 격차가 보여주듯 여성이 사회 내부 구성원으로 여전히 남성과 동등한 참여가 보장되지 않는다는 것을 보여준다. 이러한 이유는 여성의 가정 내 역할이나 교육의 기회 및 문화적 차별에서 기인한다고 볼 수 있을 것이다. 여성 인권의 형식적 보장 뿐만 아니라 사회·정책적으로 실질적 보장이 이루어질 수 있도록 법과 제도를 개선해야 할 필요가 있다.

(2) 침해와 구제

여성에 대한 인권 문제 중 폭력 문제는 국제사회가 1990년대부터 의제로 삼고 있는 여성 인권의 주요한 부분이다. 여성에 대한 폭력은 성차별, 성폭력, 가정폭력, 성희롱, 직장 내 차별 등 사회 내부에서 여러 형태로 나타날 수 있는데, 특히 오늘날에는 디지털 성범죄, 스토킹, 데이트 폭력 등 새로운 형태로 나타나고 있다. 2017년 여름 5년간 사귄 남자친구의 폭행으로 의식을 잃은 한 여성이 뇌사 판정을 받고 열흘 만에 세상을 뜬 사건이 발생했고, 법원은 가해자에게 징역 3년 집행유예 4년을 선고했다. 또한 2024년 5월 경남 거제시 한 원룸에서 20대 남성이 전 여자친구를 폭행해 숨지게 한 사건이 있었다. 같은 달 서울 강남역 근처 건물 옥상에서 이별을 요구한 한 여성이 연인에게 흉기에 찔려 숨진 사건이 발생하는 등 데이트 폭력은 계속해서 사회적 이슈가 되고 있다. 여성가족부·한국여성인권진흥원이 발표한 2023년 '여성긴급전화1366'과 '해바라기센터(성폭력피해자통합지원센터)' 이용 실적을 살펴보면, 여성긴급전화1366 스토킹 피해상담이 2021년 대비 약 3배 이상 급증하였고('21년 2,710건→'23년 9,017건), 디지털성범죄 상담도 2021년 대비 약 24% 증가('21년 7,053건→'23년 8,719건)한 것으로 나타났다. 전체 이용자 중 여성이 약 82%(19,142명)이었고, 아는 사람(가족, 친인척, 동거인, 연애상대, 사회적관계 등)에 의한 피해가 약 63%(10,542명)으로 가장 많았다.[4] 데이트 폭력은 여성에 대한 폭력, 그리고 친밀한 관계에서 발생하는 폭력의 한 유형으로 성차별이 이러한 폭력의 원인이라고 볼 수 있다.[5] 젊은 여성 상당수가 자신이 당한 것이 데이트 폭력인지조차 모르거나, 너무 친밀한 관계에서 발생했기 때문에 고민 끝에 용서하고 화해하는 경우가 많은데, 상대방이 사과를 하였거나 보복이 두려워 신고를 하지 않는다면 더욱 큰 피해를 입을 수 있기 때문에 데이트 폭행으로 피해를 입었다면 신속히 증거 자료를 수집하고 신고를 해야할 것이다. 데이트 폭력은 폭행으로 인정되기 때문에 폭행죄에 해당해 2년 이하 징역이나 500만 원 이하의 벌금으로 형법에 따라 처벌을 받을 수 있다.

데이트 폭력은 단순한 물리적인 폭력의 행사 뿐만 아니라 언어 폭력도 폭행에 해당될 수 있고, 연인 중 일방이 헤어짐을 통보했다는 이유로 상대방에게 지속적으로 연락을 취하거나 협박을 해온다면 「스토킹 범죄의 처벌 등에 관한 법률」 위반 및 협박죄도 성립될 수 있다.[6] 한편, 디지털 성폭력은 화장실, 탈의실 등 초소형 카메라를 설치하여 상대방의 신체를 불법 촬영하는 경우나 성행위 장면을 상대방의 동의 없이 촬영한 경우, 상대방의 일상 사진 등 일반 영상물을 성적 불쾌감을 유발할 수 있는 형태로 합성·편집한 경우 등 이와 같은 영상물 또는 동의하에 촬영한 영상물을 비동의 유포한 경우, 또 영상물을 유포하겠다고 협박한 경우 등이 디지털 성범죄에 해당된다. 이러한 경우 「성폭력처벌법」 제14조(카메라 등을 이용한 촬영) 제1항, 제14조의2(허위영상물 등의 반포등), 제14조의3(촬영물 등을 이용한 협박·강요), 「정보통신망법」 제44조의7(불법정보의 유통금지 등)에 따라 처벌받을 수 있다.

데이트 폭력이 발생했다면 여성긴급전화1366을 통해 구제를 받을 수 있다. 여성긴급전화1366은 「가정폭력방지 및 피해자보호 등에 관한 법률」 제4조의6에 의거한 여성폭력 피해자 초기지원 중심기관으로서 365일 24시간 가정폭력, 성폭력, 성매매 등 폭력피해로부터 위기에 처한 피해자들에 대한 초기상담 및 긴급 보호를 지원한다.[7] 또한 여성긴급전화1366을 통해 현장상담 서비스 지원도 받을 수 있다. 2인 1조의 상담원이 현장으로 방문하여 긴급지원, 긴급피난처 입소 및 관련 기관 연계 등을 지원한다. 긴급피난처의 경우 가정폭력 등 피해자 및 동반 자녀의 임시보호(최대7일) 및 숙식을 제공하며, 데이트 폭력 피해자 등 다른 보호시설로 연계가 어려운 경우 최대 30일까지 연장하여 보호가 가능하다.[8] 디지털 성범죄 피해의 경우 디지털성범죄피해자지원센터로부터 구제를 받을 수 있다. 여성가족부 산하기관인 한국여성인권진흥원에 2018년 개소하여, 「성폭력방지 및 피해자보호 등에 관한 법률」 제7조의3(불법영상물등으로 인한 피해자에 대한 지원 등)에 근거하여 디지털성범죄 피해자에 대한 상담, 피해영상물 삭제지원, 수사·법률·의료지원연계 등 종합지원 서비스를 제공한다.[9]

(3) 여성폭력방지정책 2024년 시행계획

여성가족부는 4월 25일 제11차 여성폭력방지위원회를 열고 여성폭력방지정책 기본계획에 따른 2024년 시행계획과 디지털성범죄 대응 체계 강화 방안을 확정하였다. 스토킹 긴급주거지원사업이 전국으로 확대되고, 무료법률지원 1인당 구조비용이 상향되며, 미성년 성폭력 피해자 영상증인신문 전담인력이 확대 배치된다. 또한 광역단위 '1366 통합지원단'을 확대하고 기초단위 '가정폭력·성폭력 통합상담소'도 확대한다. 디지털성범죄 대응 체계 강화를 위해 피해영상물 외에 피해자 신상정보도 삭제 지원 대상에 포함되도록 '성폭력방지법' 개정을 추진하고, 인공지능

(AI)을 이용해 허위영상물(딥페이크)을 탐지하고, 온라인 사업자에게 삭제를 자동 요청하는 시스템 구축을 추진한다. 2024년 시행계획의 총 131개 세부 과제를 19개 중앙행정기관과 17개 시·도에서 추진하게 된다.

또한 피해자 보호·지원을 위해 검사가 피해자 지원이 필요한 사건에 대하여 관계기관 및 전문가 등과 피해자 보호·지원방안에 대한 논의를 할 수 있는 사건관리 회의를 개최할 수 있게 된다. 지난 2024년 6월 4일 「범죄피해자 보호법 시행령」 일부개정안이 국무회의에서 의결됨에 따라 관련 근거규정이 마련되었다. 사건관리 회의는 현재 아동학대 사건에 대해서만 개최 가능하나, 개정안 시행 후 범죄피해자 보호·지원이 필요한 모든 사건에 대해 개최가 가능하게 된다.

(4) 데이트 폭력에 대한 법적 쟁점

데이트폭력 가해자는 현행 형법에 따라 처벌할 수 있지만, 폭행죄와 협박죄가 모두 반의사불벌죄를 인정하고 있다. 즉 범인의 처벌을 원하지 않는다는 피해자의 의사표시가 있다면 검사의 공소권 없음으로 불기소처분이 내려지거나, 이미 공소가 제기된 경우는 공소기각판결이 선고된다. 대부분의 데이트폭력 가해자는 피해자와 친밀한 관계라는 점에서 반의사불벌죄 조항은 피해자 보호가 취약해지거나 무력해지는 제도적 빌미를 제공할 가능성을 내포하고 있다.[10] 따라서 가해자와 피해자가 친밀한 관계라면 피해자에게 처분권을 부여하는 것이 반의사불벌죄의 취지에 부합한다는 의견이 있다.[11] 여성 인권은 인간의 기본 권리 중 하나로, 모든 여성이 차별 없이 평등하게 대우받아야 할 권리이다. 그러나 여성 인권은 여전히 다양한 형태로 침해되고 있으며, 특히 데이트 폭력은 여성의 안전과 자유를 심각하게 위협하는 문제이다. 이를 해결하기 위해서는 법적 구제, 상담 및 지원 서비스, 교육 및 인식 개선 프로그램 등 다양한 접근이 필요하다. 사회 전체가 여성 인권에 대한 인식을 높이고, 이를 보호하기 위한 노력을 기울여야 할 것이다.

2 | 여성의 재생산권

재생산권(Reproductive Rights)은 여성들이 자신의 신체와 출산에 대해 스스로 결정할 수 있는 권리를 의미하며, 건강, 자율성, 평등과 깊이 연결된 기본적인 인권이다. 이 권리는 여성이 임신, 출산, 피임, 낙태, 불임 치료 등의 재생산과 관련된 모든 결정에서 자율성을 행사할 수 있도록 보장한다. 여성의 재생산권은 개인의 건강과 삶의 질, 사회적 평등을 향상시키는 데 필수적이다. 본 글에서는 여성의 재생산권의 개념, 역사적 배경, 주요 구성 요소, 현재의 도전 과제, 그리고 이를 보장하기 위한 법적·정책적 접근을 다룬다.

(1) 초기 재생산권 운동

재생산권 운동은 19세기 후반과 20세기 초반에 시작되었으며, 초기에는 피임의 합법화와 정보 접근에 초점을 맞추었다. 마거릿 생어(Margaret Sanger)는 1920년대 미국에서 피임 교육과 출산 조절의 중요성을 강조하며 재생산권 운동을 주도한 인물 중 하나이다. 20세기 초반, 피임 정보와 수단에 대한 접근을 촉진하려는 움직임이 있었으며, 이는 여성이 출산을 통제할 수 있는 권리를 강조했다. 미국에서 1960년대부터 여성의 자기결정권을 강조하며 낙태의 합법화를 요구하는 운동이 강화되었다. 특히, 1973년 미국의 로 대 웨이드(Roe v. Wade) 판결은 낙태를 합법화함으로써 재생산권 보호에 중요한 전환점을 제공했다.

(2) 현대적 재생산권 운동

현대적 재생산권 운동은 성 건강, 성교육, 생식 보조 기술 등 다양한 재생산 관련 권리를 포함하여 더욱 확장된 개념으로 발전하였다. 1990년대 이후 성교육의 중요성이 강조되면서, 청소년들이 자신의 성 건강을 책임질 수 있도록 하는 교육 프로그램의 중요성이 부각되었다. 20세기 말과 21세기 초반에 걸쳐 생식 보조 기술이 발전하면서, 불임 치료와 같은 새로운 재생산권 요구가 나타났다. 1994년 카이로 국제 인구개발 회의와 1995년 베이징 여성회의는 재생산권을 국제 인권으로 공식적으로 인정하고 보호를 촉구하였다.

(3) 국제인권규범에서의 재생산권

국제인권규범에서 재생산권(reproductive rights)이란 '성과 재생산 건강 및 권리(Sexual and Reproductive Health and Right)'의 일부를 이루는 것으로서, 1994년 이집트 카이로에서 개최된 '인구 및 개발에 관한 국제회의(International Conference on Population and Development, 이하 'ICPD'로 약칭)'의 행동계획(Programme of Action)에서는 "재생산권은 모든 커플과 개인들이 자녀의 수, 터울, 시기를 자유롭고 책임 있게 결정할 수 있는 기본적 권리 및 그 권리를 행사할 수 있는 정보와 수단, 그리고 가장 높은 수준의 성적·재생산적 건강을 누릴 권리"라고 정의하였다. 재생산 건강은 "재생산 체계와 그 기능 및 과정과 관련한 모든 사안들에 있어 질병의 부재를 비롯한 완전한 신체적·정신적·사회적 안녕상태"라고 정의하였고, 이 재생산 건강에는 "사람들이 만족스럽고 안전한 성생활을 하는 것, 재생산 여부 및 그 시기와 빈도를 정할 자유"[12]를 뜻한다. 이러한 재생산 건강의 정의를 고려하면서 재생산권에 대하여 다음과 같이 언급한다. "부부 및 개인이 자녀들의 수와 이에 관한 시간적·공간적인 환경을 자유롭고 책임감 있게 결정하고 이를 위한 정보와 수단을 이용할 수 있는 기본적 권리, 그리고 그들에게 최고 수준의 성적·재생산적 건강 상태에 이를 수 있는 권리가 인정되는지 여부에 좌우된다. 또한 이 권리는 관련 인권 협약에서 표현된 바와 같이 차별, 강압, 폭력으로부터 자유로이 재생산에 관한 결정을 내릴 권리를 포함한다. 재생산 건강과 재생산권을 실현하기 위해서는 인간의 성과 재생산 관련 정보, 교육 및 상담, 가족 계획, 임신, 출산, 낙태, 불임, 생식기 질환, 성매개 질환 등을 포함한 포괄적이고 사실적인 정보와 모든 범위의 재생산 건강관리 서비스가 제공될 것을 요구하고 있다.[13]

한편, 우리 헌법 제6조 제1항은 "헌법에 의하여 체결·공포된 조약과 일반적으로 승인된 국제법규는 국내법과 같은 효력을 가진다."고 하여, 국제법을 국내법으로 수용하고 존중하여야 함을 규정한다.[14] 우리나라가 가입·비준한 국제인권조약 중

성과 재생산 건강 및 권리와 관련된 내용을 담고 있는 것은 경제적·사회적 및 문화적 권리에 관한 국제규약(사회권규약 또는 A규약), 시민적·정치적 권리에 관한 국제규약(자유권규약 또는 B규약), 여성차별철폐협약, 장애인 권리협약이다.

유엔 <경제적·사회적 및 문화적권리에관한국제규약(International Covenant on Economic, Social and Cultural Rights, 이하 '사회권규약')>은 대표적 국제인권규범으로서 한국 정부는 1990년 4월 가입하여 같은 해 7월 10일부터 한국에서 국내법과 같은 효력이 발생되었다. 사회권규약의 이행을 감시하는 경제적·사회적·문화적권리위원회(Committee on Economic, Social and Cultural Rights, 이하 '사회권규약위원회')는 '일반논평(general comment)'의 형태로 규약의 내용을 구체화하여 당사국이 규약을 충실히 이행하고 규약 이행 보고에 참고할 수 있도록 지원해왔다. 위원회는 2016년에, 규약 제12조에 따른 '성·재생산건강에 대한 권리에 관한 일반논평 제22호'를 발표[15]하였다. 일반논평 제22호는 일반적 건강권의 일부로서 성·재생산건강권의 내용과 각국의 의무를 구체화하고자 한 문서이다.

2016년의 일반논평 제22호는 규약 제12조에 명시된 건강권의 일부로 성과 재생산 건강에 대한 권리를 다루고 있다. 일반논평 제22호는 건강권 보장을 위한 ① 가용성(availability), ② 접근성(accessibility), ③ 수용성(acceptability), ④ 품질(quality)의 네 측면에서 포괄적인 성·재생산건강의료의 필수적인 요소들을 제시한다.[16] 여기서는 낙태의 범죄화나 제한적인 낙태관련법 등은 성과 재생산 건강을 완전히 향유할 수 있는 개인의 자율성과 평등권, 차별받지 않을 권리를 저해하는 것이므로 당사국은 차별 없이 모든 개인과 집단이 완전한 범위의 성과 재생산 건강 정보, 재화, 서비스에 대한 동등한 접근권을 보장할 책무를 진다고 밝혔다.

유엔 사회권위원회는 2017년 제4차 최종견해에서 우리 정부에게 낙태의 범죄화를 우려하고 있으며, 낙태를 비범죄화하고 여성의 성과 재생산권을 보장할 것을 촉구하였다.[17]

세계보건기구의 2022년 임신중단에 대한 수정 가이드라인[18]의 권고 내용을 살펴보면, ① 임신중단의 완전한 비범죄화(full decriminalization), ② 사유에 따른 임신중단 제한 법규 폐지 및 임신한 사람의 요청에 의해 이용가능한 임신중단 시행, ③ 임신주수 제한에 근거한 임신중단 금지 법규의 폐지, ④ 임신중단에 대한 의무적 대기 기간 폐지, ⑤ 다른 사람이나 기관의 승인 요건 폐지, ⑥ 누가 임신중단을 시행하고 관리할 것인지에 대한 세계보건기구 지침에 부합하지 않는 규제 폐지, ⑦ 포괄적 임신중단 의료에 대한 접근과 지속성을, 양심적 거부로 인한 장벽으로부터 보호를 내용으로 하고 있다.

한편, 여성에 대한 모든 형태의 차별 철폐에 관한 협약(Convention on the Elimination of All Forms of Discrimination Against Women)은 1979. 12. 28. 채택, 1985. 1. 26. 국내 발효되었다(조약 제855호). 동 협약 제16조[19])에서는 "당사국은 혼인과 가족관계에 관한 모든 문제에 있어 여성에 대한 차별을 철폐하기 위한 모든 적절한 조치를 취해야 하며, 특히 남녀평등에 기초하여", "(e) 자녀의 수 및 출산 간격을 자유롭고 책임감 있게 결정할 동일한 권리와 이 권리를 행사할 수 있게 하는 정보, 교육 및 모든 수단의 혜택을 받을 동일한 권리"를 규정하고 있다. 재생산 건강과 관련해서는 제12조에서 "남성과 여성의 평등에 기초하여 가족계획을 포함한 보건사업의 혜택을 보장하기 위해 보건 분야에서의 여성에 대한 차별을 제거하기 위해 모든 적절한 조치를 취해야 할" 당사국들의 의무를 명시하고 있다(제1항). 또한, "당사국은 여성에 대해 임신 및 수유기 동안의 적절한 영양 섭취를 확보하고 임신, 출산 및 산후조리기간과 관련하여 적절한 의무제공을 확보하여야 하며 필요한 경우에는 무상으로 이를 제공하여야 한다"(제2항)고 규정한다. 나아가 제10조(h)에서는 구체적인 교육정보 및 가족계획에 대하여 조언을 받을 권리도 보장하고 있다.

2018. 3. 9. 여성차별철폐위원회가 대한민국 정부에 대하여 한 제8차 최종견해에서도 이전의 제7차 최종견해를 반복하면서 안전하지 않은 낙태는 모성사망과 관련된 질병의 주요 원인이라는 관점에서 현행법에서의 임신중절 허용 기준에 해당되지 않는 경우에도 이를 비범죄화할 것과 이를 행한 여성에 대한 처벌 조항을 삭제할 것, 그리고 안전하지 않은 임신중단으로 인해 합병증을 겪는 경우 등을 포함하여 임신중단을 한 여성에게 양질의 의료서비스(quality of post-abortion service)에 대한 접근권을 제공할 것 등을 촉구하였다.[20])

(4) 재생산권의 구성 요소

국제인권규범에서 재생산권의 핵심을 이루는 것은 ① 재생산 활동에 관한 자기결정권(자기의 재생산 활동을 통제할 권리), ② 재생산 건강에 대한 권리라고 할 수 있다.

재생산 활동에 관한 자기결정권은 자녀의 수와 가족 계획 및 출산 시기에 대하여 자유롭게 결정하고 그렇게 할 수 있는 정보와 수단을 가질 권리, 그리고 이를 차별, 강압, 폭력 없이 재생산 관련 결정을 내리고 자유롭게 스스로 통제할 권리를 포함한다. 재생산 건강에 대한 권리는 재생산 체계 및 기능, 과정과 관련된 모든 면에서, 단순히 질병이나 허약함이 없는 것이 아닌 신체적, 정신적, 사회적인 안녕 상태를 의미한다.[21]

즉, 재생산권은 1) 생명과 생존, 2) 안전 및 성과 관련된 권리, 3) 재생산에서의 자기결정, 4) 건강 및 과학적 진보의 혜택과 관련한 권리, 5) 차별받지 않고 적절한 존중을 받을 권리 및 정보와 교육에 관련된 자기결정의 세부내용으로 개념화할 수 있을 것이다. 그렇다면 재생산권 보장을 위해서는 여성은 자신이 원치 않는 임신을 방지하기 위해 다양한 피임 방법을 선택하고 사용할 권리가 있어야 한다. 이는 경제적, 사회적, 법적 장벽 없이 피임에 접근할 수 있는 권리를 포함할 수 있어야 한다. 여성은 자신의 건강, 사회적, 경제적 상황 등을 고려하여 원치 않는 임신을 중단할 수 있는 권리가 있다. 안전한 낙태[22]와 합법적 접근이 보장되어야 한다. 여성은 임신, 출산, 산후 관리 등과 관련된 양질의 의료 서비스를 받을 권리가 있으며, 이는 생명을 위협하지 않는 출산 환경을 포함한다. 성교육과 정보 제공과 관련하여서는 여성은 자신의 성 건강과 재생산에 대한 올바른 정보를 제공 받고, 이를 바탕으로 건강한 결정을 내릴 수 있어야 한다. 그럴 뿐만 아니라 여성은 불임 치료와 생식 보조 기술을 이용할 권리가 있으며, 이는 경제적, 사회적 장벽 없이 접근할 수 있어야 한다. 마지막으로 자율적 결정과 관련하여 여성은 자신의 재생산과 관련된 모든 결정을 스스로 내릴 권리가 있으며, 이는 강제 결혼, 성적 강요 등을 금지하는 것을 포함한다.

우리나라의 재생산권에 관한 규정은 모자보건법 제2조 제8호에서 확인할 수 있다. 이에 따르면 "모자보건사업"이란 "모성과 영유아에게 전문적인 보건의료서비스 및 그와 관련된 정보를 제공하고, 모성의 생식건강(生殖健康) 관리와 임신·출산·양육 지원을 통하여 이들이 신체적·정신적·사회적으로 건강을 유지하게 하는 사업을 말한다"고 정의하고 있다. 재생산권리는 자유권의 영역과 사회권의 영역을 포괄하고 있다고 볼 수 있다. 성관계, 가족구성, 임신 및 출산 그리고 임신 중단에 관한 자기결정이 보장되는 자유권의 영역과 이러한 결정을 가능하게 하도록 여성의 신체적, 정신적 건강과 안전을 위한 보건, 의료 지원과 정보를 제공받을 권리 등은 사회권의 영역이라고 볼 수 있을 것이다.

(5) 헌법재판소 낙태죄 헌법불합치 결정[23]을 토대로 본 재생산권

2019년 4월 11일 헌법재판소는 낙태죄가 헌법에 위반된다는 결정을 내리며, 낙태의 합법화 논의를 촉발했다. 이는 여성의 자기결정권을 보호하기 위한 중요한 법적 변화였다. 헌법재판소는 형법 제269조 제1항 임신한 여성의 자기낙태를 처벌하는 '자기낙태죄 조항'[24], 의사가 임신한 여성의 촉탁 또는 승낙을 받아 낙태하게 한 경우를 처벌하는 형법 제270조 제1항 중 '의사낙태죄 조항'[25]이 임신한 여성의 자기결정권을 침해하는지 여부에 대해 4인의 헌법불합치의견, 3인의 단순위헌의견으로 헌법불합치 결정을 내렸다. 모자보건법 제14조[26]에서는 인공임신중절 수술의 허용한계를 유전학적 정신장애나 신체질환이 있는 경우나, 강간 또는 준강간에 의하여 임신된 경우로 한정하고, 이 외의 임신중절수술을 하는 경우 낙태를 시술한 의사와 부녀는 낙태죄에 따라 처벌받게 된다. 헌법재판소는 '자기낙태죄 조항'과 '의사낙태죄 조항'이 각각 임신한 여성의 자기결정권을 침해한다고 보았는데, 임신한 여성의 자기결정권을 제한하는 것이 비례성의 원칙(과잉금지원칙)에 위배되어 위헌인지 여부를 살폈다. 특히 기본권 침해를 판단함에 있어 덜 침해하는 수단으로도 입법목적을 동등한 정도로 달성할 수 있는지 여부('피해의 최소성' 심사)를 판단 중심에 두었다.

1) 임부의 자기결정권과 태아의 생명권 이익형량

태아의 생명은 '인간존엄'이 아닌 '생명권'에 의해 보호되는 것으로 보았다. 태아의 생명권을 헌법 제10조 '인간존엄'에서 직접 도출하지는 않았다. 생명권이 헌법 규정에 없다 해도 기본권 중의 기본권임이 자명하다고 보았다. 4인의 헌법불합치의견은 헌법 제10조 제2문에서 태아의 생명을 보호할 국가의 보호의무를 도출했다. 하지만 태아의 단계에 따라 보호의 정도를 달리 하는 것이 가능하다고 보았다.[27]

자기낙태죄 조항에 의하여 제한되는 기본권을 헌법 제10조에 의하여 보장되는 "개인의 인격권과 행복추구권에서 전제되는 자기운명결정권" 또는 "일반적 인격권에서 파생되는 자기결정권"으로 보고 위헌여부를 판단하였다.

다수의견은 낙태의 결정에 대하여 "임신·출산·육아는 여성의 삶에 근본적이고 결정적인 영향을 미칠 수 있는 중요한 문제"이므로, "임신한 여성이 자신의 임신을 유지 또는 종결할 것인지 여부를 결정하는 것은 스스로 선택한 인생관·사회관을 바탕으로 자신이 처한 신체적·심리적·사회적·경제적 상황에 대한 깊은 고민을 한 결과를 반영하는 전인적(全人的) 결정"에 해당한다고 판시후 헌법재판소는 "이러한 전인적 결정을 하고 그 결정을 실행함에 있어 충분한 시간이 확보"되어야 하며 이 때의 충분한 시간이란 "여성이 임신 사실을 인지하고, 자신을 둘러싼 사회적·경제적 상황 및 그 변경가능 여부를 파악하며, 국가의 임신·출산·육아 지원정책에 관한 정보를 수집하고, 주변의 상담과 조언을 얻어 숙고한 끝에, 만약 낙태하겠다고 결정한 경우 낙태 수술을 할 수 있는 병원을 찾아 검사를 거쳐 실제로 수술을 완료하기까지 필요한 기간"이라 하여 여성의 개인적인 상황을 넘어 국가의 관련 임신, 출산 및 육아 정책들이 자기결정권의 행사에 중요한 요소임을 인정하고 있다. 나아가 태아와 임신 여성의 관계에 대하여도 이들의 이해관계가 대립되는 것이 아닌 일치하는 것이라고 보고 태아의 생명보호는 "임신한 여성의 신체적·사회적 보호를 포함할 때 실질적인 의미"를 가진다며 "원치 않은 임신을 예방하고 낙태를 감소시킬 수 있는 사회적·제도적 여건을 마련하는 등 사전적·사후적 조치를 종합적으로 투입하는 것이 태아의 생명 보호를 위한 실효성 있는 수단"에 해당하고 또한 "임신한 여성이 결정가능기간 중에 낙태갈등 상황에 처했을 때 전문가로부터 정신적 지지와 충분한 정보를 제공받으면서 충분히 숙고한 후 임신 유지 여부에 대한 결정을 할 수 있도록 함과 아울러 임신·출산·육아에 장애가 되는 사회적·경제적 조건을 적극적으로 개선하는 노력"[28]이 필요함을 밝히고 있다.

2) 임신중단결정과 건강권으로서의 재생산권

국가인권규범을 통해 앞서 살펴본 재생산권은 그 핵심내용이 재생산 활동에 관한 자기결정권 즉, 자기의 재생산 활동을 통제할 권리와 재생산 건강에 대한 권리로 정의한 바 있다. 이러한 내용은 헌법재판소 판례에서도 찾아볼 수 있다. 헌법재판소는 임신, 출산, 육아는 "여성의 삶에 근본적이고 결정적인 영향을 미칠 수 있는 중요한 문제", "스스로 선택한 인생관·사회관을 바탕으로 자신이 처한 신체적·심리적·사회적·경제적 상황에 대한 깊은 고민을 한 결과를 반영하는 전인적(全人的) 결정29)이라고 설시함으로써, 임신중단의 결정을 인간으로서 여성들이 갖는 일생의 문제, 생애기획 전체와 관련된 것으로 파악하고 있다.30) 즉, 임신중단의 결정은 여성의 삶 전체에 영향을 미치는 재생산 활동에 관한 결정으로 보고 있다고 판단된다. 또한 헌법재판소가 낙태죄에 대한 형사처벌 방식의 한계와 문제점을 명시하면서 이러한 상황에서는 "적절한 시기에 낙태에 관한 상담이나 교육이 불가능하고, 낙태에 대한 정보가 충분히 제공될 수 없다. (…) 수술 전후로 적절한 의료서비스나 상담, 돌봄 등을 제공받기도 쉽지 않다."31)라는 부분에서 재생산 건강이 보장받기 어려움을 인식하고 있고, 나아가 임신중단을 결심한 경우 수술받을 수 있는 병원에서 실제로 시술받기까지 필요한 기간이 충분히 보장되어야 한다고 설시한 부분은, 재생산 건강의 관점에서 의료접근에 대한 권리를 고려한 것32)으로 평가되기도 한다.

3) 헌법재판소 판결 이후 낙태죄 개정방안

헌법재판소 판결 이후 여성의 재생산권 보장과 관련된 법적 변화와 사회적 인식변화가 나타나기 시작했다. 정부는 헌법재판소 헌법불합치결정 이후 2020년 11월 개정법률안 내용에 형법의 낙태죄 조항 제269조 및 제270조33)를 그대로 두면서 낙태의 허용요건 조항을 신설하였다. 즉, 임신한 여성과 의사에 대한 처벌은 존치하되 <모자보건법>의 인공임신중절의 허용사유를 <형법>으로 옮겨오는 개정으로서, 허용요건에는 임신주수에 따른 구분, 임신중단 사유 제한을 수정한 채 유지하고 <모자보건법>의 배우자 동의 요건만 삭제하였으며, 임신중단 이전의 상담 의무와 상담 후 강제 대기 기간을 신설하는 것이었다.34) 정부의 개정법률안의 핵심은 임신 14주 이내에는 별도의 요건없이, 임신 24주 이내에는 사회경제적 사유 등이 있는 경우 낙태를 할 수 있도록 하는 형법 및 모자보건법의 개정이었다. 개정안은 2020년 국회에 제출되었으나, 21대 국회의 임기만료로 폐기되었다. 낙태죄와 관련하여 현재까지 개정의 방향이나 구체적 내용, 시기 등은 정해지지 않았다.

(6) 여성의 재생산에 관한 기본권

그렇다면 여성의 재생산권에 관한 기본권을 우리 헌법의 어떤 기본권에 의하여 보장될 수 있는지 살펴보고자 한다. 헌법재판소는 낙태죄 헌법불합치결정에서 "인간의 존엄성을 실현하기 위한 수단으로서 인간이 자신의 생활영역에서 인격의 발현과 삶의 방식에 관한 근본적인 결정을 자율적으로 내릴 수 있는 권리"[35]로 설시한 바, 재생산에 관한 결정은 자기결정권으로부터 보호될 수 있다.

한편, 헌법 제36조 제1항은 "혼인과 가족생활은 개인의 존엄과 양성의 평등을 기초로 성립되고 유지되어야 하며, 국가는 이를 보장한다"고 규정하고 있다. 헌법재판소는 "헌법 제36조 제1항은 혼인과 가족생활을 스스로 결정하고 형성할 수 있는 자유를 기본권으로서 보장하고, 혼인과 가족에 대한 제도를 보장한다. 그리고 헌법 제36조 제1항은 혼인과 가족에 관련되는 공법 및 사법의 모든 영역에 영향을 미치는 헌법원리 내지 원칙규범으로서의 성격도 가지는데, 이는 적극적으로는 적절한 조치를 통해서 혼인과 가족을 지원하고 제3자에 의한 침해 앞에서 혼인과 가족을 보호해야 할 국가의 과제를 포함하며, 소극적으로는 불이익을 야기하는 제한조치를 통해서 혼인과 가족을 차별하는 것을 금지해야 할 국가의 의무를 포함한다."[36]고 한다. 이 조항은 혼인과 가족생활에 관한 개인의 자유로운 선택과 형성을 보장하는 자유권으로서, 그 내용에는 혼인 상대방 선택의 자유, 가족관계 형성의 자유, 부모의 자녀 양육 및 교육권이 포함된다. 그렇다면 재생산권의 핵심적인 내용을 이루는 자녀를 가질 것인지 여부 및 자녀의 수 및 터울을 결정할 권리는 헌법 제36조 제1항에 의해서도 보장된다고 할 수 있다.

재생산권은 신체를 훼손당하지 않을 권리[37]로부터도 보장될 수 있다. 헌법재판소는 헌법 제12조 제1항 전문에서 "모든 국민은 신체의 자유를 가진다."고 규정하여 신체의 자유를 보장하고 있는 것은, "신체의 안정성이 외부로부터의 물리적 힘이나 정신적인 위험으로부터 침해당하지 아니할 자유와 신체활동을 임의적이고 자율적으로 할 수 있는 자유를 말한다." 라고 판시함으로써 헌법 제12조의 신체의 자유에 신체를 훼손당하지 않을 권리의 근거를 찾고 있는 것으로 보고 있다. 즉, 신체를 훼손당하지 않을 권리는 자기결정권에 반하는 외부적 신체 훼손에 대한 방어권이다. 환자의 치료를 위한 의학적 조치도 신체를 훼손당하지 않을 권리에 대한 제한에 해당하므로, 환자의 동의를 필요로 하며, 동의에 관한 환자의 의사결정은 자유롭고 의식적으로 이루어져야 한다.[38] 따라서 기본권으로서 신체를 훼손당하지 않을 권리 내지 심신 온전성의 권리에는 의학과 생물학의 영역에서 사전설명 후의 자유로운 동의를 포함한다. 임신중절수술, 재생산에 관한 보조생식기술 및 불임치료의 이용에 접근할 수 있도록 보장하는 재생산권은 신체를 훼손당하지 않을 권리를 통해 보장받을 수 있다.

재생산권에는 차별받지 않고 재생산권을 보장받을 권리를 포함한다. 앞서 살펴본 국제인권규범은 성과 재생산 건강 및 권리를 차별받지 않고 향유되도록 강조하고 있다. 즉 재생산권은 장애, 성적 지향, 연령 등을 이유로 차별받지 않고 보장되어야 하고, 헌법 제11조 제1항 평등권에 따라 차별받지 않고 재생산권을 보장받을 수 있도록 해야 한다.

지금까지 살펴본 대로 여성의 재생산권은 여러 기본권과 관련되어 있음을 알 수 있다. 재생산권의 보장을 위해서는 임신과 출산, 육아와 관련한 다양한 기본권 보장이 결합되어 검토될 때 실질적으로 여성의 재생산권이 보장될 수 있을 것이다.

미주

1) 선택의정서는 첫째, 여성권리침해에 대한 구제를 통해 여성 인권을 보장하며, 둘째, 당사국의 여성차별적인 법과 관행을 개선하여 사회 전반에 변화를 초래하는 것, 셋째, 당사국의 여성협약 이행촉진을 통해 여성 인권을 강화하며, 넷째, 여성협약의 내용과 의무에 대해 당사국이나 개인의 이해를 증진시킴으로서 여성 인권에 대한 인식을 향상시키는 것을 목적으로 한다(장명선, 유엔여성차별철폐조약의 선택의정서와 여성권리에 관한 소고, 한국여성학, 제23권 제3호, 2007).

2) 정성미 외 4, 2023 한국의 성인지 통계, 한국여성정책연구원, 연구보고서 22, 2023, 40면.

3) 정성미 외 4, 앞의 글, 39면.

4) 한국여성인권진흥원, 여성과 인권 이슈브리프, 2024.

5) 이무선, 데이트폭력 방지를 위한 법적 쟁점과 입법 방향, 홍익법학 제20권 제1호, 2019, 465면.

6) 「스토킹 범죄의 처벌 등에 관한 법률」은 '상대방 등에게 우편, 전화, 팩스 또는 정보통신망을 이용하여 글, 말, 그림, 영상 등을 도달하게 하는 경우'를 '스토킹 행위'로 규정하고 있다.

7) 전국 어디서든 1366 또는 지역번호 + 1366으로 전화하면 상담을 받을 수 있다.

8) 한국여성인권진흥원 여성폭력방지본부, 여성긴급전화1366 연감, 한국여성인권진흥원, 2024, 5.

9) 상담접수 02 – 735 – 8994, 게시판 상담 d4u.stop.or.kr.

10) 미국의 경우, 가해자가 피해자를 협박하거나 회유함으로써 자신의 기소 여부를 스스로 결정할 수 있도록 하는 것은 가해자가 사법부를 조종하도록 방치하는 것이라는 판단하에 강제 기소 등의 정책을 통해 이를 규제하고 있다. (이무선, 앞의 글, 479면 참조).

11) 이무선, 앞의 글, 479면 참조.

12) ICPD, Programme of Action, para.7.2.

13) 소은영, 재생산권(Reproductive Rights)에 관한 헌법적 연구, 헌법재판연구원, 2021, 10면 참조.

14) ICPD 행동계획 등과 같이 국제회의에서 합의된 문서는 정치적 의지의 표명이며 국제법상의 효력을 갖지 않지만, 우리나라가 비준한 대표적인 국제인권조약들에서도 성과 재생산건강 및 권리가 조약상의 권리로 보장된다는 것을 밝히고 있어, 국제인권조약상의 권리를 보장하고 증진시킬 국제법상의 의무를 부담한다.

15) United Nations Committee on Economic, Social and Cultural Rights, 2016.5.22(2016) on the right to sexual and reproductive health (article 12 of the International Covenant on Economic, Social and Cultural Rights), E/C.12/GC/22.

16) 첫째, 가용성으로서, "제대로 기능하는 충분한 수의 보건의료 시설, 서비스, 물품, 프로그램이 이용가능한 상태에 있어서 사람들이 성·재생산건강 의료를 가능한 최대한으로 이용할 수 있을 것", "성·재생산건강 의료 서비스의 전범위를 수행할 수 있는 숙련된 서비스

제공자와 훈련된 의료 인력 및 전문 인력", 필수의약품의 이용가능성을 보장할 것, "이념에 따른 정책이나 관행으로 물품과 서비스의 이용이 불가능하게 되어 서비스 접근에 장벽이 생기지 않도록 할 것"이 요청된다.

둘째, 접근성으로서, 모든 개인과 집단이 성·재생산건강 의료와 관련된 보건의료 시설, 물품, 정보, 서비스에 차별이나 장벽 없이 접근할 수 있어야 한다.

셋째, 수용성으로서, "성·재생산건강과 관련된 모든 시설과 물품, 정보, 서비스가 개인과 소수자, 민족, 공동체의 문화를 존중하고 성별, 나이, 장애, 성적 다양성, 생애주기의 필요에 민감"하여야 한다.

넷째, 품질로서, 성·재생산건강과 관련된 시설, 물품, 정보, 서비스가 양질의 것이어야 하는데 이는 "근거에 기반하고, 과학적, 의학적으로 적절하며, 최신"이라는 의미로, "훈련받고 숙련된 보건의료 종사자, 과학적으로 승인되고 만료되지 않은 약물과 장비를 요구"한다.

17) 소은영, 앞은 글, 17면 참조.

18) World Health Organization(2022a), Abortion Care Guideline. p.3. https://srhr.org/abortioncare.

19) ICPD Programme of Action para. 7.3., 여성차별철폐협약 제16조(e) 참조.

20) CEDAW/C/KOR/CO/8 (2018.3.9.), 42호 및 43호(https://undocs.org/CEDAW/C/KOR/CO/8 검색일: 2024.7.20).

21) 소은영, 앞의 글, 22면 참조.

22) 낙태는 자연적인 출산(분만)시기 이전에 산모의 자궁으로부터 태아를 인위적으로 배출시키는 행위로 '인공임신중절'이라고도 부른다. 현행 모자보건법에 따르면 '인공임신중절수술'은 '태아가 모체 밖에서는 생명을 유지할 수 없는 시기에 태아와 그 부속물을 인공적으로 모체 밖으로 배출시키는 수술'이라고 정의된다(동법 제2조 제7호). 따라서 태아가 모체 밖에서 생명을 유지할 수 있는 상태까지 포함하는 의미의 낙태는 모자보건법상의 인공임신중절보다 더 넓은 개념이다(이준일, 인권법 ─사회적 이슈와 인권─ 제9판, 홍문사, 2021, 530면 참조).

23) 헌재 2019. 4. 11. 2017헌바127.

24) 형법 제269조(낙태) ① 부녀가 약물 기타 방법으로 낙태한 때에는 1년 이하의 징역 또는 200만 원 이하의 벌금에 처한다.

25) 형법 제270조(의사 등의 낙태, 부동의낙태) ① 의사, 한의사, 조산사, 약제사 또는 약종상이 부녀의 촉탁 또는 승낙을 받아 낙태하게 한 때에는 2년 이하의 징역에 처한다.

26) 모자보건법 제14조(인공임신중절수술의 허용한계) ① 의사는 다음 각 호의 어느 하나에 해당되는 경우에만 본인과 배우자(사실상의 혼인관계에 있는 사람을 포함한다. 이하 같다)의 동의를 받아 인공임신중절수술을 할 수 있다.

  1. 본인이나 배우자가 대통령령으로 정하는 우생학적 또는 유전학적 정신장애나 신체질환이 있는 경우

  2. 본인이나 배우자가 대통령령으로 정하는 전염성 질환이 있는 경우

3. 강간 또는 준강간에 의하여 임신된 경우

4. 법률상 혼인할 수 없는 혈족 또는 인척 간에 임신된 경우

5. 임신의 지속이 보건의학적 이유로 모체의 건강을 심각하게 해치고 있거나 해칠 우려가 있는 경우

② 제1항의 경우에 배우자의 사망·실종·행방불명, 그 밖에 부득이한 사유로 동의를 받을 수 없으면 본인의 동의만으로 그 수술을 할 수 있다.

③ 제1항의 경우 본인이나 배우자가 심신장애로 의사표시를 할 수 없을 때에는 그 친권자나 후견인의 동의로, 친권자나 후견인이 없을 때에는 부양의무자의 동의로 각각 그 동의를 갈음할 수 있다.

제28조(「형법」의 적용 배제) 이 법에 따른 인공임신중절수술을 받은 자와 수술을 한 자는 「형법」 제269조 제1항·제2항 및 제270조 제1항에도 불구하고 처벌하지 아니한다.

모자보건법 시행령(2009. 7. 7. 대통령령 제21618호로 개정된 것)

제15조(인공임신중절수술의 허용한계) ① 법 제14조에 따른 인공임신중절수술은 임신 24주일 이내인 사람만 할 수 있다.

27) 고봉진, 2019년 헌법재판소 낙태죄 결정 분석과 낙태죄 형법조항 개정방향 제안, 생명윤리정책연구 제13권 제2호, 2020, 123면.

28) 헌재 2019. 4. 11. 2017헌바127, 판례집 31－1, 404, 420－422. 오승이, "낙태죄의 위헌여부", 젠더판례백선, 사법발전재단, 2021, 36－37쪽.

29) 헌재 2019. 4. 11. 2017헌바127, 판례집 31－1, 404, 420.

30) 소은영, 앞의 글, 60면 참조.

31) 헌재 2019. 4. 11. 2017헌바127, 판례집 31－1, 404, 425.

32) 헌법재판소는 이를 재생산 건강 혹은 건강권이라는 권리로서 취급하는 것이 아니라, 임신중단에 대한 자기결정권의 행사 조건으로서 언급하는 데 그치고 있다(소은영, 앞의 글, 61면 참조).

33) 현재 낙태죄에 대한 헌법불합치 결정 이후 심판대상조항인 형법 제269조 제1항과 형법 제270조 제1항 중 의사에 관한 부분이 2021. 1. 1.부터 효력을 잃었다.

34) 장다혜, 재생산 건강 관련 상담 및 상담원 교육체계, 재생산권리(Reproductive Rights)실현을 위한 제도의 모색, 서울대학교 법학연구소 공동연구 학술대회 발표집, 2023.2.21, 33면.

35) 헌재 2019. 4. 11. 2017헌바127, 판례집 31－1, 404, 415.

36) 헌재 2002. 8. 29. 2001헌바82, 판례집 14－2, 170, 176.

37) 신체를 훼손당하지 않을 권리는 심신 온전성의 권리로 불리우기도 한다. 심신(心身)온전성의 권리(또는 심신을 훼손당하지 아니할 권리)는 자주적 결정을 하기 위해 전제되어야 하는 심신 불가침의 상태를 보호하는 기본권으로서 생명과 직결되며 인간의 존엄과 가치를 보장하기 위한 권리로 헌법 제10조 인간의 존엄과 가치 및 제12조 신체의 자유로부터 도출되는 권리라고 할 수 있다. 심신 온전성의 권리는 자주적 결정의 전제가 되는 것으로 신체의 독점적인 사용과 통제를 할 권리를 포함한다. (최다혜, 의사조력사의 정당화 논거로

서 심신 온전성의 권리, 세계헌법연구, 제28권 제1호, 2022).

38) 최다혜, 의사조력사의 정당화 논거로서 심신 온전성의 권리, 세계헌법연구, 제28권 제1호, 2022.

제 9 장

다문화 사회와 인권

제 9 장

다문화 사회와 인권

최 다 혜

1 | 다문화 사회의 개념과 현황

(1) 개념

다문화 사회는 다양한 문화적 배경을 가진 사람들이 공존하며 서로 다른 문화가 조화롭게 상호작용하는 사회를 의미한다. 이는 단순히 다양한 문화가 존재하는 것을 넘어, 이들이 서로의 문화를 존중하고 인정하며, 상호 간의 차이를 포용하는 사회적 구조와 가치 체계를 내포한다. 다문화 사회는 글로벌화와 이민의 증가로 인한 점차 현대 사회에서 나타나는 주요 사회적 현상 중 하나이며, 다문화 사회가 경제사회적인 측면에서 큰 영향을 미친다는 점에서 더욱더 주목할 필요가 있다. 최근에는 다양한 문화적 정체성을 가진 개인이나 집단이 그들만의 고유한 문화를 유지하면서도 사회의 일원으로 차별받지 않고 동등하게 대우받도록 보장하려는 다문화주의(multiculturalism)[1]라는 사회적 이념을 기반으로 정책적 접근을 하고 있다. 다문화주의는 국가나 지역사회가 이민자와 소수민족의 문화를 포용하고 그들이 원래 가지고 있던 정체성을 유지하도록 지원하면서, 동시에 법과 사회적 규범 내에서 공통된 사회적 가치와 규칙을 준수하도록 하는 방식을 채택한다. 이는 개인이 자신의 문화적 정체성을 잃지 않고도 사회의 주류에 통합될 수 있는 사회적 틀을 제공한다. 다문화사회는 국내 산업의 인력난 해소, 사회의 다양성과 개방성 확대 등의 긍정적인 측면과 함께 저소득층 노동자의 임금 감소, 빈곤층 증대로 인한 재정지출증가, 사회 갈등과 같은 사회적 문제 증대 등의 부정적인 측면을 함께 지니고 있다.

(2) 배경과 현황

2022년 12월을 기준으로 국내 외국인 체류자는 약 224만여 명으로 우리나라 총 인구의 2.8% 이상을 차지하고 있다. 외국인 증가의 원인으로는 저출산·고령화 사회 진입으로 인한 외국노동인력 유입증가와 국제결혼의 급증으로 인한 결혼이민자 증가를 원인으로 볼 수 있으며, 그 외에 대외 동포에 대한 방문취업제 도입과 중국인 관광객 및 동포의 입국 증가도 원인이 된다. 다문화사회가 논의되기 시작한 초기에는 외국인 노동자들의 임금 체불 및 인권유린 문제가 중요한 문제였으나, 최근에는 다문화가정의 가정불화로 인한 가정이탈, 다문화자녀의 교육과정 중도이탈 문제, 외국인 노동자들의 사회 갈등 문제, 외국인 혐오 현상 등 그 문제의 범위, 규모, 사회적 파급력이 점점 확대·증가하고 있다. 이러한 사회적 문제들은 하나의 정책으로 간단히 해결될 수는 없는 다차원적이고 복잡한 양상으로 드러나고 있다.

2 │ 다문화 사회에서 인권 문제

(1) 이주노동자 인권

1) 노동시장에서의 불평등과 차별

2024년 6월 28일 경기도 화성시 리튬 배터리 공장에서 화재로 31명의 사상자가 발생한 사건이 있었다. 이 불로 23명이 숨졌는데, 이 중 내국인 5명, 중국인 17명, 1명은 라오스인이었다. 화성 화재 참사로 숨진 23명 가운데 18명이 외국인 노동자라는 사실이 알려지면서 '위험의 이주화'라는 말이 주목받았다.[2] 즉, 위험한 일을 외국인 노동자들에게 넘기는 '이주화'로 가고 있다는 말이다.

통계에 따르면 2023년 국내에 취업한 외국인 노동자는 92만 3천 명으로 사상 처음 90만명을 넘은 수치다. 외국인 노동자가 전체 취업자에서 차지하는 비중은 3.2%로, 우리 산업현장에서 상당히 많은 부분을 차지하고 있다고 볼 수 있는데, 2023년 산재 사고로 인한 사망자 812명 가운데 외국인이 85명으로 10.5%를 차지했다. 외국인 취업자 비율과 비교하면 사망자 가운데 차지하는 비중이 3배나 높은 것이다. 또한 업무상 사고 사망자의 전체 숫자가 992명에서 812명으로 줄었지만, 외국인 비중은 7.5%에서 10.5%로 오히려 증가했다. 그만큼 '위험의 이주화'가 진행됐다고 볼 수 있다. 즉, 이주노동자들이 내국인 노동자보다 더 위험한 환경에서 일하고 있다고 볼 수 있는 것이다. 일하다가 다쳐서 산업재해를 신청한 외국인도 꾸준히 늘고 있지만, 2022년 산업재해를 신청한 외국인 8천 497명 가운데 산업재해 보상금으로 치료했다는 외국인은 27.3%에 불과했다.[3] 위험한 일에 외국인들은 내국인보다 많이 노출되어 있고, 사업주가 원하는 양을 생산해내지 않으면 사업주에게 불이익을 받을 수 있다는 우려 때문에 고강도로 일을 해내고 있고, 내국인에 비해 위험한 업무를 감당하고 있다는 분석이다.[4]

이렇게 이주노동자가 노동 시장에 통합되고 있지만, 노동시장에서 구조적, 제도적, 사회적 장벽으로 인한 불평등이 존재한다. 이러한 불평등의 원인으로는 차별, 언어 장벽, 자격 인정의 문제, 법적 보호 미흡 등이 있다. 2003년 「외국인근로자의 고용 등에 관한 법률」 제정으로 고용허가제를 도입하였지만, 고용주가 이주노동자들의 약한 법적 위치를 이용하여 인권을 침해하는 사례가 빈번히 일어나고 있다. 예를 들어, 고용주가 이주노동자들의 여권을 소유하고 있는 일이 빈번한데, 이는 기본적인 이주나 이직의 자유를 박탈할 소지가 있다. 또한 외국인 노동자들은 평균 11.6시간의 대단히 긴 노동시간과 직장에서의 욕설 및 신체적 폭력, 성추행이나 성폭력 등 다층적인 인권침해의 여지에 노출되어 있고, 이러한 인권침해의 해결을 어렵게 하는 것은 무엇보다도 기존의 정책이 작업장에서 이주노동자들이 어떤 종류의 인권침해를 경험한다 하더라도, 쉽게 문제제기를 하거나 직장을 옮기기가 어렵도록 한다는 점이다. 현행 제도에 따르면 직장변경의 사유가 신체적인 폭력을 증명할 수 있을 만큼 명백한 경우에만 이직이 가능하고, 은밀하게 이루어지는 언어폭력이나 성폭력의 경우 현실적으로 피해를 구제할 방법이 없다.[5] 또한 언어의 문제는 이주노동자의 한국적응을 어렵게 하는 요소 중 하나로, 이주노동자가 한국어가 서툴 경우 약간의 실수만 해도 비난과 공격의 대상이 된다는 점에서 갈등과 마찰을 유발하기도 한다.

많은 외국인 노동자들이 불법적인 차별과 착취를 지속적으로 경험할 수 있다. 예를 들어, 사업장 측에서 외국인 노동자 입국 전 당사자 간·직접적인 근로계약 체결이 불가능하다는 점을 악용하여, 이주노동자들이 입국한 후에 근로계약을 바꾸는 경우가 많다. 특히, 근로계약 내용 중 근로시간을 위반한 경우(25.5%)와 월급규정과 휴게시간 및 휴일을 위반한 경우(23.3%)가 가장 많은 것으로 나타난 연구가 있는데, 이는 근무시간과 보수라는 가장 기본적인 계약 내용이 지켜지지 않고 있음을 확인할 수 있다.[6] 보수 측면에 있어서도 외국인 노동자들은 한국인에 비해 값싼 임금을 받는 차별을 받는다. 임금의 절대적인 수준이 낮을 뿐 아니라, 임금을 체불하는 경우가 비일비재하다는 것도 심각한 문제로 나타나고 있다. 한국노동연구원의 '외국인근로자 고용실태조사'에 따르면, 이주노동자 전체 중 임금체불을 경험한 경우는 36.8%에 해당하며, 체불기간은 평균 2.6개월이고, 체불금액은 2012년 기준 165만원인 것으로 나타났다. 임금의 체불은 이들에게 소득보장과 생계유지를 어렵게 하는 요인으로 작용하고 있음을 추측할 수 있다.[7] 이러한 저임금의 고강도 노동과 차별 및 폭력으로부터의 노출 등은 사회갈등과 노동시장에서의 불평등을 유발하는 요소이다.

[고용허가제의 사업장 변경 금지에 관한 헌법재판소 판례]

현재 2003년 외국인근로자의 고용등에 관한 법률을 제정하면서 2004년 8월부터 고용허가제를 도입하여 실시하고 있다. 고용허가제의 쟁점사안으로는 특히 사업장 변경 금지의 문제가 있다. 외국인근로자의 고용등에 관한 법률에서 3년의 취업활동기간 제한(동법 제18조)과 3회의 사업장변경 제한(동법 제25조 제4항)에 대한 위헌성 여부에 대한 논란이 있었다. 헌법재판소는 3회의 사업장변경제한이 합헌이라고 보았다. 헌법재판소는 "이 사건 법률 조항은 외국인근로자의 무분별한 사업장 이동을 제한함으로써 내국인근로자의 고용기회를 보호하고 외국인근로자에 대한 효율적인 고용관리로 중소기업의 인력수급을 원활히 하여 국민경제의 균형 있는 발전이 이루어지도록 하기 위하여 도입된 것이다. 나아가 이 사건 법률조항은 일정한 사유가 있는 경우에 외국인 근로자에게 3년의 체류기간 동안 3회까지 사업장을 변경할 수 있도록 하고 대통령령이 정하는 부득이한 사유가 있는 경우에는 추가로 사업장 변경이 가능하도록 하여 외국인근로자의 사업장 변경을 일정한 범위 내에서 가능하도록 하고 있으므로 이 사건 법률조항이 입법자의 재량의 범위를 넘어 명백히 불합리하다고 할 수는 없다. 따라서 이 사건 법률조항은 청구인들의 직장 선택의 자유를 침해하지 아니한다." 라고 한바 있다.[8]

[근로의 권리]

외국인근로자법에 따르면 외국인노동자라는 이유로 부당한 차별적 처우를 하는 것은 금지된다고 규정하고 있다(동법 제22조). 또한 근로기준법에서도 국적을 이유로 근로조건에 대한 차별적 처우를 금지하는 '균등한 처우의 원칙'을 확인할 수 있다.(동법 제6조). 원칙적으로 노동시장에서의 공정한 대우를 보장하고, 고용 임금, 근로 조건 등에서의 평등한 경제적 기회를 제공하도록 해야하지만, 고용허가를 받은 외국인노동자뿐만 아니라 불법체류 외국인노동자의 경우에는 저임금과 열악한 노동환경 속에 놓일 수밖에 없다. 이러한 현실에서 외국인노동자가 임금과 노동조건 및 노동3권까지 한국인노동자와 동등한 권리를 향유하는 것이 가능한 것인지 문제될 수 있다.[9] 대법원은 "출입국관리법이 취업자격 없는 외국인의 고용이라는 사실적 행위 자체를 금지하고자 하는 것뿐이지 나아가 취업자격 없는 외국인이 사실상 제공한 근로에 따른 권리나 이미 형성된 근로관계에 있어서의 근로자로서의 신분에 따른 노동 관계법상의 제반 권리 등의 법률효과까지 금지하려는 규정으로 보기 어렵다"고 하여 불법체류자인 외국인노동자도 근로기준법이 적용되는 근로자라고 판단하고 있다.[10]

[이주노동자의 주거권]

2020년 12월 20일, 이주노동자 주거 문제가 주목을 받는 사건이 발생한다. 한파경보가 내려진 당일 경기도 포천에서 캄보디아 국적의 이주노동자가 농장 비닐하우스 숙소에서 주검으로 발견된 사건이다. 이를 통해 비닐하우스 숙소로 대변되는 이주노동자 주거 문제가 주목을 받게 된 것이다. 고용노동부 실태조사에 따르면 2021년 기준 농·어업 분야 이주노동자 중 약 70%가 컨테이너, 조립식 패널, 비닐하우스에서 기거하고 있는 것으로 나타나지만, 지금까지 이주노동자 주거권 문제는 근본적으로 해결되지 않고 있다.

1948년 UN의 세계인권선언(Universal Declaration of Human Rights)에서 처음 인정된 주거권은 "모든 사람의 의식주, 의료 및 필요한 사회복지를 포함하여 자신과 가족의 건강과 안녕에 적합한 생활수준을 누릴 권리", 즉 모든 사람의 인간다운 삶을 유지하게 하는 기본적 인권으로 정의된다. 이주노동자의 주거권 보장은 인간다운 생활을 영위하기 위한 필수 조건이라고 볼 수 있다. 또한 UN의 「경제적·사회적 및 문화적 권리에 관한 국제규약」(International Covenant on Economic, Social and Cultural Rights, 1966)(이하 「사회권 규약」이라 함) 제11조제1항은 "모든 사람이 적절한 식량, 의복 및 주거를 포함하여 자신과 그 가정의 적절한 생활수준을 누릴 수 있는 권리와 생활조건을 지속적으로 개선할 권리를 가진다"라고 규정하고 있다. 이는 단순히 물리적 공간 확보로써의 주거의 의미가 아닌 인권(Human Rights)적 차원에서 경제적·사회적·문화적·환경적 조건이 적절해야 함을 의미하며, 또한 "적절한 삶의 기준(adequate standard of living)을 갖춘 주거권의 실현"을 의미한다11)

우리나라는 2015년 「주거기본법」을 제정하여 주거권의 법적 근거를 찾을 수 있게 되었다. 문제는 이주노동자도 주거권의 주체가 될 수 있는가이다. 한국은 UN 회원국으로서 국제사회에서 보편적으로 인정되고 있는 「세계인권선언」을 존중해야 할 뿐만 아니라 「사회권 규약」, 「인종차별철폐협약」 등을 비준한 나라이다. 우리 헌법재판소에서도 2011년 판시를 통해 "인간의 존엄과 가치, 행복추구권은 인간의 권리로서 외국인도 주체가 될 수 있고, 평등권도 인간의 권리로서 참정권 등에 대한 성질상의 제한 및 상호주의에 따른 제한이 있을 뿐"이라고 밝히고 있으며12) 따라서 이주노동자의 주거권이 헌법상으로도 보장받도록 해야할 것이다. 이주노동자의 주거권 보장은 인간다운 생활을 영위하기 위한 기본적 인권이며, 이를 보장하기 위한 지속적인 법적·정책적 개선이 필요하다. 법적 보호를 강화하고 주거 환경을 개선하며, 정보 접근성을 향상시키고 사회적 인식을 개선하는 노력은 이주노동자의 삶의 질을 향상시키고, 이들이 사회의 일원으로 통합될 수 있도록 돕는다.

[이주노동자의 경제적 권리 보장]

헌법재판소는 "헌법상 근로의 권리는 … 인간의 존엄성에 대한 침해를 방어하기 위한 권리로서 외국인에게도 인정되며, 건강한 작업환경, 일에 대한 정당한 보수, 합리적인 근로조건의 보장 등을 요구할 수 있는 권리 등을 포함하고 … 외국인에게도 기본권 주체성이 인정된다"라고 하여 외국인에게도 근로의 권리에 관한 기본권 주체성이 인정된다고 한다.[13] 다양한 문화적 배경을 가진 사람들이 공존하며 상호작용하는 다문화 사회에서는 모든 구성원이 경제적 권리를 공정하게 누릴 수 있어야 하며, 이는 사회적 통합과 평등의 기반이 된다. 경제적 권리는 개인이 경제 활동에 참여하고, 공정한 대우를 받으며, 경제적 기회를 평등하게 누릴 수 있는 권리를 의미할 수 있을 것이다.

[경제적 권리의 구성요소]

① **고용과 노동의 권리** : 모든 사람이 차별 없이 직업을 선택하고, 공정한 근로 조건에서 일할 권리를 가진다. 이는 고용 기회, 임금, 근로 환경, 노동 시간 등의 공정한 대우를 포함한다.

② **적정 수준의 생활** : 모든 사람이 기본적인 생활을 영위할 수 있도록 적정한 수준의 소득과 사회적 보호를 받을 권리를 가진다. 이는 주거, 의료, 교육 등의 기본적인 필요를 충족할 수 있는 경제적 자원을 포함한다.

③ **경제적 기회의 평등** : 모든 사람이 자신의 경제적 잠재력을 발휘할 수 있는 기회를 평등하게 누릴 권리를 가진다. 이는 교육 기회, 금융 서비스 접근, 창업 지원 등을 포함한다.

④ **사회보장과 보호** : 모든 사람이 경제적 불안정이나 빈곤으로부터 보호받을 권리를 가진다. 이는 실업 급여, 연금, 건강 보험 등의 사회보장 제도를 통해 이루어진다.

⑤ **재산권** : 모든 사람이 자신의 재산을 소유하고 보호받을 권리를 가진다. 이는 재산의 법적 보호와 경제적 자원의 공정한 분배를 포함한다.

다문화 사회에서 경제적 권리의 보장은 사회적 통합과 평등을 실현함으로써 사회적 갈등을 줄이고, 공동체의 일원으로서 소속감을 강화하는 데 이바지할 수 있다. 또한 다양한 문화적 배경을 가진 사람들이 경제 활동에 활발히 참여할 때, 새로운 아이디어와 혁신이 촉진되고, 이를 통해 경제적 다양성이 증대되며 국가 전체 경제의 경쟁력을 높일 수 있다. 경제적 권리 보장은 사회적 약자나 소수 집단이 경제적 착취나 불공정한 대우로부터 보호받고, 공정한 기회를 누릴 수 있는 기반을 제공함으로써 사회적 정의를 구현하는 기반이 된다.

(2) 결혼이주여성의 인권

통계청에 따르면, 2022년 대한민국 국민과 외국인과의 혼인은 1만 7천 건으로 전년대비 27.2% 증가하였고, 이는 전체 혼인건수 중 8.7%로 전년보다 1.9%p 증가 하였다. 대한민국 남성과 외국인 여성과의 결혼 건수는 전년 대비 비슷한 수준으로 유지되거나 증가하는 추세를 보여주고 있듯, 다문화 사회로의 전환이라고 할 수 있 다.「재한외국인 처우 기본법」제2조 제3호에서는 "결혼이민자"를 '대한민국 국민 과 혼인한 적이 있거나 혼인관계에 있는 재한외국인'으로 정의하고 있다. 여기서 재한외국인이란 "대한민국 국적을 가지지 아니한 자로서 대한민국에 거주할 목적 을 가지고 합법적으로 체류하고 있는 자"를 말한다(동법 제2조 제2호). 재한외국인 처우 기본법을 기초로 제정된「다문화가족지원법」제2조 제2호에서 "결혼이민자 등"이란,「재한외국인 처우 기본법」제2조 제3호상의 결혼이민자(국적을 취득하지 않은 자) 또는 국적법에 따라 귀화허가를 받은 자로 규정하고 있다. 위와 같이 관련 법률상 정의에 비추어보면 통상 '결혼이주여성'이란, 국제결혼의 형식으로 국내에 유입되어 ① 체류 중이나 국적을 취득하지 못하고 있는 자뿐만 아니라 ② 체류 중 국적법상 귀화요건을 갖추어 대한민국 국적을 취득한 자 모두를 포함하여 지칭한 다고 할 수 있다.[14] 국제결혼을 통해 우리나라에 입국하는 외국인 여성 중 대다수 는 우리나라에 비해 상대적으로 저개발 된 국가에서 온 결혼이주여성이며, 저개발 국가의 여성들은 차별이나 인권침해를 경험하는 사례가 많다.

1) 결혼중개과정에서의 인권침해

결혼이주여성은 국제결혼중개업체를 통해 배우자를 만나게 되면서 입국하는 경 우가 많은데, 국제결혼중개업체는 영리목적을 지니고 국제결혼을 하려는 남성으로 부터 수백만원에서 수천만원의 중개비용을 받고 혼인상대방을 데려오는 방식을 취 한다. 이 과정에서 사람을 속여 경제적 이득을 얻는 행위가 개입될 수 있는데, 결 혼 상대 여성에게 배우자 후보의 인적 사항이나 건강상태 또는 가족관계, 경제상황 등에 관한 정보를 제공하여야 함에도 이를 제대로 제공하지 않는 경우가 생길 수 있다. 국제결혼의 당사자들이 언어적으로 소통이 어렵고, 중개업자에게 자신의 신상정보를 제공하고, 중개업자를 통해 얻은 상대방의 신상정보를 믿을 수밖에 없다. 통역과 번역을 모두 중개업자에게 의존하고 혼인 관련 법률 및 행정절차도 전적으로 중개업자에게 의존하기 때문이다. 이같은 문제를 해결하기 위해 결혼중개업의 신고와 등록, 영업자의 준수사항, 행정청의 관리감독, 결혼중개업자의 책임 등을 규제하는 내용의 「결혼중개업의 관리에 관한 법률」[15]이 제정·시행되고 있지만 매매혼적인 국제결혼의 성격이 아직도 문제가 되고 있으며, 결혼성사 단계에서의 배우자의 충분한 정보가 제대로 제공되지 않고 있다. 또한 국제적 매매혼의 성격은 결혼이주여성이 차별과 무시를 받고 경제적 지위의 낮음으로 인해 원만한 혼인생활을 하지 못하게 되는 원인이 된다. 특히 국적 취득 전 이혼을 하게 될 경우에는 불법체류자로 전락할 위험성도 있는바, 결혼이주여성은 사회적 차별과 인권침해에 매우 취약한 계층이라고 할 수 있다.[16]

2) 가정 내 인권침해

가정폭력과 관련하여서는 여성결혼이민자 중 17.5%가 폭언이나 모욕적 언사, 생활비나 용돈 등 경제적 학대, 송금 통제, 신체적 폭력 등 한국인 배우자의 폭력적 행동에 직면한 경험이 있다고 통계되고 있다.[17] 이주여성긴급지원센터 통계에서는, 결혼이민여성 8,417명이 가정폭력 문제로 상담을 받았는데, 이는 5년 전보다 5배 증가한 수치이며, 다문화가정 부부폭력 비율은 일반 부부보다 7.4% 높은 47.7%로 조사되었다. 이렇게 결혼이민자들은 가정폭력의 가능성에 보다 많이 노출되어 있지만, 남편에게 폭력을 당하는 경우에도 여기에서 벗어나거나 이를 해결할 수 있는 방법이 많지 않다. 자녀에 대한 책임감, 배우자에 의존하고 있는 체류자격, 본국에 있는 가족들을 부양해야 할 책임감 등으로 인해 이혼이나 신고를 선택하는 일이 그렇게 쉽지 않고, 실제 다문화 가정 내에서 벌어지는 폭력 문제로 형사 처분 등 법적 제재가 가해진 경우는 그리 많지 않다는 조사결과도 나와 있다.[18]

3) 사회적 편견과 무시

결혼이주여성의 경우 이주여성들이 사회적 관계를 형성하는 것에 많은 어려움을 겪고 있다. 대부분 다문화가정 여성들이 남편이나 남편 가족을 제외하고 자주 만나거나 가까운 관계를 유지하는 한국인들이 별로 없는데, 원활한 사회적 관계를 유지하지 못하는 이유 중의 하나가 선입견과 편견 어린 시선을 들 수 있다. 이주자 여성들이 밖에 나가면 "왜 어린 나이에 한국에 시집왔어?" 등 사적인 부분까지 지나치게 관심을 보여 당황하는 경우가 많고, 대부분 돈 때문에 한국 남성과 결혼했다는 선입견을 부담스러워하며, 이주여성에 대해 "이런 것 먹어보았어?" 등 무시하는 태도도 이들을 불편하게 만든다고 지적하고 있다. 즉 결혼 이민자들이 겪는 사회적 관계에서의 문제는 주로 그들의 문화와 정체성 등에 대한 한국사회의 무시하는 듯한 시각 때문이라고 해석할 수 있는데, 이는 집단적인 차원에서 해석하자면 '문화적 무시'의 전형적인 예라고 할 수 있을 것이다.[19] 상대의 문화를 이해하고 존중하기 보다는 차별하고 무시하는 가정 내 가부장적 의식의 문제도 결혼이주여성의 차별과 갈등의 원인이 되고 있다는 지적도 있다.

4) 다문화 사회에서 결혼이주여성의 보호

결혼이주여성은 우리 헌법상 보호되는 천부 인권을 가진 인간이자 기본권의 주체이다.[20] 따라서 국가는 보편적 인권의 차원에서도 결혼이주여성의 인권 및 기본권을 보장하도록 노력해야 한다. 「다문화가족지원법」 제1조는 이 법의 목적이 '다문화가족 구성원이 안정적인 가족생활을 영위하고 사회구성원으로서의 역할과 책임을 다할 수 있도록 함으로써 이들의 삶의 질 향상과 사회통합에 이바지함을 목적으로 한다' 라고 규정하고 있다. 결혼이주여성의 인권 및 기본권 보장을 위한 정책적 지원과 보호는 결혼이주여성을 사회 구성원으로써 인정하는 것에서 출발하며, 이를 통해 사회통합에 이바지할 수 있을 것이다.

(3) 다문화 가정 자녀의 인권

1) 현황

다문화 학생 수는 2012년 46,954명에서 2021년 160,065명으로 매년 증가하는 추세이며, 전체 학생 수가 감소함에 따라 전체 학생 중 다문화 학생이 차지하는 비율 또한 2012년 0.7%에서, 2017년 1.9%, 2021년 3.0%로 지속적으로 증가했다.[21] 최근 한국은 이주배경인구의 급증, 학령인구의 급감 등 급변하는 사회·교육 환경을 맞이하였고, 이주배경학생의 증가 추세는 한국 사회의 교육 시스템과 정책에 큰 영향을 미치고 있다. 2023년 기준 이주배경학생 수는 18만 명을 상회하며, 이 중

72%는 국내 출생 학생, 28%는 중도입국 및 외국인학생으로 이들은 언어와 문화적 차이로 인해 어려움을 겪고 있다.

표 5 │ 이주배경학생

	국내출생	국외출생
부모 중 한명이 한국인	① 국내출생 국제결혼가정자녀	② 국외출생 국제결혼가정자녀
부모 모두 외국인	③ 국내출생 외국인가정자녀	④ 국외출생 외국인가정자녀
	남한출생	남한 외 출생
부모 중 한 명 이상이 북한이탈주민	⑤ 남한출생 탈북배경 아동·청소년	⑥ 북한출생 아동·청소년
북한이탈주민과 외국인 결혼가정		⑦ 제3국 출생 탈북배경 아동·청소년

이주배경학생[22]은 국적을 기준으로 국민과 외국인으로 구분되며, 국민인 이주배경학생은 다시 출생지에 따라 국내출생 다문화가정자녀와 중도입국자녀[23]로 구분된다. 현재까지 이주배경학생 정책은 크게 세 가지 범주로 접근하고 있다. 첫째, 국내에서 출생한 국제결혼가정 자녀, 둘째, 국외에서 출생하여 아동·청소년기에 한국에 입국한 중도입국자녀, 셋째, 외국인가정의 자녀로 분류하고 있다.

2) 교육 불평등과 정체성 혼란

다문화 가정의 자녀들은 어릴 때부터 한국말이 서투른 외국인 어머니의 교육을 받으며 성장하기 때문에 일반인 가정의 자녀에 비해 언어발달이 느리고, 이 현상이 상급 학교에 진학하고 나서도 수업에 대한 이해도 저하와 학습 부진으로 이어진다.[24] 또한 부모가 의사소통이 자유롭지 못한 경우, 아이들과 깊은 대화를 나누지 못하게 되고, 이는 다문화 가정의 정체성과 가치관 차이를 낳음으로써 가정 내의 갈등의 문제가 되기도 한다. 언어문제는 다문화 가정 자녀가 성장단계에서 또래집단에서 소외되는 현상을 낳을 수 있다. 실제로 다문화 가족 자녀의 36.5%가 친구로부터 차별을 받은 것으로 나타났고, 친구는 학업중단의 가장 큰 사유인 것으로 나타났다. 가치관 발달·성장 과정에서의 혼동과 어려움은 이들이 성장한 다문화 가정 자녀들의 사회적응과 취업, 혹은 범죄 문제까지 폭넓은 영향을 미치게 될 가능성이 높다. 실제로 덴마크에서는 이민자들의 자녀들이 부모의 낮은 교육수준과 언어수준의 영향을 받아 높은 실업률과 범죄율을 보인다는 관찰을 보여주고 있다. 캐나다에서도 언어가 이민 세대나 그 이후 세대의 사회 통합에 있어 큰 역할을 하고 있다고 평가되고 있다. 21세기 들어 유럽 등 해외국가들은 이민자 유입 이후 사회통합이 제대로 이루어지지 않아 테러 등 사회 안전과 공공질서에 위협이 되는 경험을 여러 차례 하였다. 이러한 해외국가의 이민 사회 갈등은 이민자 2세 교육이 얼마나 중요한지를 보여주는 대표적인 사례들이라고 할 수 있다. 따라서 이민정책의 추진 과정에서 사회통합 달성 노력은 필수 불가결한 과제가 되고 있다.

3) 다문화주의 정책 사례

캐나다는 다문화주의 정책을 적극적으로 추진한 대표적인 나라로, 1971년 세계 최초로 다문화주의를 공식 정책으로 채택하였다. 이는 국가적 차원에서 문화적 다양성을 장려하고 보호하는 방향으로 사회를 발전시켰다. 캐나다의 이민 정책은 영국령 북미법(British North America Act)에 따라 연방 정부와 주정부가 이민과 정착에 대해 각각 헌법적 책임을 갖고 있다. 연방 정부에서는 이민난민시민권 부서(Immigration, Refugees and Citizenship Canada: IRCC)와 그 산하 기관이 이민 정책을 담당하고 있다. 세계 2차대전 이후부터 난민 및 이민 정책을 시작한 캐나다는 다문화주의를 중시하는 나라로 이주민 재정착 분야에서 다른 나라들의 칭찬을 받는 이민 정책을 가지고 있다. 이민자들은 캐나다 경제에서 중요한 역할을 하고 있다고 평가되고 있다. 2019년 정부의 통계에 따르면 캐나다의 15세부터 34세 사이의 이주배경 청년은 천만 명이고, 이는 캐나다 인구의 4분의 1에 달한다고 발표했다. 그중 15퍼센트는 소도시에 살고 있다고 보고하고 있다. 청소년을 포함하여 34세 미만의 청년들은 다른 세대들보다 더 다양한 배경을 가지고 있으면서도 결속력이 다른 세대보다 더 강하다고 보고하고 있다. 이주배경 학생들은 캐나다 인구의 상당한 부분을 차지하고 있으며, 이들의 교육과 취업은 곧 캐나다 경제의 경쟁력이자 세대를 결속하는 힘을 가지고 있다고 평가되고 있다.[25] 캐나다에서는 모든 학교에서 이주배경 학생들은 같은 문화의 사회와의 연결, 사회 복지사를 통해서 도움 받을 수 있도록 하고 있다. 지도 상담사 및 학교 정착 노동자(Settlement Workers in Schools: SWIS) 프로그램은 신입생 수가 많은 학교에 정착 담당 직원이 배치 된다. 캐나다 전역에는 이주배경 청소년을 위한 정착 센터가 약 500개가 넘고, 진로와 관련하여 장학금 및 보조금 이용, 학교 중 및 방과 후의 도움, 레크리에이션 활동, 리더십 및 멘토링 프로그램, 진로 계획 지원을 받을 수 있으며, 매년 90,000명 이상의 젊은 캐나다인을 일자리에 연결하고 있다. 또한 기업과의 파트너십을 구축하여 업무 배치를 지자체가 지원하고 있으며, 취업 탐색하는 데 도움이 되는 온라인 플랫폼을 개발하는 데에 금전적인 지원이 이루어지고 있다.

일본에서는 제조업 단지가 있는 도시의 특성에 맞추어 이주배경 아동 문제에 대한 대응책을 마련하고 있다. 다문화 밀집지역 학교에 일본어 지도가 필요한 아동 5명 이상 재적하는 학교에 담당 교원을 배치하도록 하고, 보호자 면담시 통역사를 파견하도록 하고, 문화적 배경이 유사한 교육지원자를 선정하여 이주배경 학부모 및 학생을 지원하게 함으로써 이질감을 완화하도록 하고 있다. 학생의 학습뿐만 아니라 생활 상담 등 다면적 지원이 제공되도록 하고 있다.

독일의 경우 학교 내 다양한 직업교육이 일터로 연계되도록 지원하는데, 직업 통합 수업을 운영하여, 직업교육을 학교 안으로 끌어들이고, 인턴십까지 연계할 수 있도록 교육 기획 및 지역 자원을 활용하여 이주배경 학생들의 취업을 돕고 있다.[26]

4) 다문화 가정 자녀의 교육권

다양한 이주배경이 있는 학생이 소외되지 않도록 사회적 다양성·포용성을 높이기 위해서는 "이주배경학생 누구나 차별 없이 교육받고 인재로 성장할 수 있는 교육환경 구축"이라는 교육정책의 비전이 달성되어야 한다. 국제결혼가정 자녀는 대부분 초등학교부터 공교육에 진입하나, 외국인근로자가정 자녀의 경우 처음으로 공교육에 진입하는 연령대가 다양하고, 부모가 불법체류자인 미등록 노동자 가정에서 출생하는 자녀는 한국에서 출생신고 대상이 아니어서 서류상 존재하지 않는 무국적 아동으로 남을 수 있는데, 불법체류 신분 노출 염려로 공교육 진입이 어려울 수 있다. 중도입국자녀는 외국인가정 자녀에 비해 한국 국적 취득이 비교적 용이하지만 반면에 교육적 측면에서는 외국인가정 자녀와 유사한 사각지대에 놓일 수 있다. 대부분 유년 시절에 모국에서 성장한 후 입국하므로 한국어와 한국문화를 새롭게 이해해야 하고 수업적응을 포함한 다양한 적응이 어려울 수 있기에 교육 접근방식이 달라야 한다.

현재 다양한 이주배경을 가진 외국인가정 학생, 중도입국 학생들의 수가 증가하고 있는 현실을 고려할 때 교육지원 대상 확대와 맞춤형 교육 정책이라는 새로운 패러다임 전환이 요구된다. 이주배경학생들의 사회문화적 특성을 고려한 맞춤형 교육 지원 프로그램의 개발을 촉진하여 교육에서의 다문화 감수성과 다문화적 접근을 통해 교육 불평등을 개선할 수 있을 것이다. 또한 다문화 교육을 통해 이주배경학생뿐만 아니라 모든 학생이 다양한 문화를 이해하고 존중하며, 세계시민으로서의 의식을 갖추도록 지원함으로써, 사회 전반에 걸쳐 포용적인 태도를 확산시켜서 이를 통해 학생들은 서로 다른 배경을 가진 친구들과 협력하고 소통하는 능력을 기름으로써 사회적 통합을 촉진하고 차별과 편견을 줄이는 데 기여할 수 있도록 할 것이다.

뿐만 아니라 이주배경학생들에 대한 법적·제도적 지원 강화는 이주배경학생들이 교육과 사회적 통합에서 겪는 장벽을 줄이는 데 필수적이다. 가족 재결합으로 한국에 입국한 중도입국 청소년의 경우 한국 사회에 계속해서 정착해서 살아가는 정주민으로 보아야 하며, 따라서 이들 청소년에게 거주 비자(F-2)를 발급할 수 있도록 「출입국관리법」의 개정 등 법제 정비가 필요하다. 이주배경학생 본인 또는 부모가 외국국적이거나 외국국적을 가졌던 적이 있는 학생까지 교육지원 대상을 확대함과 동시에 탈북배경 학생, 제3국 출생 탈북학생도 정책 대상자에 포함하는 일원화된 이주배경학생 지원 정책을 추진해 나아갈 필요가 있다. 교육지원 대상 확대를 통해 누구나 차별 없이 교육받고 인재로 성장할 수 있는 교육환경을 구축하여 다문화 가정 자녀의 교육 불평등을 해소할 수 있도록 해야한다. 이주민 학부모들의 경우에 진로 교육 정비 및 진학에 관한 정보에 대해 다언어 제공을 의무화하고, 학부모들에게 충분한 도움이 될 수 있는 지원 시스템이 마련될 필요도 있다.

3 | 다문화 사회에서 인권 보호 방안

다문화 사회에서 인권 보호는 모든 구성원이 공정하게 인권을 누리고, 인간다운 삶을 영위할 수 있도록 하는 기반을 제공한다. 차별 금지와 평등법을 강화하고, 언어와 문화 지원을 제공하며, 법적 보호와 제도적 지원을 강화하는 등의 노력을 통해 다문화적 배경을 가진 사람들이 인권 침해로부터 보호받을 수 있다. 또한, 경제

적 불평등을 해소하고, 인권 교육과 인식 제고를 통해 인권 보호의 중요성을 확립
해야 한다. 특히 다문화 배경을 가진 사람들의 문화적 차이를 존중하고, 다양한 구
성원이 정착되는 사회가 앞으로 국가의 경쟁력을 높일 수 있다는 인식을 바탕으로
제도와 정책 방향성을 갖추어 나가야 한다. 이를 통해 다문화 사회는 보다 조화롭
고 포용적인 방향으로 발전할 수 있으며, 모든 구성원이 인권을 온전히 누릴 수 있
는 사회를 만들어갈 수 있다.

미주

1) 다문화주의는 주로 세 가지 측면이 공통적으로 다문화주의의 특징으로 언급됨. 1)인구학적 다양성 2) 다양성의 가치를 존중하고 인정하는 사회 이념, 3) 소수자의 권리를 보장하는 정책과 프로그램의 존재 … 많은 학자들은 다문화주의를 정의함에 있어 현상과 이념에 그치지 않고 정책이라는 국가의 실천적 개입이 수반되는 차원에서 다문화주의를 정의하고 있다. 김성근, 다문화 사회에서의 사회갈등문제 실태분석 및 효과적인 대응방안 연구, 한국행정연구원, 2013, 15면 참조.

2) mbc 뉴스데스크 '위험의 이주화' 어디까지 왔나? https://imnews.imbc.com/replay/2024/nwdesk/article/6612423_36515.html(검색일 2024. 6. 29.)

3) 산업재해보상보험법의 적용을 받는 근로자는 근로기준법에서 규정한 근로자와 동일하다(동법 제5조 제2호). 따라서 근로기준법의 적용을 받는 외국인노동자도 산업재해보상보험법에 따라 산업재해로 인한 보상을 받을 수 있다.

4) 통계청.

5) 김성근, 앞의 글, 45면 참조.

6) 이인화, 고용허가제 이주노동자 실태조사보고, 고용허가제 7년 이주노동자 실태조사보고 및 토론회 발표 논문, 2011 참조.

7) 정기선, 외국인근로자 생활실태조사 법무부 용역과제 수행보고서: 한국사회과학자료원, 2012.

8) 헌재 2011. 9. 27. 2007헌마1083.

9) 이준일, 인권법 −사회적 이슈와 인권− 제9판, 홍문사, 2021, 721면 참조.

10) 대판 1995. 9. 15. 94누12067.

11) 이기호, 이주노동자 주거 문제의 인권적 접근: 고용허가제 이주노동자를 중심으로, 인권연구 제6권 제2호, 192면.

12) 헌재 2011. 9. 29., 2007헌마1083.

13) 헌재 2016. 3. 31. 2014헌마367.

14) 표명환, 재한 결혼이주여성의 국가적 보호에 관한 법적 고찰, 공법학연구, 제10권 제3호, 한국공법학회, 2009, 99면.

15) 결혼중개업의 관리에 관한 법률 [시행 2019. 4. 30.] [법률 제16413호, 2019. 4. 30., 타법개정] 제10조의2(신상정보 제공) ① 국제결혼중개업자는 제10조제1항에 따라 계약을 체결한 이용자와 결혼중개의 상대방(이하 "상대방"이라 한다)으로부터 다음 각 호의 신상정보를 받아 각각 해당 국가 공증인의 인증을 받은 다음 각 호의 신상정보(증빙서류를 포함한다)를 상대방과 이용자에게 서면으로 제공하여야 한다. 다만, 이용자 또는 상대방이 외국에서 공증인의 인증을 받은 경우「재외공관 공증법」제30조제1항에 따라 공증담당영사로부터 확인을 받거나「외국공문서에 대한 인증의 요구를 폐지하는 협약」에서 정하는 바에 따른 확인을 받아야 한다. <개정 2016. 12. 20.>

    1. 혼인경력

2. 건강상태(후천성면역결핍증, 성병 감염 및 정신질환 여부를 포함한다)

3. 직업

4. 성폭력, 가정폭력, 아동학대, 성매매 알선 및 강요 관련 범죄경력과 최근 10년 이내의 금고 이상의 형에 해당하는 범죄경력

5. 그 밖에 상대국의 법령에서 정하고 있는 사항

② 제1항제2호의 건강상태에 관한 서류는「건강검진기본법」제14조에 따라 검진기관으로 지정된 병원급 의료기관이 발행한 건강진단서(정신건강의학과가 설치되지 아니한 의료기관의 경우 정신계통의 검사는 정신건강의학과 의사의 협조를 얻어 실시하여야 한다)를 말한다.

③ 제1항에 따른 신상정보는 그 정보를 제공받는 이용자와 상대방이 이해할 수 있는 언어로 작성하여야 한다.

④ 제1항에 따른 신상정보의 제공 시기 및 절차, 입증방법 등에 필요한 사항은 대통령령으로 정한다.

[전문개정 2012. 2. 1.]

제26조(벌칙) ① 다음 각 호의 어느 하나에 해당하는 자는 5년 이하의 징역 또는 5천만원이하의 벌금에 처한다. 7. 제12조제2항을 위반하여 이용자에게 거짓된 정보를 제공한 자

16) 강서영, 결혼이주여성 관련 법제에 대한 헌법적 검토 -헌법 제36조 제1항을 중심으로-, 헌법재판연구, 2023, 2면 참조.

17) 통계청.

18) 김성근, 다문화 사회에서의 사회갈등문제 실태분석 및 효과적인 대응방안 연구, 한국행정연구원, 2013, 38면 참조.

19) 김성근, 앞의 글, 41면 참조.

20) 헌법재판소는 "청구인들이 침해되었다고 주장하는 인간의 존엄과 가치, 행복추구권은 대체로 '인간의 권리'로서 외국인도 주체가 될 수 있다고 보아야 하고, 평등권도 인간의 권리로서 참정권 등에 대한 성질상의 제한 및 상호주의에 따른 제한이 있을 수 있을 뿐이다"라고 하였다(헌재 2001. 11. 29 99헌마494).

21) 다문화교육의 현황 및 실태, 한국교육개발원, 2021, 78면.

22) '부모 또는 본인이 이주의 경험을 지닌 만 24세 이하의 연령에 속하는 자'. 여기서 '이주'란 외국 뿐 아니라 북한도 포함하는 개념임. 따라서 부모 중 한 명 이상이 외국출신인 가정자녀와 탈북자 가정자녀를 모두 포함하며, 그들이 지닌 체류자격이나 국적, 출생지와는 상관없음.

23) 중도입국자녀는 재혼한 결혼이민자 여성이 한국인과 결혼하기 전 출신국 남성과의 사이에서 낳은 자녀를 초청하는 경우에 국내에 입국하게 되는 자녀이다.

24) 다문화 가족 자녀의 취학률은 우리나라 전체학생의 취학률에 비해 낮은 것으로 나타났는데, 특히 고등교육기관의 경우, 전체학생 취학률이 68.4%인 데에 비하여, 다문화 가족 자녀의 취학률은 49.3%인 것으로 나타났다. 한편 중도 탈락 비율에 있어서도 다문화 가정 자녀의 9.4%가 초등학교 중퇴이며, 17.5%는 중학교 중퇴인 것으로 나타났는데, 이는 일반인의 학교중퇴율인 1.1%와 비교할 때 매우 높은 것이라 문제가 심각함을 알 수 있다(교육통계서비스, 2021년).

25) CIC (Citizenship and Immigration Canada). (https://www.canada.ca/en/immigration−
    refugees−citizenship/services/new−immigrants/new−life−canada/youth−services.h
    tml. 최종검색일 2024. 6. 1.)

26) 박민정 외, 서울시 이주배경 아동청소년 교육정책 개발을 위한 기초연구, 이민정책연구원
    정책연구보고서, 2023. 7. 참조.

제10장

학교인권 - 학생과 교사

제10장

학교인권 - 학생과 교사

심 우 민

1 | 학교와 인권

(1) 학생과 교사

한국의 경우 국가교육과정에 기반한 공교육 시스템이 상당한 수준으로 완비되어 있는 국가 중 하나이다. 학생들은 학교생활 속에서 다양한 삶의 가치를 배우며 성장하고 있다. 우리나라의 교육 이념을 명확히 하고 있는 「교육기본법」 제2조는 "교육은 홍익인간(弘益人間)의 이념 아래 모든 국민으로 하여금 인격을 도야(陶冶)하고 자주적 생활능력과 민주시민으로서 필요한 자질을 갖추게 함으로써 인간다운 삶을 영위하게 하고 민주국가의 발전과 인류공영(人類共榮)의 이상을 실현하는 데에 이바지하게 함을 목적으로 한다"고 규정하고 있다. 즉 국가적 수준의 교육을 통해 민주시민으로서의 자질을 갖추게 한다는 취지를 가지는 것으로 이해해 볼 수 있다.

이러한 학교 교육에서 무엇보다 강조되어야 하는 것은, 근대사회 성립의 핵심적 가치지향이라고 할 수 있는 인권에 대한 보장이라고 할 수 있다. 「교육기본법」 제12조 제1항은 "학생을 포함한 학습자의 기본적 인권은 학교교육 또는 평생교육의 과정에서 존중되고 보호된다"라는 점을 명시함으로써, 인권의 문제가 가지는 중요성을 강조하고 있다. 물론 이는 학습자의 인권 보장에 관한 내용을 담고 있는 것이다. 그러나 교원 및 교수자의 인권 또한 보장될 때, 학습자의 인권 또한 제대로 보장될 수 있다는 점에서, 이는 궁극적으로 학교 현장에서의 인권적 가치의 실현이 매우 중요하다는 것을 의미하는 것이다.

그러나 실제 학교 현장에서는 교육이라는 미명하에 인권의 가치실현을 소홀히 하는 경우가 자주 발생하곤 한다. 즉 학교를 그저 교육이 이루어지는 공간적 장소로만 바라볼 뿐, 그 자체가 하나의 작은 사회 또는 공동체라는 점을 간과하는 경우가 있다. 그 결과 인권을 교육과정의 내용으로 가르칠지언정, 실제 인권적 가치가 실현되어야 할 영역으로 보지 않는 행태들을 종종 목격할 수 있다.

이러한 학생과 교사의 인권문제는 2023년 서울의 한 초등학교 교사의 죽음을 계기로 다시 한 번 우리사회의 주목을 받았다. 실질적인 교권 보호의 강화 방안이 논의되면서, 이와 관련성을 가진다고 여겨지는 학생 인권 보호 방식의 문제, 특히 각 지방자치단체 등이 제정하여 운영하고 있는 학생인권조례의 개선 필요성이 일각에서 강하게 제기되고 있는 중이다. 물론 이에 대해서는 교사 인권 또는 교권과 학생 인권은 결코 대립적인 것이 아니고, 오히려 양자의 인권을 제대로 보장할 때 학교 현장에서 제대로 된 인권적 가치가 실현될 것이라는 반론도 만만치 않게 제기되고 있다. 그럼에도 이러한 반론은 새로운 제도 구상에 있어 진지하게 고려되고 있지 못하다.

(2) 인권과 법적 권리

이러한 교착 상황은 사실 인권과 법적 권리의 차이를 명확하게 인식하지 못하는 데에서 비롯되는 것이라고 볼 수 있다. 무엇보다도 그간 학교에서 발생하는 다층적인 분쟁상황을 소통적으로 또는 교육적 가치를 구현하는 방향으로 해결하려기보다는, 법적 권리의 설정과 이를 보장하기 위한 절차를 중심으로 편의적이고 도구적인 사안해결 방식[1]만을 채택해 왔기 때문이라고 할 수 있다.

물론 인권과 법적 권리는 그 내용적 측면에서 명확하게 구분하기에는 어려움이 있다. 실제 법적 권리는 인권을 보장하기 위하여 헌법 또는 법률에 의해 구체화되는 권리로서의 성격을 가지기 때문이다. 이는 달리 말하여, 현 시대에 보편화된 인권 관념 속의 모든 공동체적 가치들 중에는 법적으로 구현되지 않은 것들이 존재하기도 한다는 의미를 가진다. 법적 권리 등으로 구현되지 않은 인권은 그 자체로 무의미한 것은 아니다. 현실 속에서 집행력 또는 실행력을 가지지 않는 정치적·도덕적 성격을 가지는 권리, 즉 인권은 그 관념 자체가 사회적으로 수용 및 인식됨으로 인해, 구체적인 법적 제도의 운영 방향성을 판단하는 데 가치 준거로 충분히 활용될 수 있다. 물론 이렇게 본다면 인권이라는 규범적 가치는 즉자적인 현실 문제해결에 있어서는 한계를 가질 수밖에 없다. 이런 이유에서 상당수의 인권 쟁점들은 손쉽게 법적 판단의 문제로 치환되어버리고 만다.

이러한 맥락에서, 교육 현장에서의 많은 분쟁에 관한 쟁점사안들은 법적 권리 유무 및 그 보장 방식에 관한 판단 문제로 전환되어가고 있다. 예를 들어, 학교 현장에서 가장 문제시되는 학교 폭력의 문제는 사실 법적 판단에 앞서, 관련 당사자들 간의 소통을 통해 해소되는 것이 교육적 관점에서 더욱 바람직하다. 그러나 결국 이러한 학교폭력 사안을 해소하기 위하여 「학교폭력예방 및 대책에 관한 법률」이 제정되었고, 그 결과 학교 현장을 마치 법정(法庭)과 유사한 공간으로 만들어 버렸다. 이러한 현실에서는 상호 존중을 통한 인권의 증진과 소통을 통한 자연스러운 교육적 효과를 기대할 수 없는 것이 되어버린다.

(3) 교육적 특수성

학교에서의 인권의 문제는 논하기 위해서는, 인권의 측면에서 교육이 가지는 특수성을 전제로 할 필요가 있다. 우선 근대적인 체제를 정립하고 있는 국가들은 그 구성 주체인 국민 또는 시민의 교육에 관해 관심을 기울일 수밖에 없다. 이러한 교육은 궁극적으로 국민들의 시민성과 이와 관련한 역량을 증진시키고자 하는 데 목적이 있다. 이를 위해 대한민국 「헌법」 제31조 제2항 및 제3항은 교육의 의무와 무상 의무교육에 관해 명시하고 있다.

　더불어, 이러한 교육의 필요성은 국가의 입장에서만 존재하는 것은 단연코 아니다. 국민 및 시민의 입장에서도 주권자로서의 역량을 스스로 갖추기 위하여 교육을 받을 수 있도록 국가에거 요청할 수 있는 권리를 가진다. 이는 「헌법」 제31조 제1항에서 "모든 국민은 능력에 따라 균등하게 교육을 받을 권리를 가진다"고 정하고 있는 바와 같다.

　이상과 같이 교육은 우리 헌법 및 국가 체계에 있어 중요한 의미를 가진다. 따라서 교육이 이루어지는 학교 현장에서의 인권 사안을 논하기 위해서는, 교육적 특수성을 반드시 고려하여야 한다. 이는 달리 말하여, 일반적인 인권 및 그 보장에 관한 논의와는 다소 다른 맥락적 특수성이 존재한다. 교육자(교사)와 피교육자(학생) 간의 관계를 기반으로 한다는 점이 바로 그러한 맥락적 특수성이라고 할 수 있다. 교육의 영역에서는 그 특성상 양 주체 모두에게 있어 인권 제약이 발생할 수 있다. 그러나 이러한 제약을 단선적으로 수용만해서는 안 되는 것이 교육적 특수성이라고 할 수 있다. 즉 양 주체는 인권의 근본적 지향점과 가치를 이해하고, 가급적 이러한 것들이 학교 현장에서 실현될 수 있도록 서로 간에 노력할 필요가 있다. 만일 그렇지 않고 법률 실증적인 당부만을 따지게 되면, 학교 현장에서의 소통은 매우 형식적으로만 이루어지게 될 가능성이 높다. 결과적으로 인권의 구성적 계기는 상실되고 말 것이다.

2 | 학생의 인권보장

(1) 학생 인권과 교육

　학교에서 피교육자는 불가피하게 미성숙한 존재로 상정되곤 한다. 그 결과 과거 권위주의 시절에는 체벌 등과 같은 학생인권의 제약이 당연한 것으로 여겨지기도 했다. 그러나 학교에서의 학생은 피교육자일 뿐만 아니라, 엄연한 사회 공동체의 일원으로서의 지위를 가진다. 그러하기에 학생인 당연히 인권의 담지자 또는 주체로서의 지위를 가진다.

  학생에게 보장되어야 하는 인권 그 자체로는 특수한 것은 아니다. 일반 시민에게 보장되어야 하는 인권은 마찬가지로 학생에게도 보장되어야 한다. 그런데 과연 학생과 일반 시민에게 보장되어야 하는 인권이 무엇인지는 그 추상성으로 인하여 모호한 측면이 있다. 이러한 인권의 구체적인 내용과 양태를 확인할 수 있는 것이 바로 헌법상 기본권이다. 주지하다시피, 헌법상 기본권은 「헌법」 제10조~제36조에 명시되어 있는 것들을 기본으로 한다. 또한 「헌법」 제37조 제1항에 따라 헌법상 열거되어 있지 않은 기본권의 존재도 인정한다. 이는 「헌법」 제10조 후단의 "국가는 개인이 가지는 불가침의 기본적 인권을 확인하고 이를 보장할 의무를 진다"는 규정과 관련하여 인권의 법적 권리, 즉 기본권으로의 전환을 전제로 한 것이다.

  일반 시민에게 보장되어야 하는 인권과 기본권의 보장이 학생에게도 마찬가지로 이루어져야 한다는 사실은, 특정한 인권 개념과 기본권 조항이 존재한다는 것만으로 완결적인 것은 아니다. 인권 및 기본권 주체가 처한 상황과 맥락에 따라, 구체적인 보장의 내용과 방식이 달라진다. 결국에는 학생 인권의 논의는 추성적인 인권 및 기본권 규범을 학생들의 상황에 부합하게 해석 및 적용하는 데 핵심이 있는 것이다.

  이와 더불어, 학생들에게는 우리 공동체의 인권 관념에 대한 교육이 이루어져야 한다. 이에 따라 한국의 국가교육과정 중 사회과 교육과정은 인권에 관한 내용을 포함하고 있다. 이러한 국가교육과정은 단순히 내용요소의 나열에 그치는 것이 아니라, 피교육자가 그러한 내용요소를 학습하여 도달하게 될 것으로 기대되는 성취기준을 제시하고 있다. 인권 교육에 관한 이러한 성취기준을 정리해보면 다음과 같다.[2]

표 6 | 학교 급별 인권교육에 관한 성취기준

〈초등학교〉

[6사03－01] 일상 사례에서 법의 의미와 역할을 이해하고, 헌법에 규정된 인권이 일상생활에서 구현되는 사례를 조사하여 인권 친화적 태도를 기른다.

[6사03－02] 일상생활에서 인권이 침해되는 사례를 찾아 그 해결 방안을 탐색하고, 인권을 보호하는 활동에 참여한다.

〈중학교〉

[9사(일사)06－01] 일상생활에서 인권이 침해되는 사례를 조사하고, 우리 헌법에 보
장된 기본권의 종류를 탐색한다.

[9사(일사)06－02] 기본권 제한의 요건과 한계가 헌법에 명시된 이유를 토의하고,
기본권 침해 시 구제 방법을 조사한다.

[9사(일사)06－03] 근로자에게 보장되는 권리를 조사하고, 이러한 권리의 침해에 대
처하는 국가와 시민의 노력에 대해 토의한다.

〈고등학교〉

[10통사2－01－01] 근대 시민 혁명 등을 통해 확립되어 온 인권의 의미와 변화 양
상을 이해하고, 현대 사회에서 주거, 안전, 환경, 문화 등 다양
한 영역으로 인권이 확장되고 있는 사례를 조사한다.

[10통사2－01－02] 인간 존엄성 실현과 인권 보장을 위한 헌법의 역할을 파악하고,
시민의 권익을 보호하기 위한 다양한 시민 참여의 방안을 탐구
하고 이를 실천한다.

[10통사2－01－03] 사회적 소수자 차별, 청소년의 노동권 등 국내 인권 문제와 인
권지수를 통해 확인할 수 있는 세계 인권 문제의 양상을 조사
하고, 이에 대한 해결 방안을 모색한다.

이상과 같은 성취기준 이외에도 일반 선택과목인 <법과 사회>의 교육 내용 중 "학교생활과 법"이라는 영역을 설정하여, 학교생활 중 발생할 수 있는 인권 상황에 대한 이해를 도모하고 있다는 특색이 있다.

물론 실제 교육내용으로 보자면, 사회과 교육의 내용에 해당하는 역사나 사회문화 영역에서 인권의 역사나 새로운 상황적 전개에 대한 교육이 이루어지고는 있다. 그러나 인권에 관한 중핵적인 교육내용과 성취기준은 (헌)법과 관련한 영역에서 제시되고 있는 양상을 보여준다. 앞서 언급했던 바와 같이 인권 규범을 현실 규범으로 다소 구체화한 것이 법이라는 측면에서, 인권에 관한 논의는 법에 관한 논의로 연결되어 교육이 이루어지고 있는 것이다.

사실 이상과 같이 법과 결부하여 인권에 관한 교육이 이루어지는 것은 어쩌면 당연하기도 하고, 또한 불가피하기도 하다. 그러나 교육을 통해 학생들은 인권의 구체적인 보장이 반드시 법을 통해서만 이루어진다는 착각을 할 가능성이 있는 것

도 사실이다. 이렇게 되면 인권을 법과 등치시켜 매우 도구적인 것으로만 이해할 가능성이 높아진다. 이 지점은 한국의 국가교육과정이 극복해야할 중요한 과제 중 하나라고 할 수 있을 것이다.

(2) 학생인권 조례

앞서 언급한 바와 같이, 인권과 헌법은 추상적인 규범이기 때문에, 구체적인 현실에 적용되기 위해서는 맥락에 부합하는 해석과 적용이 이루어져야 한다. 그러나 이제까지 한국사회의 학생 인권 사안은 교육적 상황에서는 매우 부차적일 수밖에 없다는 인식이 지배적이어 왔으며, 이에 따라 학생 인권의 보장이 어떠한 내용과 방식으로 이루어져야 하는지에 대한 이해가 매우 희박한 환경이었다고 할 수 있다.

이에 따라, 일부 광역지방자치단체들은 「학생인권 조례」를 제정하여 운영하고 있다.3) 이러한 학생인권 조례에 관해서는 최근 쟁점이 되고 있는 교권 보호 및 강화 논의 맥락에서 이를 폐지하거나 개정해야 한다는 문제제기가 지속적으로 이루어지고 있다. 이들의 현실적인 논리는 학생인권 조례를 통해 일방적으로 학생 인권을 강조하다보니 그의 대척점에 있는 교사 인권과 법적 권리의 보호가 소홀해질 수밖에 없다는 것이다. 그 결과 최근에는 학생과 교직원 등 학교 구성원 모두의 인권을 보장하겠다는 내용의 조례들이 등장하고 있다.4)

학생과 교직원, 더 나아가서는 학부모를 포함하는 학교 구성원들의 인권을 보장하겠다는 취지의 조례 제정에 관해서는 사실 특별한 이견이 있을 수는 없다. 그러나 문제는 학생 인권과 교사 및 교직원 인권을 대립적인 것으로 인식하여 그 해결책을 강구하였다는 점에 있다. 이는 본래의 의도와는 상관없을 수는 있지만, 그간의 학생 인권 보장의 맥락이 잘못된 것으로 오인하게 만들 여지가 있다. 또한 더 나아가서는, 학교 구성원들의 인권 보장의 문제를 법규범에 근거해서만 처리하는 것으로 인식하게 하여, 인권 관념을 매우 도구적인 것으로 만들어 버리는 결과도 초래한다.

실제 각 지방자치단체의 학생인권 조례들의 내용을 살펴보면, 이미 헌법적으로 보장되어 있는 기본권의 내용을 법적인 언어로 구체화한 것에 지나지 않음을 알 수 있다. 2010년 10월 5일 한국에서 가장 먼저 제정된 학생인권 조례인 「경기도 학생인권 조례」는 실제 이후 제정된 학생인권 조례들은 구체적인 부분에서 일부 차이가 있는 경우도 있지만, 대체적으로 학생인권 조례에 관한 암묵적인 기준을 제시해주었다. 그런 의미에서 학생인권 조례의 대체적인 내용을 파악하는 데 중요한 의미를 가진다. 이러한 「경기도 학생인권 조례」의 체계는 다음과 같다.

표 7 │ 「경기도 학생인권 조례」의 체계

제1장 총칙

제1조 목적
제2조 정의
제3조 학생의 인권 보장원칙
제4조 책무

제2장 학생의 인권

제1절 차별받지 않을 권리
제5조 차별받지 않을 권리

제2절 폭력 및 위험으로부터의 자유
제6조 폭력으로부터 자유로울 권리
제7조 위험으로부터의 안전

제3절 교육에 관한 권리
제8조 학습에 관한 권리
제9조 정규교과 이외의 교육활동의 자유
제10조 휴식을 취할 권리

제4절 사생활의 비밀과 자유 및 정보에 관한 권리
제11조 개성을 실현할 권리
제12조 사생활의 자유
제13조 개인정보를 보호받을 권리
제14조 정보 열람 등에 관한 권리

제5절 양심·종교의 자유 및 표현의 자유
제15조 양심·종교의 자유
제16조 의사 표현의 자유

제3장 학생인권의 진흥

제4장 학생인권침해에 대한 구제

제5장 보칙

위 내용으로 보자면, 실제 학생인권 조례를 통해 새롭게 신설된 학생들의 권리는 존재하지 않는다. 모두 「헌법」이 보장하고 있는 기본권의 내용을 학교와 학생의 상황에 맞게 구체화하여 제시하는 내용을 담고 있다. 이는 조례의 규범적 위상과 성격에 따라 당연한 것이다. 「헌법」 제117조 제2항은 "지방자치단체는 주민의 복리에 관한 사무를 처리하고 재산을 관리하며, 법령의 범위 안에서 자치에 관한 규정을 제정할 수 있다"고 규정하고 있으며, 이를 구체화한 「지방자치법」 제28조 제1항은 "지방자치단체는 법령의 범위에서 그 사무에 관하여 조례를 제정할 수 있다. 다만, 주민의 권리 제한 또는 의무 부과에 관한 사항이나 벌칙을 정할 때에는 법률의 위임이 있어야 한다"고 명시하고 있다. 즉 지방자치단체가 제정하는 조례는 어디까지나 상위 법령의 범위 내에서 자신의 사무에 관한 조례만을 제정할 수 있다.

이렇게 본다면, 학생인권 조례는 헌법과 법률에 의해 보장하고 있는 기본권을 교육 상황에 맞게 구체화하고 있는 것이다. 다만 특수성이라고 한다면 인권 교육 및 인권 침해에 관한 구제절차 등을 각 지역적 상황에 부합하도록 명시하고 있다는 점이다. 이는 그 자체로 관련 지방자치단체가 수행해야 하는 사무에 해당하는 것이다. 이 부분은 해당 시·도교육청에 속해 있는 학교들에게는 다소 강제적일 수는 있지만, 만일 이러한 절차가 정해져 있지 않다고 한다면 구체적인 인권 침해 예방이나 구제가 이루어지기 어렵다는 점에서, 이러한 규정의 필요성은 당연히 인정될 수 있는 것이다.

결론적으로 학생인권 조례가 최근 논란이 되고 있는 교권 침해사례의 원인인 것처럼 논하는 것은 분명 문제가 있다. 오히려 문제가 되는 것은 규범 자체가 아니라 현실이다. 위 내용들을 통해 파악할 수 있는 바와 같이, 학생인권 조례는 학생들에게 새로운 인권이나 기본권을 창설하는 내용을 담고 있지 않고, 이러한 조례가 없더라도 당연히 보장되어야 하는 인권의 구체적인 목록들을 나열하고 있을 뿐이다.

실제 대부분의 학생인권 조례들이 그러하지만, 「경기도 학생인권 조례」 제1조는 "이 조례는 「대한민국헌법」 제31조, 「유엔 아동의 권리에 관한 협약」, 「교육기본법」 제12조 및 제13조, 「초·중등교육법」 제18조의4에 근거하여 학생의 인권이 학교교육과정에서 실현될 수 있도록 함으로써 인간으로서의 존엄과 가치 및 자유와 권리를 보장하는 것을 목적으로 한다"고 밝히고 있다. 즉 헌법과 법률의 가치를 실현하기 위한 내용을 담고 있을 뿐이다. 또한 이러한 학생인권 조례가 학생 인권만을 일방적으로 강조하고 있지 않다. 즉 「경기도 학생인권 조례」는 곳곳의 내용상 학생 인권의 제한이 이루어질 수 있다는 점을 언급하고 있는데, 일반적 원칙으로는 동 조례 제3조 제2항에 "학생의 인권에 대한 제한은 인권의 본질적 내용을 침해하지 않는 최소한의 범위에서 교육의 목적상 필요한 경우에 한정하여 학생이 그 제정·개정에 참여한 학칙 등 학교 규정으로써 할 수 있다"는 인권 또는 기본권 제한상의 과잉금지의 원칙을 규정하고 있다. 그리고 「경기도 학생인권 조례」는 학생의 책무에 대해서도 명시하고 있는데, 동 조례 제4조 제3항은 "학생은 인권을 학습하고 자신의 인권을 스스로 보호하며, 교장 등 타인의 인권을 존중하기 위하여 노력하여야 한다"는 점도 총론적 책무 조항으로 강고하고 있다.

결론적으로 학생 인권 보장을 위한 학생인권 조례를 최근 발생하고 있는 다양한 학교 현장에서의 문제 원인으로 지목하는 것은 타당하지 않다. 이러한 태도는 인권과 인권 보장의 문제를 법적인 또는 도구적인 관점으로 접근하는 데에서 발생하는 것이다. 학생인권 조례의 규범적 위상과 본래의 취지를 감안해 본다면, 오히려 이를 통해 상호 조화로운 인권 존중의 상황을 어떻게 실현시킬 것인지의 현실적인 문제를 고민해 보아야 한다. 실제 학생인권이 온전히 존중될 때, 교육 현장에서는 인권 보장의 필요성과 중요성이 수용될 수 있으며, 그 결과 교사 인권 및 교권도 존중 받는 문화가 형성될 수 있을 것이다.[5]

(3) 학교폭력 예방 및 대응절차

학교폭력의 문제는 학교 현장에서 학생 인권을 보장하는 데 있어 중심적인 사안이라고 할 수 있다. 학교폭력 사안에 관해 규율하고 있는「학교폭력예방 및 대책에 관한 법률」제1조는 "이 법은 학교폭력의 예방과 대책에 필요한 사항을 규정함으로써 피해학생의 보호, 가해학생의 선도·교육 및 피해학생과 가해학생 간의 분쟁 조정을 통하여 학생의 인권을 보호하고 학생을 건전한 사회구성원으로 육성함을 목적으로 한다"고 동법의 목적을 기술하고 있다. 즉 이 법의 궁극적인 목적을 학생 인권의 보호, 그리고 이를 통해 건전한 사회 구성원으로 길러내는 데 두고 있다. 단순한 학교폭력 대응뿐만 아니라 교육적인 취지도 내포하고 있는 것이다.

과거에는 학교폭력 사안은 공식적인 제도적 절차가 아니라 학교(장)의 재량에 의해 처리되는 경우가 많았다고 할 수 있다. 그러다보니, 처리 절차가 다분히 자의적으로 진행되는 경우가 많았고, 그 처리 결과 또한 공정하지 못한 경우도 자주 발생했다고 볼 수 있다. 따라서 학교폭력으로부터 학생을 보호하고, 이를 통해 학생 인권을 보장하기 위한 목적으로「학교폭력예방 및 대책에 관한 법률」이 제정된 것이다.

「학교폭력예방 및 대책에 관한 법률」의 규율 대상으로 하는 학교폭력은 "학교 내외에서 학생을 대상으로 발생한 상해, 폭행, 감금, 협박, 약취·유인, 명예훼손·모욕, 공갈, 강요·강제적인 심부름 및 성폭력, 따돌림, 사이버폭력 등에 의하여 신체·정신 또는 재산상의 피해를 수반하는 행위"를 의미한다(동법 제2조 제1호). 이러한 학교폭력의 개념에는 물리적인 폭력뿐만 아니라 정신적인 폭력까지 광범위하게 포함하고 있는 특성을 가진다. 무엇보다도 이러한 학교폭력의 개념에서 유의하여야 하는 점은, 이 법이 대상으로 하는 폭력이 비단 학교 안에서만 발생하는 것만을 의미하는 것이 아니라, 학교 밖에서 이루어진 폭력도 포함한다는 점이다. 이 지점은 현실적으로 학교 및 교사의 학교폭력 대응 업무의 어려움을 가중시킨다는 것이 일반적인 평가이다.

또한 「학교폭력예방 및 대책에 관한 법률」은 단순히 학교폭력이 발생했을 때의 대응만을 규율하는 것은 넘어, 학교폭력을 예방하기 위한 다양한 정책추진과 이를 위한 추진체계 구성에 관해 규율하고 있다. 이 법은 교육부장관으로 하여금 전체 국가 차원의 학교폭력 예방 및 대응정책에 관한 기본계획 수립에 관해 규정하고 있으며(제6조), 국무총리 소속의 "학교폭력대책위원회"(동법 제7조), 지방자치단체 차원의 "학교폭력대책지역위원회"(제9조), 교육지원청 수준의 "학교폭력대책심의위원회"(동법 제12조) 등의 추진체계도 명시하고 있다. 이와 더불어, 또한 특징적인 규정으로 '학교전담경찰관'에 대해서도 규정하고 있는데, 「학교폭력예방 및 대책에 관한 법률」 제20조의6 제1항은 "국가는 학교폭력 예방 및 근절을 위하여 학교폭력 업무 등을 전담하는 경찰관을 둘 수 있다"고 정한다. 이러한 전반적인 체계는 실제 교육이 이루어지는 단위학교에서부터 해당 지방자치단체, 그리고 교육부까지에 이르는 종합적인 양상을 보여주는데, 이는 그만큼 학교폭력의 예방과 대응 업무가 가지는 중요성을 나타내는 것이라고 할 수 있다.

학교폭력 대응에 있어 무엇보다 중요한 것은 피해학생의 보호와 가해학생에 대한 조치라고 할 수 있다. 피해학생의 보호와 관련해서는 「학교폭력예방 및 대책에 관한 법률」 제16조 제1항은 심의위원회(학교폭력대책심의위원회)는 피해학생의 보호를 위하여 필요하다고 인정하는 때에는 피해학생에 대하여 학내외 전문가에 의한 심리상담 및 조언, 일시보호, 치료 및 치료를 위한 요양, 학급교체, 그 밖에 피해학생의 보호를 위하여 필요한 조치 등의 조치를 할 것을 교육장에게 요청할 수 있도록 하고 있다. 또한 이의 전제로 특별한 사정이 없으면 지체 없이 가해자(교사를 포함한다)와 피해학생을 분리하여야 한다고 규정하고 있다.

가해학생에 대한 조치와 관련해서 「학교폭력예방 및 대책에 관한 법률」 제17조 제1항은 심의위원회는 피해학생의 보호와 가해학생의 선도·교육을 위하여 가해학생에 대하여 피해학생에 대한 서면사과, 피해학생 및 신고·고발 학생에 대한 접촉·협박 및 보복행위의 금지, 학교에서의 봉사, 사회봉사, 학내외 전문가·교육감이 정한 기관에 의한 특별 교육이수 또는 심리치료, 출석정지, 학급교체, 전학, 퇴학처분 등의 조치를 할 것을 교육장에게 요청하여야 한다고 규정하고 있다. 다만 여기서 퇴학처분은 의무교육과정에 있는 가해학생에 대하여는 적용하지 않는다고 정하고 있다.

그런데 이상과 같은 조치에 당사자들이 동의하지 않는 경우, 그 당사자는 해당 교육청 행정심판위원회에 행정심판을 청구하게 된다. 행정심판은 행정청의 위법·부당한 처분이나 부작위로 권리나 이익을 침해받은 국민이 행정심판위원회에 제기하는 권리구제 절차를 의미한다(「행정심판법」 제1조 및 제6조). 학교폭력 사안의 경우 위에서 언급한 심의위원회(학교폭력대책심의위원회)의 피해학생에 대한 보호 조치 및 가해학생에 대한 조치에 이의가 있는 경우, 당사자 학생과 그 보호자는 행정심판을 청구할 수 있는 것이다(「학교폭력예방 및 대책에 관한 법률」 제17조의2 제1항). 관련 행정심판의 절차는 일반적인 행정심판과 동일한데, 그 절차는 아래 그림과 같다.6)

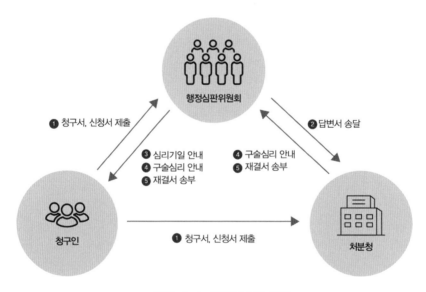

그림 6 | 행정심판의 절차

이상과 같은 행정심판 절차와는 별도로, 행정소송도 제기할 수 있다. 이는 「학교폭력예방 및 대책에 관한 법률」 제17조의3에 규정되어 있는 바와 같다. 또한 당연히 학교폭력과 관련해서는 민사 및 형사 재판의 청구가 가능하다. 여기에서 교사의 경우에도 그 지도·감독 하에 있는 학생의 가해행위로 인하여 발생한 손해를 배상

할 책임을 지게 되는 경우가 있다. 즉 가해행위가 발생한 사안이 '학교에서의 교육활동 및 이와 밀접한 생활관계인 경우'(교육활동과 밀접불가분의 관계가 있는지 여부)이고 교사가 '학교폭력이 발생할 것을 알았거나 알 수 있는 경우'(예견가능성)에 한하여 책임을 부담한다.[7]

이상과 같은 맥락은, 학교폭력 예방 및 대응의 사회적 필요성에 따라 학교폭력 사안이 단순한 인권보장을 위한 소통적 차원이 아니라 법적 분쟁의 수준에서 처리되고 있는 상황을 보여주는 것이라고 할 수 있다. 실제 「학교폭력예방 및 대책에 관한 법률」 제정 당시에는 동법이 학교폭력을 실질적으로 해소하기보다는 오히려 학교를 법적분쟁의 장으로 만들게 될 것이라는 우려가 존재했던 것이 사실이다. 결과적으로 이러한 우려는 일정부분 현실화되었다는 것이 일반적인 평가이다. 그렇다고 하여 현재 법제화된 학교폭력 처리 절차를 단순히 부정하거나 폐지하는 것은, 현재 상황에서는 역설적으로 또한 타당하지 않은 상황이 되었다고 할 수 있다. 이렇게 될 경우 오히려 현장의 자율적 대응이 제대로 이루어지기보다는 혼선만을 가중시킬 수 있는 상황이 되었기 때문이다.

결과적으로 학교 현장에서의 학교폭력 대응 사안은 법적 제도화로 인하여 아포리아에 빠지고 말았다. 실제 학교폭력 사안 처리 등과 관련한 교사들의 업무 부담 가중 자체가 교권을 침해하는 경우가 종종 발생하고 있다. 즉 법률 전문가가 아닌 교사들의 입장에서는 매우 형식적인 법적 절차의 진행에 부담을 느낄 수밖에 없으며, 이는 결국 교권, 더 나아가서는 교사들의 인권을 저해하는 결과까지 불러일으키고 있다.

따라서 향후 학교폭력 사안을 인권적인 관점에서 접근하기 위해서는 가해학생과 피해학생 간의 실질적인 소통(조정 등)을 통한 사안의 해결은 물론이고, 그 과정에서 교사들의 교육적 전문성을 발휘할 수 있는 방향으로 제도 운영 및 개선이 이루어질 수 있도록 해야 할 것이다. 법적 권리가 아닌 인권의 영역에서는 '법제화의 역설'이 항시 발생할 수 있다는 점에 유의해야 할 필요가 있다.

3 | 교사의 인권보장

(1) 교사 인권

교사도 당연히 인격 주체로서 인권을 가진다. 최근 이러한 교사들의 인권이 관심을 받게 된 것은 2023년 서울의 한 초등학교 교사의 안타까운 사건이 계기가 된 측면이 있다. 과거 권위주의적인 교사와는 달리, 현재의 교사들은 다양한 학교 내외부적 압력에 시달리고 있다는 점이 속속 드러나면서, 교사 인권 보장에 관한 관심이 높아지고 있는 것이다.

교사들의 인권 보장은 학생의 인권 보장과 마찬가지로 사안이 그리 단순하지 않다. 이는 기본적으로 학교 교육 현장의 상황적 특수성으로 인한 것이기도 하거니와, 더 나아가 교사가 가지는 특수한 신분적 요인으로부터 기인하는 것이다. 일부 예외가 있는 경우도 있지만, 교사는 기본적으로 공무원(「교육공무원법」) 또는 그에 준하는 지위를 가지기 때문에, 법치주의 및 법치행정의 원리상 이들의 교육 활동은 다양한 법률적 요건들을 전제로 이루어진다. 그런 의미에서 학생 인권 보장의 문제를 넘어 더욱 복잡한 논의 지형을 보여준다고 할 수 있다.

교사의 인권과 관련하여 다소 혼선을 줄 수 있는 것이 바로 '교권' 개념이다. 이러한 교권 개념은 엄밀히 보자면 인권보다는 좀 더 협소한 법적 권리 차원의 것이라고 할 수 있다. 교권은 기본적으로 교사로서의 지위를 가지는 자들이 자신의 교육활동을 법적으로 보장 및 보호받을 수 있는 법적 권리를 뜻하는 것이다. 물론 이러한 교권에 대해서는 현행 법률 어디에도 명시적으로 개념정의 하고 있는 바가 없다. 이에 착안하여 일부 견해들은 교권을 법률적으로 명시해야 한다는 논의를 제기하고는 있으나, 법적 권리의 유무는 반드시 법률상의 명시 여부를 기준으로만 판단할 수 있는 것이 아님은 당연하다. 오히려 특정 직무와 관련한 법적 권리는 관련 법규범들의 종합적·체계적 해석을 통해 도출되는 경우가 일반적이라고 할 수 있다.

우선 「헌법」 제31조상의 교육을 받을 권리에 대해서 규정하고 있다. 동법 제31조 제4항에서는 "교육의 자주성·전문성·정치적 중립성"을 언급하면서 교육의 특수성을 강조하고 있으며, 더 나아가 동조 제6항에서는 "학교교육 및 평생교육을 포함한 교육제도와 그 운영, 교육재정 및 교원의 지위에 관한 기본적인 사항은 법률로 정한다"라고 규정함으로써, 교원의 지위에 대한 헌법적 배려를 표명하고 있다. 이를 바탕으로, 「교육기본법」 제14조 제1항은 "학교교육에서 교원(敎員)의 전문성은 존중되며, 교원의 경제적·사회적 지위는 우대되고 그 신분은 보장된다"고 규정하고 있는데, 이는 단순히 신분상의 지위를 규정하고 있는 것을 넘어 궁극적으로 교육활동 보장에 관한 교사의 권리, 즉 교권의 보장을 명시하고 있는 것이다. 이밖에도 「초·중등교육법」상의 교원 및 학생 생활지도 관련 규정, 「교원의 지위 향상 및 교육활동 보호를 위한 특별법」의 전반적인 내용과 취지는 '교권'을 상황적 맥락에 따라 구체화하는 데 근거가 될 수 있는 법규범이라고 할 수 있다.

다만 교사 인권과 교권의 문제가 함께 논의되는 것은, 법적 권리로서 교권의 현행법상 문제점과 한계를 극복하는 데 있어, 특정한 맥락에 처한 인격적 주체로서 보장받아야 하는 인권적 내용 및 관념이 많은 시사점을 제공해 줄 수 있기 때문이라고 할 수 있다. 즉 보다 근원적인 인권을 학교 현장에 종사하고 있는 교사에게 어떻게 인정해줄 수 있을 것인지의 문제라고 할 수 있다. 이러한 측면에서 인권의 역할과 법적 권리의 역할이 상이하다는 점을 재차 확인할 수 있다.

교사의 교권 보장을 위한 법적 제도화는 교사의 인권 보장을 보다 현실화하는 데 도움을 줄 수 있다. 다만 이 지점에서 유의해야 하는 것은, 단순한 법적 권리의 명시나 강화만으로 교사들의 실질적 인권이 보장되지 않을 수 있다는 점이다. 인권의 보장은 매우 종합적인 상황 고려가 이루어질 때 실질적으로 보장될 수 있다. 즉 형식적인 법문상의 권리 명시만 중요한 것이 아니다.

예를 들어, 최근 「초·중등교육법」 제20조의2 제1항은 "학교의 장과 교원은 학생의 인권을 보호하고 교원의 교육활동을 위하여 필요한 경우에는 법령과 학칙으로 정하는 바에 따라 학생을 지도할 수 있다"고 명시하고 있다. 이에 더하여, 2023년에는 동조 제2항에 "제1항에 따른 교원의 정당한 학생생활지도에 대해서는 「아동복지법」 제17조 제3호, 제5호 및 제6호의 금지행위 위반으로 보지 아니한다"로 규정하기에 이르렀고, 이는 소위 '학생생활지도권'을 명시한 것으로 알려져 있다. 「아동복지법」 제 17조 제3호, 제5호 및 제6호는 각각 신체적 학대행위, 정신적 학대행위, 방임행위 등을 금지하는 내용을 담고 있다.

즉 종래 교사들의 학생생활지도 행위가 아동학대 등으로 비화하는 상황이 빈번하게 발생하면서, 이러한 상황을 개선하고자 하는 입법이 이루어진 것이다. 이러한 「초·중등교육법」 제20조의2 제2항의 내용은 전적으로 타당하다. 그런데 문제는 이러한 규정이 없더라도 관련 법령을 제대로 해석한다면 이러한 권리와 권한을 교사가 가지는 것은 당연하다. 그럼에도 이러한 내용을 법제화한 것은 향후 사법부의 법해석을 일부 개선하는 데 영향을 줄 수 있을 것이다. 그러나 이는 반대로 법률상 명확한 규정이 없으면 교권을 법적으로 보장할 수 없다는 선례 또한 될 수 있을 것으로 보인다. 따라서 중요한 것은 법규범 그 자체가 아니라 교사의 인권과 그 현실이라고 보아야 한다.

(2) 교권보호 4법

2023년 한 교사의 죽음으로 교권 보호에 관한 논의가 심화되면서, 그 결과 정부와 국회는 소위 '교권보호 4법'을 2023년 9월 27일 법제화하였다. 교권보호 4법은 「교육기본법」, 「초·중등교육법」, 「유아교육법」, 「교원의 지위향상 및 교육활동 보호를 위한 특별법」 등 4개 법률에 규정된 교원의 교육활동 및 교권보호 관련 조항을 의미한다. 즉 교권 보호와 보장을 위하여 유관 법률들을 개정한 것이다.

실제 이러한 교권보호 4법의 개정은 매우 다수의 조문들이 개정되었기 때문에, 일의적으로 그 내용을 파악하기 어려운 측면이 있다. 따라서 이하에서는 최근 논란의 쟁점이 되고 있는 상황들을 중심으로 교권 보호를 위해 법제화된 내용들을 중심으로, 구체적인 조문을 제시하여 설명하고자 한다.

1) 교사의 교육 전문성 존중

한국의 교육에 관한 이념적 근간을 규정하고 있는 「교육기본법」 제13조 제3항의 개정이 있었다. 여기에서는 학부모 등 보호자들이 교사와 학교의 전문적 판단에 의거한 교육 및 지도활동을 존중토록 하여야 함을 명시하였다. 「헌법」 제31조에서 규정하고 있는 교육의 자주성·전문성·정치적 중립성 논제와 관련하여, 이러한 교육을 수행하는 주체인 교사 및 학교의 전문성을 수긍해야 한다는 당연한 원칙을 천명한 것이다. 이는 실제 학교 현장에서 교사의 전문적 교육활동을 폄훼하는 등의 일이 빈번하게 발생하면서 교사의 인격 및 인권에 관한 침해까지 이르는 상황을 전제로, 상황적 개선을 의도한 상징 입법의 일환이라고 할 수 있다.

〈교육기본법〉

제13조(보호자) ① 부모 등 보호자는 보호하는 자녀 또는 아동이 바른 인성을 가지고 건강하게 성장하도록 교육할 권리와 책임을 가진다.

② 부모 등 보호자는 보호하는 자녀 또는 아동의 교육에 관하여 학교에 의견을 제시할 수 있으며, 학교는 그 의견을 존중하여야 한다.

③ 부모 등 보호자는 교원과 학교가 전문적인 판단으로 학생을 교육·지도할 수 있도록 협조하고 존중하여야 한다.

---

2) 보호자의 교육 협력 의무

위와 유사한 맥락에서, 보호자의 교육활동 협력 의무 등을 명시하는 내용의 개정이 이루어졌다. 이는 구체적으로 관련 법률의 곳곳에 관련 내용을 명시하였는데, 「초·중등교육법」, 「유아교육법」에 관련 내용이 추가되는 형태를 취하고 있다. 이 또한 구체적인 입법이 없더라도 응당 이루어져야 하는 것이라는 점, 법률에 명시한다고 하여 강행적인 법적 효력을 가지기는 어렵다는 점에서 다분히 상징입법으로서의 성격을 가진다. 다만 교사의 인권이라는 측면에서는 모종의 가치 지향점을 명시한다는 긍정적인 효과가 있을 것으로 판단된다.

〈초·중등교육법〉

제18조의5(보호자의 의무 등) ① 보호자는 교직원 또는 다른 학생의 인권을 침해하는 행위를 하여서는 아니 된다.

② 보호자는 제20조의2제1항에 따른 교원의 학생생활지도를 존중하고 지원하여야 한다.

③ 보호자는 교육활동의 범위에서 교원과 학교의 전문적인 판단을 존중하고 교육활동이 원활히 이루어질 수 있도록 적극 협력하여야 한다.

〈유아교육법〉

제21조의4(보호자의 의무 등) ① 보호자는 교직원 또는 다른 유아의 인권을 침해하는 행위를 하여서는 아니 된다.

② 보호자는 제21조의3제1항에 따른 교원의 유아생활지도를 존중하고 지원하여야 한다.

---

③ 보호자는 교육활동과 돌봄활동의 범위에서 교원과 유치원의 전문적인 판단을 존중하고 교육활동과 돌봄활동이 원활히 이루어질 수 있도록 적극 협력하여야 한다.

3) 교장의 민원처리 책임

과거와는 달리 학부모 등의 민원처리 과정에서 교사들이 느끼는 중압감이 높아지고 있어, 이로 인한 문제점들이 다수 발생하고 있는 상황이다. 따라서 이에 대해서는 학교를 대표하는 교장의 책임을 명시함으로써 현장 교사들의 부담을 다소 경감시켜주고자 하는 법개정이 이루어졌다. 물론 이런 개정이 이루어진다고 하더라도 교사들의 민원 업무가 현격이 경감되는 것은 아닐 것이다. 오히려 보고의무 등이 더 강화될 가능성이 높고, 이로 인하여 교사들의 업무 부담이 가중될 수도 있을 것으로 보인다. 다만 이러한 규정의 개정을 통하여 민원에 대한 학교장의 개입 가능성을 명시함으로써, 추구 교사들의 업무 상황을 개선해 보고자 하는 취지인 것으로 보인다.

〈초·중등교육법〉
제20조(교직원의 임무) ① 교장은 교무를 총괄하고, 민원처리를 책임지며, 소속 교직원을 지도·감독하고, 학생을 교육한다.

〈유아교육법〉
제21조(교직원의 임무) ① 원장은 유치원 업무를 총괄하고 민원 처리를 책임지며, 소속 교직원을 지도·감독하고 해당 유치원의 유아를 교육한다.

4) 교원의 개인정보 보호

민원업무 처리 과정에서 현장 교사들은 민원 연락은 물론이고, 다양한 신변 위협에 노출되는 빈도가 높아지고 있다. 따라서 교사들의 개인정보에 대한 보호 필요성이 매우 높아지고 있는 상황이다. 물론 이러한 개인정보 보호의 문제는 개인정보에 관한 일반법이라고 할 수 있는 「개인정보 보호법」에 의해 당연히 규율되어야 하는 문제임에도 불구하고, 학교 현장에서의 교사 등에 관한 개인정보 처리에 대하 경각심을 불러일으키기 위하여 특별하게 규정한 것이라고 볼 수 있다.

〈초 · 중등교육법〉

제20조의3(교원 개인정보의 보호) 학교와 학교의 장은 교원의 전화번호, 주민등록번호 등 개인정보가 「개인정보 보호법」 및 「공공기관의 정보공개에 관한 법률」 등 관계 법률에 따라 보호될 수 있도록 필요한 조치를 하여야 한다.

〈유아교육법〉

제21조의5(교원 개인정보의 보호) 유치원과 원장은 교원의 전화번호, 주민등록번호 등 개인정보가 「개인정보 보호법」 및 「공공기관의 정보공개에 관한 법률」 등 관계 법률에 따라 보호될 수 있도록 필요한 조치를 하여야 한다.

---

5) 정당한 학생 생활지도의 보장

학부모들의 민원이 다양하게 제기되는 상황에서, 급기야 교사의 정당한 학생 생활지도에 대해서도 아동학대나 방임행위라는 이유로 법적 문제제기를 하는 경우가 빈번하게 발생하고 있는 상황이다. 따라서 이러한 문제에 실질적으로 대응하기 위한 입법적 개선이 이루어졌다. 물론 법원의 판단을 통해 최종적으로 당해 교사의 학생 생활지도가 위법적인 것이 아니라는 판결을 기대해볼 수도 있지만, 당초 그러한 문제제기 자체가 교사들에게는 업무 부담 또는 인격적 침해로 다가오는 경우가 대부분이다. 따라서 사전에 법률적으로 정당한 교사의 학생 생활지도를 보호하기 위해 상징적인 입법을 수행한 것이라고 할 수 있다.

〈초 · 중등교육법〉

제20조의2(학교의 장 및 교원의 학생생활지도) ① 학교의 장과 교원은 학생의 인권을 보호하고 교원의 교육활동을 위하여 필요한 경우에는 법령과 학칙으로 정하는 바에 따라 학생을 지도할 수 있다.

② 제1항에 따른 교원의 정당한 학생생활지도에 대해서는 「아동복지법」 제17조제3호, 제5호 및 제6호의 금지행위 위반으로 보지 아니한다.

〈유아교육법〉

제21조의3(원장 등 교원의 유아생활지도) ① 원장 등 교원은 유아의 인권을 보호하고 교원의 교육활동과 돌봄활동을 위하여 필요한 경우에는 법령과 유치원규칙으로 정하는 바에 따라 유아를 지도할 수 있다.

② 제1항에 따른 교원의 정당한 유아생활지도에 대해서는 「아동복지법」 제17조제 3호, 제5호 및 제6호의 금지행위 위반으로 보지 아니한다.

6) 악성민원에 대응한 직무수행 안정성 확보

교사의 정당한 학생 생활지도 활동에 대하여 그것이 아동학대 범죄로 신고 되었다는 이유만으로 직위해제 되는 사례가 지속적으로 발생하는 경우가 있으며, 그러한 신고 후 이루어지는 조사나 수사의 과정에서 교사가 겪게 되는 인권적 침해행위를 방지해야할 필요성이 있다. 따라서 「교원의 지위 향상 및 교육활동 보호를 위한 특별법」 개정을 통해 부당한 아동학대 신고로 인해 교사들이 고통이나 업무 부담을 느끼지 않도록 행정적인 절차를 개선하였다. 관련 사안에 관해 임용권자로 하여금 정당한 사유 없이 직위해제 처분을 하지 않도록 규정함과 아울러, 교육감이 당해 학생 생활지도 활동에 대한 정당성 여부에 대한 의견을 신속하게 제출토록 하여, 이를 조사나 수사에 반영하게 한 것이다.

〈교원의 지위 향상 및 교육활동 보호를 위한 특별법〉

제6조(교원의 신분보장 등) ① 교원은 형(刑)의 선고, 징계처분 또는 법률로 정하는 사유에 의하지 아니하고는 그 의사에 반하여 휴직·강임(降任) 또는 면직을 당하지 아니한다.

② 교원은 해당 학교의 운영과 관련하여 발생한 부패행위나 이에 준하는 행위 및 비리 사실 등을 관계 행정기관 또는 수사기관 등에 신고하거나 고발하는 행위로 인하여 정당한 사유 없이 징계조치 등 어떠한 신분상의 불이익이나 근무조건상의 차별을 받지 아니한다.

③ 교원이 「아동학대범죄의 처벌 등에 관한 특례법」 제2조제4호에 따른 아동학대 범죄로 신고된 경우 임용권자는 정당한 사유 없이 직위해제 처분을 하여서는 아니 된다.

제17조(아동학대 사안에 대한 교육감의 의견 제출) ① 교육감은 「유아교육법」 제21조의3제1항에 따른 교원의 정당한 유아생활지도 및 「초·중등교육법」 제20조의2제1항에 따른 교원의 정당한 학생생활지도 행위가 「아동학대범죄의 처벌 등에 관한 특례법」 제2조제4호에 따른 아동학대범죄로 신고되어 소속 교원에 대한 조사 또는 수사가 진행되는 경우에는 해당 시·도, 시·군·구(자치구를 말한다) 또는 수사기관에 해당 사안에 대한 의견을 신속히 제출하여야 한다.
② 제1항에 따른 의견 제출의 기한, 방법, 절차 등에 필요한 사항은 대통령령으로 정한다.

7) 교육활동 침해행위의 구체화

학부모 악성 민원이 반복적이고 지속적으로 제기되는 상황을 규율하기 위하여, 「교원의 지위 향상 및 교육활동 보호를 위한 특별법」상 교육활동 침해행위에 관련 내용을 처벌할 수 있는 근거 규정들을 명확히 함과 아울러, 침해행위의 유형에 이를 포함시키고자 한 것이다. 물론 기존에도(개정전 제15조 제1항) 유사 조문에 침해행위를 나열하고 있었지만, 이번 개정을 통해 별도의 조항을 신설하면서, 침해행위의 유형을 보다 구체화하였다. 물론 법리적으로만 따지면, 이러한 신설 내용들은 법원의 판결을 통해 관련 범죄 행위로 처벌되거나, 행정적으로 교육활동 침해행위로 평가 받을 수 있는 것이기는 하다. 다만 이번 개정은 상징적으로 이를 명확히 하고자 하는 취지를 가지는 것으로 보인다.

〈교원의 지위 향상 및 교육활동 보호를 위한 특별법〉
제19조(교육활동 침해행위) 이 법에서 "교육활동 침해행위"란 고등학교 이하 각급 학교에 소속된 학생 또는 그 보호자(친권자, 후견인 및 그 밖에 법률에 따라 학생을 부양할 의무가 있는 자를 말한다. 이하 같다) 등이 교육활동 중인 교원에 대하여 다음 각 호의 어느 하나에 해당하는 행위를 하는 것을 말한다.
1. 다음 각 목의 어느 하나에 해당하는 범죄 행위
   가. 「형법」 제2편 제8장(공무방해에 관한 죄), 제11장(무고의 죄), 제25장(상해와 폭행의 죄), 제30장(협박의 죄), 제33장(명예에 관한 죄), 제314조(업무방해) 또는 제42장(손괴의 죄)에 해당하는 범죄 행위
   나. 「성폭력범죄의 처벌 등에 관한 특례법」 제2조제1항에 따른 성폭력범죄 행위

다. 「정보통신망 이용촉진 및 정보보호 등에 관한 법률」 제44조의7제1항에 따른 불법정보 유통 행위

라. <u>그 밖에 다른 법률에서 형사처벌 대상으로 규정한 범죄 행위로서 교원의 교육활동을 침해하는 행위</u>

2. 교원의 교육활동을 부당하게 간섭하거나 제한하는 행위로서 다음 각 목의 어느 하나에 해당하는 행위

가. <u>목적이 정당하지 아니한 민원을 반복적으로 제기하는 행위</u>

나. <u>교원의 법적 의무가 아닌 일을 지속적으로 강요하는 행위</u>

다. 그 밖에 교육부장관이 정하여 고시하는 행위

8) 교권보호 4법 개정의 의미

이상의 내용으로 볼 때, 교권보호 4법의 개정에서 가장 주안점을 둔 것은 학부모 등의 악성 민원제기로 인한 교사들의 인격권 등 인권 침해행위를 방지하고자 하는 목적이 가장 큰 것으로 판단된다. 최근 논란이 되고 있는 교권 침해의 원인을 악성 민원 등에서 찾은 것이다. 그리고 법률 개정의 대부분 내용들은 위에서 언급하지 않은 행정적 절차나 지원방안을 제외하면, 매우 상징적으로 당연한 내용을 실정화하는 수준의 개정이 대부분이라고 할 수 있다. 물론 이러한 개정이 전혀 의미 없는 것은 아니다. 교원 보호에 관한 실질적 관심을 촉구하고, 주의를 환기시키는 효과가 분명 존재할 것으로 보인다.

다만 교사의 인권과 교권의 보장이라는 측면에서 볼 때, 단순한 실정법 개정은 여전히 한계를 가진다. 교사의 법적 권리인 교권을 강화하고자 하는 것은 궁극적으로 교사의 인권을 현재의 상황과 맥락에 부합하는 방향으로 보장하기 위한 수단으로서의 성격을 가진다. 따라서 교권보호에 관한 입법적 개선에 그치는 것이 아니라, 교사의 인권 보장이 실질적으로 이루어질 수 있는 문화적·사회적·경제적 환경이 구축될 수 있는 방향으로 노력이 이루어져야 할 것으로 보인다.

(3) 교육의 정치적 중립성과 교권

교사의 인권 및 법적 권리로서의 교권의 체계 정립을 위해서는, 당사자로서 교사의 정치적 자유권이 보장되어야 한다. 그 이유는 이 사회 구성원으로서 당연히

자신의 입장에서 정치적 의사를 실현할 수 있는 기반이 존재해야 하기 때문이다. 그러나 현실적으로 교사들은 현행법 질서 속에서 엄격한 '교육의 정치적 중립성'을 요청받고 있다. 이로 인해 현실적으로는 교육에 관해 가장 전문성을 가지는 교육 수행의 담당자인 교사들이 교육에 관해 정치적 의견을 피력하지 않으려 할 뿐만 아니라, 제반 사회 문제 사안들에 대해서도 교사 스스로가 시민 역량을 발휘할 수 없게 된다. 이는 결과적으로 학교에서의 정치·시민교육도 비정상적으로 이루어지도록 하는 경향이 있다.

정치적 자유권은 하나의 인권임과 아울러, 「헌법」상 기본권으로서의 성격을 가진다. 「헌법」상 정치적 자유권은 실제 하나의 기본권 조항으로 존재하는 것이 아니라, 표현의 자유, 정당설립의 자유, 선거권, 공무담임권, 참정권, 청원권 등의 기본권 조항들에 의해 뒷받침 되는 것이다. 따라서 교사도 기본적으로는 정치적 주체로서의 정치적 자유에 관한 인권과 기본권을 가지는 것이라고 보아야 한다.

그러나 우리 「헌법」 제31조 제4항에서 교육의 자주성·전문성·정치적 중립성 보장을 명시하고 있다. 이 중 정치적 중립성은 정치적 자유권과 관련하여 다양한 형태의 제약을 발생시킬 수 있는데, 사실상 교육 현장에서는 기계적 중립성을 의미하는 것으로 이해되거나, 정치적인 것에 대해서는 언급을 삼가는 방식으로 귀결되고 있다. 이러한 교육의 중립성에 대해서는 「교육기본법」에 좀 더 구체적인 의미를 규정하고 있다. 즉 동법 제6조 제1항은 "교육은 교육 본래의 목적에 따라 그 기능을 다하도록 운영되어야 하며, 정치적·파당적 또는 개인적 편견을 전파하기 위한 방편으로 이용되어서는 아니 된다"고 규정하고 있다. 문의적으로만 보자면 교사의 교육 수행과 관련하여 편파적·파당적 견해를 전파하지만 않으면 되는 것으로 보이지만, 결과적으로는 정치적 의사를 피력하는 것 자체가 파당성을 가지는 것으로 평가 받을 우려가 크다. 이에 더하여, 교원은 원칙적으로 공무원으로서의 신분을 가지기 때문에, 「국가공무원법」의 규율을 받게 되는데, 공무원에게 요구되는 정치적 중립성 또한 교사에게 요청된다.

이러한 교사에 대한 정치적 중립성 준수 요청은 현실적으로 실제 교내의 교육 업무 수행에 관한 사항 보다는 교외의 정치활동과 관련하여 쟁점이 되는 경향이 있다. 헌법재판소는 실제 "감수성과 모방성, 그리고 수용성이 왕성한 학생들에게 교육공무원이 미치는 영향이 매우 크고, 교육공무원의 활동은 근무시간 내외를 불문하고 학생들의 인격 및 기본생활습관 형성 등에 중요한 영향을 끼치는 잠재적 교육과정의 일부분인 점 등을 고려"[8]해야 한다고 밝히고 있다.

이와 관련하여, 최근 초·중·고등학교 교사들이 정당 당원이나 발기인 자격에서 교원을 제외한 「정당법」 제22조, 교원은 그 밖의 정치단체 결성에 관여하거나 가입할 수 없다고 정한 「국가공무원법」 제65조제1항 등에 대해서 정치적 기본권 침해를 이유로 헌법소원을 제기한 바 있었다. 이에 대하여 헌법재판소는 2020년 4월 23일 「국가공무원법」과 「정당법」상의 교원의 정당가입제한은 합헌으로, 정당 외 정치단체의 결성과 가입제한은 위헌으로 결정하였다.[9] 이번 결정에서 정치 단체 결성 부분이 위헌으로 결정된 이유는 어디까지나 '그 밖의 정치단체' 부분이 명확성의 원칙을 위배했다고 보았기 때문이다. 따라서 실무적으로는 이 부분을 구체화하는 경우 위헌성이 치유된다고도 볼 수 있는 여지가 있다. 헌법재판소의 결정 결과상으로만 보자면, 이러한 헌법재판소의 결정은 상당히 중요한 의미를 가지는 것이라고 할 수 있다. 즉 교사의 정치단체 결성과 가입에 대하여 포괄적이고 전면적으로 금지하는 것을 위헌이라고 판단한 것은, 기본적으로 교사의 경우에도 기본적 정치적 자유권을 일률적으로 제한하는 것이 타당하지 않는다는 의미를 내포하기 때문이다.

결과적으로 현재 교사의 정치적 중립성에 관한 논란은 지속되고 있다. 이에 대해서는 교사 등 공무원에게 중립성을 요청한다는 것은 직무수행에 관한 정파적 압력으로부터 교육을 보호한다는 취지를 가지는 것으로 해석하는 것이 타당할 것이다.[10] 헌법재판소는 교사의 정치적 자유권 관련 결정에서 "공무원은 공직자인 동시에 국민의 한 사람이기도 하므로, 공무원은 공인의 지위와 사인의 지위, 국민 전체에 대한 봉사자의 지위와 기본권을 누리는 기본권주체의 지위라는 이중적 지위를 가진다"[11]고 수차례 밝히고 있다. 다만 교사에게 정치적 자유권이라는 기본권주체로서의 지위는 인정하되, 그러한 기본권은 충분히 제한할 수 있는 것이라는 논리가 전개되고 있는 것이다. 결국 이러한 제한은 「헌법」 제37조 제2항에 따라 법률로서만 제한할 수 있는 것이기 때문에, 향후 교사의 정치적 자유권 제한에 관한 개선 입법에 관한 논의가 지속적으로 이루어질 수밖에 없는 상황이라고 할 수 있다.

실제 교사의 정치적 자유권 보장은 비단 교사들의 정치적 표현의 자유나 발언권 확보의 측면에서만 중요성을 가지는 것이 아니라는 점을 재차 명확히 해야 할 필요가 있다. 법적 권리를 넘어 교사 인권의 보장이라는 측면에서 또한 중요성을 가지는 것은 바로 학교 현장에서의 교육활동이다. 「헌법」상 교육의 자주성과 전문성의 실현은 결국 교사의 교육활동을 통해 발현된다. 그런데 기계적인 정치적 중립성 또는 정치성의 배제라는 미명하에 교사가 이러한 자주성과 전문성을 발휘할 수 없고, 더 나아가 방해받게 된다면, 이는 궁극적으로 교사의 인격과 인권이 과도하게 제한 받는 상황이 초래될 것이다. 실제 현대적인 시민교육에서는 대체적으로 '억압 금지 원칙', '논쟁성 재현 원칙', '학습자 이익 상관성 원칙' 등이 중시되고 있으며,[12] 그 맥락에서 다양한 층위의 논쟁식 교수·학습방법이 강조되고 있는 상황이다. 이러한 맥락에서 정치적 중립성의 기계적이고 획일적인 적용은 교사로서의 원활한 전문적 교육활동의 과도한 제한이 될 수 있다.

미주

1) 조효제, 『인권의 지평: 새로운 인권 이론을 위한 밑그림』(후마니타스, 2016), 10면.

2) 교육부, 사회과 교육과정(교육부 고시 제2022−33호 [별책 7]), 2022.

3) 2024년 7월 4일 「서울특별시 학생인권 조례」가 최종적으로 폐지·되어, 현재는 총 5개의 지방자치단체(경기, 광주, 전북, 충남, 제주)가 학생인권 조례를 운영하게 되었다.

4) 전북특별자치도교육청 교육 인권 증진 기본 조례(2023), 인천광역시교육청 학교구성원 인권증진 조례(2021) 등.

5) 김범주, "적극적 학생인권의 달성과 전문적 교권 존중의 관계에서 학생인권조례 효용의 조절효과", 「입법과 정책」 제16권 제1호, 2024.

6) 교육부·이화여자대학교 학교폭력예장연구소, 학교폭력 사안처리 가이드북, 2024, 104면.

7) 교육부·이화여자대학교 학교폭력예장연구소, 학교폭력 사안처리 가이드북, 2024, 109면.

8) 헌재 2004. 3. 25. 2001헌마710; 헌재 2012. 7. 26. 2009헌바298 등.

9) 헌재 2020. 4. 23. 2018헌마551.

10) 교사를 넘어서서 공무원의 정치적 중립성 요청에 관해서는 이종수, "공무원의 정치적 기본권 보장 및 그 이후의 쟁점들에 대한 소고", 「국가법연구」 15(1), 2019, 3−6면.

11) 헌재 2020. 4. 23. 2018헌마551.

12) 심성보 외, 『보이텔스바흐 합의와 민주시민교육』(북벤토, 2018).

제11장

노동 인권

제11장

노동 인권

우 주 형

1 │ 노동자 인권의 현주소

(1) 노동기본권과 인권 현황

헌법에서 규정하여 보장하고 있는 노동자[1]의 기본적인 권리를 보통 '노동기본권(근로기본권)'이라고 한다. 노동기본권은 헌법상의 기본권 중에 노동자에게 속하는 기본권을 의미한다. 이러한 의미의 노동기본권은 헌법 제32조(근로의 권리)[2]와 제33조(노동3권)[3]가 규정하고 있으며, 이는 헌법 제10조의 "인간의 존엄과 가치"와 제11조의 "평등권"을 구체화한 노동 인권에 해당한다. 노동기본권은 노동자의 노동과 관계되는 기본권으로서 노동자의 생활과 관계되는 사회보장권과는 구별된다. 그러므로 노동기본권인 근로의 권리와 노동3권(근로3권)은 노동 인권의 핵심이며,

노동 인권의 본질은 인간다운 생활의 보장(헌법 제34조제1항)[4]이라 할 수 있다. 우리나라에서 노동기본권의 법적 전개과정을 살펴보면, 근로의 권리는 헌법이 개정될 때마다 그 내용이 확대되는 방향으로 개정되어 왔으나, 노동3권의 경우에는 단체행동권이 가장 많은 규제와 제한의 대상이 되어 왔다. 이는 노동기본권이 정치적 변화에 민감한 영향을 받아왔음을 말해주는 것이다.[5]

2000년대에 들어 세계 각국에서는 '일과 삶의 균형(work-life balance, 약칭 워라밸)'[6]이 사회적으로 주목받으면서 우리나라에서도 2017년 고용노동부에서 '일·가정 양립과 업무 생산성 향상을 위한 근무 혁신 10대 제안'이 발표되기도 하였다.[7] 그러나 2023년 기준 국내 연간 노동시간은 1874시간으로 경제협력개발기구(OECD) 평균보다 155시간 많아 OECD 국가 중 콜롬비아·멕시코·코스타리카·칠레에 이어 노동시간이 많은 순위로 5위를 차지하고 있다.[8] 한편 한국은 OECD 국가 중 세계 최악의 산재 국가로서 산재공화국이라는 오명으로 불리고 있으며, 「중대재해처벌법」[9]이 시행되기 시작한 2022년의 경우 우리나라 산재사고 사망만인율(노동자 1만명 당 산재 사고 사망률)은 0.43으로 OECD 평균 0.29 보다 1.5배 높은 수치를 여전히 나타내고 있다.[10] 진정한 워라밸은 장시간 노동의 단축과 노동자의 안전한 일터 보장에서부터 시작되어야 한다.

한편 1980년대 후반부터 외국인 노동자들이 한국 땅에 일을 하러 오기 시작하여 21세기 전반을 보내고 있는 현재 한국 땅에는 수많은 나라에서 온 이주노동자들이 살고 있다. 외국인노동자는 한국이 1988년 서울올림픽을 개최하면서 국제사회의 관심을 받게 되고, 3저 호황[11]으로 3D업종[12]을 비롯한 중소규모 제조업이 인력난을 겪게 되면서 유입되기 시작하였다. 1992년 한국과 중국의 공식 수교 이후에는 중국 동포의 이주노동이 시작되었다. 정부는 1993년 산업기술연수생제도, 2004년 고용허가제 등을 통해 외국인 노동력 조절정책을 시행하였으며, 중국, 구소련 지역 동포의 방문취업제를 도입하였다.[13] 코리안 드림[14]을 안고 한국에 온 외국인 이주노동자들은 차별과 저임금의 열악한 환경 속에서 그 꿈을 이루지 못하고 산업재해로 사망하는 일들이 꾸준히 발생하고 있다. 최근 발생한 경기도 화성 아리셀 공장 화재 사건[15]에서는 사망 노동자 23명 중 18명이 이주노동자로 밝혀져 사회적 충격을 주었다. 이는 이주노동자들의 노동 환경이 매우 열악함을 보여주는 한 단면이라고 할 것이다.

　우리나라 노동 여건은 한편으로는 상당한 개선이 이루어져 왔으나 그럼에도 불구하고 OECD 회원국 및 경제선진국과 비교하면 여전히 열악하다는 비판에 직면해 있다. 특히 비정규직 노동자 문제는 사회적으로 늘 큰 이슈가 되어 왔다. 노동 인권의 문제는 그 사회의 노동 현장의 모습이 동시대에 투영되어 나타나는 결과이며, 또한 사회변화에 따른 새로운 노동 인권 쟁점이 등장하기도 한다. 「2022 국가인권위원회 인권상황보고서」에 의하면, 2022년 한국 사회에서 관심을 끌었던 노동 분야 주제로서 '노동조합법 개정안(소위 노란봉투법)', '화물자동차운수사업법에 따른 업무개시명령 논란', '임금피크제', '아플 때 쉴 권리: 한국형 상병수당 시범 도입' 등을 들 수 있다.[16] 또 한편으로는 21세기에 정보통신기술의 발달로 인한 새로운 직업유형 내지 고용형태로서 플랫폼 노동자(종사자)에 대한 사회적 보호의 문제가 대두되고 있다. 플랫폼 노동자는 앱(App)이나 소셜네트워크서비스(SNS) 등 디지털 플랫폼을 매개로 노동이 거래되는 근로 형태에 종사하는 노동자를 의미한다. 정보통신기술의 발달로 스마트폰 사용이 일상화되면서 대리운전 앱, 배달대행 앱처럼 고객이 스마트폰 앱 등 플랫폼에 서비스를 요청하면 노동 제공자가 서비스를 제공하게 되는 형태이다. 실제로 우버, 요기요, 카카오드라이버, 띵동 등의 앱을 통해 배달 대행/대리운전 등을 하는 노동자들이 대표적인 플랫폼 노동자에 해당한다. 이러한 온라인 플랫폼(Online platforms)은 제품생산이나 서비스 자체 및 제품이나 서비스의 전달과정의 다양한 측면에서 영향을 미치고 있다. 그리고 노동 공급방식에도 영향을 미쳐 사용자·노동자·자영업자라는 고용관계의 구분 틀 자체를 모호하게 만들고 있다. 플랫폼 노동은 노무 제공자가 사용자에게 종속된 노동자가 아닌 자영업자이므로 특수고용 노동자와 유사하다는 이유로 '디지털 특수고용'으로도 불린다. 노동자가 아닌 자영업자로 분류되는 탓에 대우가 낮다. 또 앱의 특성상 관련된 사람들과 수수료를 분배해야 하는 것은 물론 신속함을 중시하는 탓에 사고 위험이 높다.[17] 온라인 쿠팡의 사례처럼 플랫폼 기업의 등장과 함께 온라인 플랫폼의 불공정행위 규제가 필요한 측면과 더불어 배달라이더 같은 플랫폼 노동자의 노동 인권 보호를 위해서도 특별법의 제정이 필요한 상황이 되었다.

　이처럼 21세기를 살아가는 한국의 노동 현실은 장시간 노동 및 산업재해와 같은 전통적인 노동문제와 함께 우리 사회에 고질화된 비정규직 문제, 또 4차산업의 발전과 노동시장 변화에 따른 새로운 노동직군의 등장으로 다양하고 복잡한 노동의 현안들을 생산해내고 있다. 이러한 현실 속에서 보여주는 노동자 인권의 현주소 역시 자본주의 사회가 해결해야 하는 지난한 과제임을 사회적 이슈들은 웅변해주고 있다고 할 것이다.

(2) 비정규직 노동자의 인권

비정규직 노동(근로)이란 일정한 기간이나 시간 동안 계약을 맺고 일하는 형태로 기업 입장에서는 인건비 절감이라는 장점이 있지만 노동자 입장에서는 고용 불안정과 차별적인 근로조건의 문제점들을 내포하고 있다. 비정규직 노동자는 역사적으로 볼 때, 산업화, 경제 변화, 글로벌화 등의 여러 시대적 상황에 따라 함께 등장하였고, 다양한 경제적, 사회적 배경 속에서 발전해 왔으며, 각국의 경제 정책, 산업 구조 등의 환경 요인에 따라 그 형태와 비중은 다르게 나타난다. 그러다보니 비정규직 노동자의 개념 역시 나라마다 비정규직의 정의와 범위기준이 다르기 때문에 일률적으로 말하기가 어렵다. 일반적으로 비정규직 노동자(atypical, non-standard, contingent worker)는 정규직 노동자(regular worker)와 비교하여 고용 형태, 근무 시간, 계약 기간, 고용 안정성 등의 측면에서 차이가 있는 노동자를 의미한다.18)

한국은 산업화 초기였던 1980년대 이전에는 일부 계절 노동자나 일용직 노동자가 비정규직의 모습으로 나타났지만, 1980~1990년대에는 경제성장과 함께 노동시장의 구조적 변화가 시작되면서 기업들은 생산비 절감과 유연한 인력 운용을 위하여 비정규직 노동자를 점차 늘리기 시작하였다. 1997년에 직면했던 IMF 외환위기는 한국 경제와 노동시장에 큰 충격을 주어 많은 기업이 구조조정을 단행하면서 대규모 해고 상황이 발생하였다. 이와 함께 경제 위기 극복을 위해 정부와 기업들은 노동시장의 유연성을 강조하게 되었고, 그 결과 비정규직 노동자가 급격히 늘어났다. 2000년대 들어서면서 비정규직 노동자의 권익 보호를 위한 법적, 제도적 장치가 마련되기 시작했으나,19) 여전히 많은 비정규직 노동자가 정규직과 동일한 수준의 보호를 받지 못하고 있다. 2010년대 이후, 비정규직 문제는 사회적, 정치적 이슈로 부각되었으며, 정부와 노동단체는 비정규직의 정규직 전환, 임금 및 복지 격차 해소를 위한 다양한 노력을 기울이고 있다. 또한 21세기에 나타난 노동시장의 새로운 특징으로 플랫폼 노동(예: 배달, 택시 등)과 같은 새로운 형태의 비정규직 노동도 증가하고 있다.

통계청의 '2023년 8월 경제활동인구조사 근로형태별 부가조사 결과' 자료에 따르면, 2023년 8월 기준 비정규직(기간제＋비기간제＋시간제＋비전형 노동)[20] 비율은 전체 임금 노동자 중 37.0%(812만2천명)로 근로자 3명 중 1명꼴이며,[21] 남성 비정규직은 29.8%, 여성 비정규직 45.5%로 여성이 남성에 비해 1.5배나 비정규직 비율이 높음을 알 수 있다.[22] 비정규직을 근로형태별로 나눠 보면, 2023년 시간제 노동자(1주 36시간 미만 근무)가 387만3천명(전체 비정규직의 47.7%)으로 전년 대비 18만6천명 증가하였다. 시간제 중에서 남자(114만3천명)는 1만7천명, 여자(273만1천명)는 16만8천명 급증한 것이다. 비정규직에서 시간제가 차지하는 비중은 2019년 42.2%에서 2023년 47.7%로 늘어나 역대 최대가 되었다. 이렇게 시간제 노동자가 늘어나는 것은 고용의 양적 증가를 보여주는 것이지만 결과적으로는 일자리의 질을 악화시키는 것으로 볼 수 있다.[23] 한편 월평균임금(2023년 8월 기준)은 비정규직의 경우 195.7만 원으로 정규직 노동자 362.3만 원의 54.0% 수준으로 나타나 있다.[24]

표 8 | 2021~2023년 정규직 및 비정규직 노동자 비교

	2021년			2022년			2023년		
	규모 (천명)	비중 (%)	월평균 임금 (만원)	규모 (천명)	비중 (%)	월평균 임금 (만원)	규모 (천명)	비중 (%)	월평균 임금 (만원)
정규직 노동자	12,927	61.6	333.6	13,568	62.5	348.0	13,832	63.0	362.3
비정규직 노동자	8,066	38.4	176.9	8,156	37.5	188.1	8,122	37.0	195.7

※ 통계청의 국가통계포털(KOSIS) 자료로 재구성함.

1997년 외환위기 이후 비정규직의 개념 및 범위를 둘러싸고 논란이 일어나면서 '경제사회발전노사정위원회'[25]의 비정규 근로자 특별위원회는 2002년 7월 비정규직 근로자를 고용형태에 의해 한시적 근로자 또는 기간제 근로자, 시간제 근로자, 파견, 용역, 호출(일일), 특수고용, 가정 내 근로자 등의 형태로 종사하는 근로자로

규정하고 있다.[26] 우리나라에서 외환위기 이후 비정규직 노동자 문제는 주요한 사회 이슈가 되어 왔다. 비정규직 노동자는 정규직에 비해서 열악한 대우(최저임금 수준의 임금, 휴식시간이 거의 없는 지나친 업무 강도 등), 계약기간이 만료되면 더 이상 일할 수 없는 불안정한 고용, 원청업체가 하청업체를 통해 노동자를 고용하는 간접고용의 경우 노동운동을 이유로 하청업체가 직장의 문을 닫아버림으로써 사실상 노동자를 해직시키는 부당해고 같은 노동자의 인권을 무시한 고용환경 등으로 인하여 많은 불이익을 받아왔다.[27]

비정규직에는 전통적으로 노동시장의 주변계층이라고 할 수 있는 저학력, 미숙련, 여성, 청년 및 노년 노동자와 계절적인 서비스업 노동자, 단순노무 종사자, 건설노동자 등이 종사할 확률이 높다. 비정규직 노동자는 노동시장 안에서 규모가 꾸준히 커져 왔지만 정규직에 비해 상대적으로 낮은 임금과 열악한 근무조건, 그리고 극심한 고용불안에 시달리고 있고 사회보험과 각종 기업복지 급여에 있어서도 부분적 혹은 전면적으로 배제되고 있는 실정이다. 또한 비정규직 노동자들의 상당부분이 조직화되어 있지 못함에 따라 이들의 경제적·사회적 이익을 대변할 수 있는 방법이 구조적으로 봉쇄되어 있다는 것도 문제이다. 무엇보다도 비정규직의 증가는 노동계급 내부의 이질성을 심화시키고, 기업규모나 업종에 따라 분절되어 있는 기존의 노동시장을 취업형태에 따라 또 다시 분절시킴으로써 경제적 및 정치적 주체로서 그들의 영향력을 약화시키면서 노노갈등을 발생시키기도 하였다.

원래 비정규직 제도는 노사 양측의 권익이 고려됨으로써 노동유연화정책이 추구하는 본래의 목적 즉, 사용자에게는 비용절감 및 노동인력조정의 신축성을 제공해 주고, 근로자에게는 시간 스케줄, 능력, 기술수준에 따라서 근로할 수 있게 해주며, 국가경제 전반적으로는 노동의 효율적 이용과 생산성의 향상을 가져오고자 하는 측면이 있다. 그러나 비정규직 고용의 남용을 방지하는 장치가 마련되지 않으면 사용자의 편익만 고려될 수 있으며, 열악한 노동력을 보유한 노동자들은 비정규직으로 계속 고용될 가능성이 많아 빈곤의 늪에서 탈출하기 어려워 계층 간 소득격차를 심화시켜 사회적 위화감을 조성하고 사회통합을 저해할 수 있다.

우리나라 노동시장에서 비정규직 노동자의 비중이 큰 것은 최근의 일이 아니며, 이미 1980년대 중반 임금노동자 중 비정규직의 비율이 40%를 넘어섰고, 특히 1997년 IMF 경제위기 이후 발생한 심각한 실업문제와 고용불안은 노동유연성 강

화와 신규고용 억제에 따른 청년실업 확대 등으로 비정규직의 급속한 확대를 가져
왔다. 외환위기 극복과정에서 도입한 정리해고제 및 파견근로제와 같은 노동시장
유연화 정책을 노동자단체 등에서 반대하였지만 '환란극복'에 필요한 외채협상이라
는 긴박한 상황을 외면하기 어려워 수용할 수밖에 없었던 측면이 있다. 그러나
1998년 정리해고제와 근로자파견제가 합법화되면서 기업이 노동시간, 임금에 관한
유연성 강화 등 노동자의 희생을 극대화시키는 방향으로 구조조정을 이끌어 나가
면서 비정규직 노동자가 크게 증가되었다. 이렇듯 비정규직 노동자 문제는 전국 차
원의 노사관계의 대립 지점으로 부각되고, 개별기업 차원에서도 비정규직 노동자
의 조직화와 근로조건 개선을 둘러싸고 노사간 단체교섭의 핵심 쟁점이 되며, 정규
직 노동자와 비정규직 노동자 간의 노노갈등으로 표출되기도 한다.

대법원, '또' 현대차 비정규직 불법파견 판결

　대법원이 2015년 2월 26일, 현대차 아산 공장에서 일하던 비정규직 7명이 제기
한 근로자 지위 확인 소송 상고심에서 2년 초과 근무한 4명에 대해 현대차의 근로
자임을 인정한다는 승소 확정 판결을 내렸다. 지난 2007년 1심을 시작으로 2심에
서도 판결한 정규직 인정과 불법파견 판결을 받아들인 판결이다. 이번 대법원 판
결은 지난 2010년 7월 현대차 울산 공장에서 일하던 비정규직 최모씨가 대법원으
로부터 승소 파기 환송 판결을 받은 후 2012년 2월 확정 판결을 받은 것과 같은
맥락이다. 또한 2014년 9월 18~19일 서울중앙지법이 이 판결에 기인해 제기한 집
단 소송에서 1,200여 명 전원에 대해 정규직 인정 판결을 내린 것과도 같은 의미
라고 볼 수 있다. 문제는 오랜 기간 끌어온 소송에서 승소한 비정규직들에게 여전
히 법원의 판결이 제대로 적용되지 않고 있다는 것이다. 현대차 회사 측은 대표 소
송으로 정규직을 인정한 대법원 판결은 당사자에게만 국한하고, 1심의 집단 소송
승소는 2심과 대법원 최종 판결을 기다린다는 이유로 애써 외면하고 있다. 그러는
사이 손해 배상 소송에 따른 경제적 고통이 비정규직들에게 가중되고 있다. 더불
어 비정규직을 도와 법원 판결 이행에 앞장서야 할 정규직 노조는 오히려 회사
측과 소송을 포기하는 조건의 신규 채용에 합의하면서 법 취지를 무색하게 하고
있다.

　문제는 현대차 회사 측이 잇따른 법원의 정규직 인정 판결에도 법 이행을 외면
하고 있다는 점이다. 특히 국내 최대 노조인 현대차 정규직노조가 회사 측과 함께

신규 채용을 용인하는 합의안을 만들었다는 점이다. 현대차 회사 측과 정규직 노조는 비정규직 울산 지회의 반발에도 비정규직 아산 지회와 전주 지회와 함께 지난해인 2014년 8월 18일 '신규채용과 소송 포기'를 전제로 한 합의를 이끌어 냈다. 하지만 소위 이같은 '8·18 합의'가 정규직 인정 집단 소송 판결이 예정된 8월 21을 불과 3일 앞두고 진행됐다는 점을 두고 각계에서 의문이 제기됐다. 이 합의의 영향으로 집단 소송 판결이 한 달간 연기되기도 했다. 현대차 회사 측은 8·18 합의를 근거로 비정규직을 대상으로 신규채용을 강행하면서 비정규직 간의 갈등을 부추기고 법원의 판결 취지를 무색하게 하고 있다.

노동계도 갈팡질팡하는 모습이다. 금속노조 홈페이지에는 '비정규직 양산하는 도급화 철회하라'는 문구가 걸려 있다. 법원이 잇따라 내린 불법파견 판결과 맥을 같이 하는 것이다. 하지만 금속노조는 현대차 회사와 정규직 노조의 신규채용 합의를 대의원 대회에서 폐기를 결정하고도 일부 간부들이 다시 '이 합의를 존중한다'는 공식 입장을 내면서 혼란을 야기했다. 이를 두고 노동계 일각에서는 "금속노조 집행부가 현대차 정규직 노조의 눈치를 보고 있다"는 지적이 나온다. 10년 이상 우리 사회의 소모적 논란을 양산한 현대차 비정규직 불법 파견 문제를 법원의 판결대로 해결하기 위해서는 대기업 정규직 노조의 결단이 필요하다는 목소리가 나오는 이유이다.

<오마이뉴스 2015.02.26. 기사인용 >

비정규직 노동자 문제의 핵심은 정규직 노동자와 비교해 유사한 일을 하면서도 임금, 근로시간, 근무환경, 복지 등에서 차별을 받는다는 점이다. 또한 일반적으로 비정규직 노동자는 정규직에 비해 소규모기업에 더 많이 고용되어 있으며, 여성의 비율이 높고, 연령층도 높은 편이다. 우리나라의 경우 기간제 근로자보다 단시간근로자의 비율이 높은 다수의 외국 국가들에 비해 기간제 근로자의 비중이 높고 단시간근로자의 비율은 상대적으로 낮은 특성이 있다.[28]

비정규직 노동자 김용균씨 사망 사건

2018년 12월 10일 밤 한국발전기술 소속 비정규직 노동자 김용균씨(당시 24세)가 태안화력발전소 석탄 이송 컨베이어 벨트에 끼어 현장에서 사망하는 참사가 발생했다. 떨어진 석탄을 치우려다 사고가 난 것으로 밝혀졌으며, 시신은 4시간여 뒤인 12월 11일 새벽 경비원에 의해 발견됐다. 발견되었을 때는 이미 심각하게 훼손된 상태였다. 경찰은 한국발전기술 관계자가 "야간에 2인 1조로 근무하는 게 원칙이지만, 회사의 인력 수급 문제로 1명씩 근무했다"고 진술함에 따라 도급업체와 한국서부발전을 상대로 안전규정 준수 여부를 확인하였다.

이 사건은 이른바 '위험의 외주화' 방지를 비롯해 산업 현장의 안전규제를 대폭 강화한 「산업안전보건법」이 개정되는 계기가 되었다. 「산업안전보건법」 개정안(일명 '김용균법')은 2018년 12월 27일 국회를 통과해 2020년 1월 16일 시행되었다. 사고 발생 직후 시민대책위원회가 만들어졌고 이 대책위를 발전시켜서 2019년 10월 김용균재단이 만들어졌는데 비정규직 철폐와 안전한 노동환경 마련을 목표로 삼으며 활발한 활동을 하고 있다. 이 사건은 비정규직 노동자들이 위험하고 열악한 노동 환경에 내몰려 일하고 있는 우리나라 노동현장의 민낯을 그대로 보여준 대표적인 사례라고 할 것이다.

한편 비정규직의 권익을 보호한다는 취지로 만든 우리나라의 비정규직보호법은 「기간제 및 단시간근로자 보호 등에 관한 법률」, 「파견근로자 보호 등에 관한 법률」, 「노동위원회법」 등이 있다. 2007년 7월부터 300명 이상 사업장에 적용되었고, 2008년 7월에는 100명 이상 사업장, 2009년 7월에는 5인 이상 사업장으로 확대되었다. 그러나 비정규직보호법이 입법 취지에 부응하는 면도 있지만 또 한편으로는 비정규직을 확산시키고, 고용불안을 가중시키며, 노동시장 유연성 제고에도 도움이 되지 않는다는 등의 비판적인 견해에도 귀를 기울여야 할 것이다.

(3) 산업재해와 노동자의 인권

우리나라 산업재해 발생률은 과거에 비해 감소했지만, 여전히 많은 노동자들이 산업재해로 인한 피해를 입고 있다. 특히 건설업, 제조업 등 고위험 업종에서의 안전사고가 빈번하게 발생하고 있다. 정부는 「산업안전보건법」을 강화하고 있지만, 현장에서는 여전히 안전 규정을 준수하지 않는 경우가 많다. 21세기에도 한국에서 발생한 대표적인 노동자 인명 피해 사건들은 산업 현장의 안전 문제를 여실히 드러내었다. 몇 가지 대표적인 사건들을 살펴보면 아래와 같다.

① 구미 불산 누출 사고(2012년 9월): 경상북도 구미시의 한 공장에서 불산이 누출되어 5명이 사망하고 18명이 부상함. 이 사고로 인근 주민 수천 명이 대피하고 농작물이 피해를 입는 등 큰 혼란 발생. 사고 원인은 불산을 저장하던 탱크의 파손이었고, 사고 이후 화학물질 취급에 대한 안전 규정과 점검이 강화됨.

② 세월호 침몰 사고(2014년 4월): 세월호 침몰 사고로 인해 승객과 승무원 등 총 304명이 사망. 이 중 다수는 현장에 있던 노동자들도 포함되어 있음. 사고의 주요 원인으로는 과적, 화물 고정 불량, 승무원의 부적절한 대처 등이 지적됨. 이 사건은 해양 안전과 관련한 법적, 제도적 변화로 이어짐.

③ 김용균 사망 사고(2018년 12월): 충청남도 태안화력발전소에서 비정규직 노동자 김용균 씨가 컨베이어 벨트에 끼어 사망하는 사고가 발생. 김용균 씨의 사망은 비정규직 노동자들의 열악한 근로 환경과 안전 문제를 부각시키는 계기가 되었고, 이후 산업안전보건법 개정(일명 '김용균법')으로 이어짐.

④ 이천 물류센터 화재 사고(2020년 4월): 경기도 이천시의 한 물류센터에서 화재가 발생하여 38명이 사망하고 10명이 부상을 입음. 사고 원인은 건설 현장에서의 용접 작업 중 발생한 불꽃이 가연성 물질에 옮겨붙은 것으로 밝혀짐. 이 사고는 건설 현장의 안전 관리 문제를 다시 한번 부각시킴.

⑤ 광주 학동 붕괴 사고(2021년 6월): 광주광역시 학동의 한 재개발 현장에서 건물이 붕괴되어 버스 승객 등 9명이 사망하고 8명 부상. 사고 원인은 철거 작업 중 부실한 안전 관리와 시공사의 과실이 주요 원인으로 지목됨. 이 사건 이후 건설 현장의 안전 점검과 관리가 더욱 강화됨.

이러한 사건들은 한국 사회에서 노동자 안전 문제의 중요성을 일깨우는 계기가 되었다. 법적, 제도적 개선이 지속적으로 이루어지고 있지만, 현장에서의 실질적인 변화와 노동자들의 안전 확보를 위해서는 더 많은 노력이 필요하다.

한편 '2023년 산업재해 현황 부가통계'[29]에 따르면, 2023년 재해조사 대상 사고 사망자 수가 598명(584건)으로 전년 644명(611건) 대비 46명(7.1%), 27건(4.4%) 감소하여 역대 처음으로 사고사망자 수가 500명대에 진입하였다. 그리고 사고사망자의 특징을 보면, 업종·규모별로는 건설업은 50억원 미만에서 45명 감소, 50억원 이상에서는 7명 증가한 반면에, 제조업은 50인 미만 사업장 14명 증가, 50인 이상 사업장 15명 감소로 나타났다. 우리나라 산재율이 다른 국가에 비해 유달리 높은 그 원인을 살펴보면, 비용 감축을 위한 다단계 하도급과 그에 따른 위험의 외주화, 위험의 상시화, 장시간 근무, 안전관리 및 교육 미흡, 안전불감증 등 무수하다.

세계 여러 나라는 재해와 관련된 법이나 정책 등을 마련하여 국민들이 안전하고 쾌적한 삶을 살 수 있는 환경을 조성하기 위해 노력하고 있다. 우리나라도 「재난 및 안전관리 기본법」을 통해 각종 재난으로부터 국토를 보존하고 국민의 생명, 신체 및 재산을 보호하기 위하여 국가와 지방자치단체의 재난 및 안전관리체제를 확립하고 있으며, 「산업안전보건법」을 통해서도 산업 안전 및 보건에 관한 기준을 확립하고 산업재해를 예방하도록 규정하고 있다.

특히 2021년 1월 26일 제정된 「중대재해처벌법」(2022년 1월 27일 시행)은 「산업안전보건법」이 있음에도 산업현장에서는 안전사고가 끊임없이 지속적으로 발생하고 있으므로, 이에 사업 또는 사업장, 공중이용시설 및 공중교통수단을 운영하거나 인체에 해로운 원료나 제조물을 취급하면서 안전·보건 조치의무를 위반하여 인명피해를 발생하게 한 사업주, 경영책임자, 공무원 및 법인의 처벌 등을 규정함으로써 중대재해를 예방하고 시민과 종사자의 생명과 신체를 보호함을 목적으로 제정되었다[30].

「중대재해처벌법」상 중대재해는 중대산업재해와 중대시민재해를 말하는데(동법 제2조 제2항), 중대산업재해란 산업재해 가운데 ① 사망자가 1명 이상 발생하였거나, ② 동일한 사고로 6개월 이상 치료가 필요한 부상자가 2명 이상 발생하였거나, ③ 동일한 유해요인으로 급성중독 등 직업성 질병자가 1년 이내에 3명 이상 발생한 결과를 야기한 재해를 말한다. 또한 이 법은 중대산업재해에 관한 사항들을 규정하고 있다. 이 법의 적용범위로는 상시 근로자가 5명 미만인 사업 또는 사업장의 사업주 또는 경영책임자 등에게는 적용하지 아니한다라고 규정하고 있어 본 법은 5인 이상의 상시 근로자를 가진 사업이나 사업장이 대상이 된다. 또한 재해예방과 재해 발생시 재발방지 대책 등의 사업주와 경영책임자 등의 안전 및 보건 확보의무(제4조), 중대산업재해에 이르게 한 사업주 또는 경영책임자 등은 1년 이상의 징역 또는 10억원 이하의 벌금에 처한다는 등 처벌 규정(제6조), 경영책임자 등의 위반행위를 벌하는 외에 그 법인 등에 벌금형을 부과하는 양벌규정(제7조), 안전보건

교육의 수강 의무(제8조)를 규정하고 있다.

또 사업주 또는 경영책임자 등이 고의 또는 중대한 과실로 이 법에서 정한 의무를 위반하여 중대재해를 발생하게 한 경우, 해당 사업주, 법인 또는 기관은 중대재해로 손해를 입은 사람에 대하여 그 손해액의 5배를 넘지 않는 범위에서 배상책임을 지고 (동법 제15조), 정부는 중대재해 예방을 위한 대책을 수립·시행하도록 하고, 사업주, 법인 및 기관에 대하여 중대재해 예방사업에 소요되는 비용을 지원할 수 있도록 하며, 그 상황을 반기별로 국회 소관상임위원회에 보고하도록 하였다(동법 제16조).

특히 「중대재해처벌법」 제4조와 제9조에서는 '사업주 또는 경영책임자등은 사업 또는 사업장에서 종사자의 안전·보건 상 유해 또는 위험을 방지하기 위하여 그리고 사업주나 법인 또는 기관이 실질적으로 지배·운영·관리하는 사업 또는 사업장에서 생산·제조·판매·유통 중인 원료나 제조물의 설계, 제조, 관리상의 결함으로 인한 그 이용자 또는 그 밖의 사람의 생명, 신체의 안전을 위하여 ① 재해예방에 필요한 인력 및 예산 등 안전보건관리체계의 구축 및 그 이행에 관한 조치 ② 재해 발생 시 재발방지 대책의 수립 및 그 이행에 관한 조치 등을 취해야 한다.'고 규정하고 있다.

따라서 「중대재해처벌법」은 사업장에서의 중대재해 발생 시 경영책임자와 사업주에게 엄격한 책임을 묻도록 하고 있다. 2022년 이 법 시행 이후 발생한 대표적인 사건들을 보면 다음과 같다.

① 포스코 포항제철소 폭발 사고(2022년 1월): 2022년 1월 20일, 포항제철소 내에서 폭발 사고가 발생하여 노동자 3명이 사망. 중대재해처벌법 시행 직후 발생한 이 사고는 법률의 첫 적용 사례 중 하나로, 포스코의 안전 관리 소홀과 경영책임자의 법적 책임이 부각되었음.

② 현대중공업 울산 조선소 사고(2022년 2월): 2022년 2월 8일, 울산에 위치한 현대중공업 조선소에서 작업 중이던 노동자 1명이 사망하는 사고가 발생. 사고 원인은 안전 관리 미흡으로 밝혀졌으며, 현대중공업의 경영책임자가 중대재해처벌법에 따라 조사와 처벌을 받게 되었음.

③ LG디스플레이 파주 공장 사고(2022년 4월): 2022년 4월 13일, 경기도 파주에 위치한 LG디스플레이 공장에서 화학물질 누출 사고가 발생하여 노동자 2명

이 사망하고 여러 명이 부상을 입음. 이 사고로 LG디스플레이의 경영책임자와 관련된 안전 관리 책임이 중대재해처벌법에 따라 조사됨.

④ 한화토탈 대산공장 사고(2022년 5월): 2022년 5월 19일, 충남 서산시 대산공단 내 한화토탈 공장에서 폭발 사고가 발생하여 1명이 사망하고 4명 부상. 안전 조치의 미흡과 화학물질 관리 부실이 사고의 원인으로 지적되었으며, 중대재해처벌법에 따라 한화토탈의 경영책임자가 조사와 처벌을 받게 되었음.

⑤ 삼성전자 기흥 반도체 공장 사고 (2022년 6월): 2022년 6월 30일, 경기도 용인시 기흥에 위치한 삼성전자 반도체 공장에서 가스 누출 사고가 발생하여 노동자 1명이 사망하고 2명이 부상을 입음. 중대재해처벌법에 따라 삼성전자의 경영책임자와 안전 관리 책임자가 조사 대상이 됨.

「중대재해처벌법」 위반에 관한 최초의 두 개의 판결이 2023년 4월에 나왔다. 첫 번째 판결(의정부지방법원 고양지원 2023. 4. 6. 선고 2022고단3254 판결)에서는 경영책임자인 회사의 대표이사에게 징역형의 집행유예가 선고되었다. 이후 선고된 또 다른 사건인 두 번째 판결(창원지방법원 마산지원 2023. 4. 26. 선고 2022고합95 판결)에서는 징역형의 실형이 선고되고 경영책임자가 법정 구속되어 양형 측면에서 차이를 보였다.[31]

첫 번째 판결은 건축공사업을 영위하는 도급인(원청)이 수급인(하청)에게 해당 건설공사의 일부를 도급한 상황에서, 수급인(하청) 소속 근로자가 개구부에서 안전대를 착용하지 않은 채 작업을 하던 중 개구부로 추락하여 사망한 사고이다. 중대재해처벌법위반(산업재해치사)죄로 기소된 도급인(원청) 대표이사에게 징역 1년 6월(집행유예 3년), 도급인(원청) 회사에는 중대재해처벌법위반(산업재해치사)죄와 산업안전보건법위반죄로 벌금 3천만 원이 선고되었다.

한편 두 번째 판결은 철강제조 공장에서 도급인(원청)으로부터 설비보수를 하도급 받은 수급인(하청) 소속 근로자가 방열판(무게 1.2톤)에 부딪혀 사망한 사고였다. 중대재해처벌법위반(산업재해치사)죄, 산업안전보건법위반죄, 업무상과실치사죄로 기소된 도급인(원청) 대표이사에게 징역 1년(실형)을 선고하며 법정 구속하였고, 도급인(원청) 회사에는 중대재해처벌법위반(산업재해치사)죄와 산업안전보건법위반죄로 벌금 1억 원이 선고되었다.

이러한 사건들은 「중대재해처벌법」의 중요성과 필요성을 다시 한번 일깨워주는 계기가 되었고, 이 법률을 통하여 사업주와 경영책임자들이 보다 철저히 안전 관리를 시행하도록 하며, 노동자들의 생명과 안전을 보호하는 데 더욱 중점을 두는 기업문화가 정착되어야 한다.

2 │ 외국인노동자의 인권

(1) 외국인노동자의 인권 현실

외국인노동자(이주노동자)라 함은 다른 나라의 국적자가 대한민국에서 유급활동에 종사할 예정이거나 이에 종사하고 있거나 또는 종사하여 온 사람을 말한다(이주노동자권리협약 제2조제1호). 외국인 노동자(foreign workers, guest workers)는 국가 간의 국경을 넘어 일자리에서 일하는 노동자이다. 인력을 송출하는 국가의 입장에서는 해외노동자이며, 인력을 수입하는 국가의 입장에서는 외국인 노동자가 된다. 우리나라는 1960년대에서 1970년대에 타국에 일하러 가는 해외노동자가 많았고, 이후 외국인 노동자에 관련된 법률 등을 제정하면서, 인력 수입국이 되었다.

헌법재판소는 인간의 존엄과 가치 및 행복추구권은 '인간의 권리'로서 외국인도 주체가 될 수 있다고 보면서 원칙적으로 외국인의 기본권 주체성을 인정하고 있다.[32] 그러나 국내에 체류하고 있는 외국인노동자들은 정부의 외국인 인력정책의 미명하에 현대판 노예제라 할 수 있는 고용허가제와 산업연수생제도, 불법체류자 단속 등을 통하여 끊임없이 차별과 인권침해를 당하여 왔다.[33]

우리나라에 체류하고 있는 외국인 수는 2022년 기준 2,245,912명[34]이며, 이는 10년 전인 2012년에 비해 80만여 명이 늘어나 55.4%의 증가율을 보이고 있다. 우리 사회의 저출산·고령화로 인한 인구감소 및 노동력 부족 문제가 심화되는 상황에서 외국인노동자의 수요는 향후 더욱 증가할 것으로 전망되며, 그에 따른 다문화사회로의 진행속도는 가속화될 것이다.

외국인 노동자의 우리나라 유입 계기는 노태우정부 때인 1991년부터 실시한 '해

외투자기업연수생 제도' 및 1993년에 실시된 '산업 연수생 제도'부터이다. 3저 호황
과 노동자 대투쟁 등으로 노동조합이 결성되고 최저임금제가 도입되면서 임금이
크게 높아졌고, 그로 인해 내수시장이 매년 급속히 성장하여 이른바 "질 좋은 일자
리"들이 대거 만들어지면서 노동조건이 열악하고 임금수준도 낮은 이른바 "3D"산
업체들은 외면받으며 인력부족 현상을 겪게 되었다. 그에 따라 자연히 외국인 노동
자들은 유입되어 오게 되었다. 이러한 연수생 제도로 인해 외국인 노동자가 급증한
것 또한 사실이며, 중국의 개방으로 인해 수많은 중국인, 조선족들이 국내에 들어
오게 된다. 그래서 2010년대에 이르면 국내 외국인노동자의 70% 이상이 중국인,
조선족, 몽골인들이며, 동남아시아 국가나 스리랑카 출신들이 그 다음을 차지하고
있을 정도이다. 그리고 그 밖에 러시아인이나 구 소련 소속의 중앙아시아 출신 노
동자들도 꽤 많이 늘었다. 이로 인해 일어난 대표적인 현상은 외국인 불법 체류자
가 늘어난 것이다. 또한 2003년부터 2011년 사이에는 외국인의 지문 날인이 폐지
되어 외국인 노동자들의 국내 진입이 더 수월하게 이루어졌다. 외국인노동자의 인
종차별도 문제이지만 한편으로는 불법체류자의 관리 또한 문제라고 할 수 있다. 한
국의 외국인력제도는 겉으로는 산업연수제도, 연수취업제도를 표방하면서, 실제로
는 옆문 혹은 뒷문으로 미등록노동자를 받아들여 사용하는 것을 용인하는 정책이
라 할 것이다. 즉, 한국의 외국인력제도의 핵심은 미등록노동자의 노동력 활용에
있는 것이다. 이러한 정책 운영은 송출비리, 불법체류, 인권침해라는 세 가지 문제
점을 낳았다.[35] 외국인노동자 인권실태조사에서 드러난 사례들을 소개해보면 다음
과 같다.

"돈 받는 거 달라요. 오래 일해도 새로 온 한국사람이 더 많이 받고 일도 편한 거 해
요. 나보다 늦게 와서 일 배운 한국 사람이 힘든 일은 꼭 나를 시켜요. 공장에서 힘들
고 어렵고 나쁜 일 있으면 나만 하게 해요. 한국 사람은 늦게 와서 쉬운 일해도 나보
다 두 배 많이 받아요." [말리 남성 28세 미등록노동자]

"건설일용으로 일할 때 한국인이 7~8만 원을 일당으로 받을 때 나는 5만 원 받았어
요 내가 일을 잘하니까 돈을 적게 받는 것이 억울해서 항의한 적이 있는데 "싫으면
일하지 말고 가라"고 대답했어요 그래서 그 다음부터는 아무 말도 하지 않았어요."
[이란 남성 28세, 미등록노동자]

"임금을 주는 과정에서 너무 적게 줘서 충돌이 난 거였어요. 한국사람은 돈 다 줬거든요. 그런데 우리는 돈을 적게 주는 거예요. 그래서 뭐라 하니까 나를 고발한 거지요. 그럼 이게 사기 아닌가요? (경찰에서는 고용주가) 무혐의라고 하더라고요. 남의 인건비 뜯어 먹고 하나 안 주는데 어떻게 무혐의인가라고. 인건비뿐만 아니라 내가 몇 년 일한 거 다 털어 써서 거지 되었는데요. 한국 사람은 돈 다 주고 우리는 안 주는데 …. 우리 동포라고 하면서, (우리를 동포로) 인정도 안 하는데 뭐 인권이 있는 나라인가요? 한국은 인권이 없는 나라예요." [중국 조선족 남성 40대 미등록노동자]

"회사에서 저는 차별을 받는다고 느꼈습니다. 한국 직원에게는 잘 해주는데 저희는 그 반만큼만 대해 준다고 느꼈습니다. 월급날은 계산이 잘못되고 밀리고 했습니다. 같이 일하는 한국인 직원은 정확히 20일날 지급이 되었지만 저희는 제대로 되지 않았던 거죠. 볼트회사에서 도망 나와 후에 밀린 월급을 받으려고 다시 갔지만 사장은 경찰에 신고하겠다고 위협을 하고 주지 않았습니다." [방글라데시 남성 28세 미등록노동자]

"작업장 내에서 뒷정리나 잔일들은 항상 중국사람들만 했습니다 작업반장은 그게 당연한 것이라고 말했습니다. 제가 기분 나빴던 것은 추석과 같은 명절에는 한국 직원에게는 선물 세트를 주면서 우리에게는 주지 않는다는 사실이었습니다. 왜 안 주냐고 물으니까 너희들은 명절 때 집에 가는 것이 아니지 않으냐고 하더군요. 그리고는 구정 때에는 명절 선물이라며 과일 몇 개씩 줄 뿐이었습니다." [중국 한족 여성 25세 산업연수생]

"기본급의 차별도 있고 나중에 조장을 맡은 한국 사람이 아파서 조장일을 대신 맡아서 하기도 했어요. 그런데 직책수당도 전혀 없었어요. 얘기를 하니까 외국인이라서 안 된다는 거야. 특근수당도 한국사람은 6만 원인데, 나는 4만 원 받았고, 후에 내가 6만 원으로 올랐고 한국사람도 같이 올라갔지. 그런 건 우리도 인정해요. 우리는 외국인이니까 한국사람하고 같이 대우를 해달라고 하지는 않아요. 그러나 연수생이라고 페인트칠 시키면서 연수생 월급만 딱 주면 안 된다고 생각해요. 페인트칠이 몸에도 많이 해로운 일이니까. 잔업은 기본급의 1.5배, 밤 10시 이후 새벽 4시까지는 야근수당으로 기본급의 두 배 주는데, 기본급이 작으니까 한국인과의 급여도 많이 차이가 났어요. 월차 수당도 받지 못 했고…." [중국조선족, 남성 40대 산업연수생]

이러한 사례들은 외국인노동자들에게 한국에의 꿈(Korean Dream)을 안고 찾아왔다가 결국 한국에 대한 추악한 이미지만을 가지고 돌아가게 만든다. 외국인노동자에 대한 이러한 비인도적인 처사를 묵인하면서 대한민국의 국가경쟁력 강화와 진정한 선진국이 되기는 어려울 것이다.

(2) 외국인노동자의 권리보장 과제

정부는 2003년에「외국인근로자의 고용 등에 관한 법률」을 제정하였다. 이 법은 외국인근로자를 체계적으로 도입·관리함으로써 인력수급을 원활하게 하고 국민경제를 균형있게 발전시키기 위해 제정한 것이다. 이 법에 따르면, 외국인근로자의 고용관리 및 보호 등에 관한 주요사항을 심의·의결하기 위해 국무총리에 소속되는 외국인력정책위원회를 두도록 규정하고 있다. 또 외국인근로자 고용제도의 운영 및 외국인근로자의 권익보호 등에 관한 사항을 심의하기 위해 노동부에 외국인력고용위원회를 둔다. 노동부 장관은 외국인근로자 도입계획을 세워 매년 10월 1일까지 공표해야 한다. 외국인근로자를 고용하고자 하는 자는 먼저「직업안정법」에 따라 내국인 구인신청을 해야 한다. 직업안정기관의 장은 내국인이 우선적으로 채용될 수 있도록 직업소개를 적극적으로 행해야 한다. 노동부 장관은 외국인근로자 송출국가와 협의하여 외국인구직자 명부를 작성해야 한다. 직업안정기관의 장은 인력부족확인서를 발급받은 사용자로부터 외국인근로자 고용허가 신청을 받으면 외국인구직자 명부에 등록된 자 가운데 적격자를 추천하고, 선정된 자에 대해 고용허가서를 지체없이 발급해야 한다. 직업안정기관이 아닌 자는 외국인근로자의 선발·알선 등 채용에 개입해서는 안 된다.

사용자는 외국인근로자를 고용할 때 노동부령이 정한 표준근로계약서에 따라 계약을 체결해야 한다. 근로계약기간은 1년을 넘지 못하며, 3년의 범위 안에서 갱신할 수 있다. 건설업과 서비스업으로서 외국인력정책위원회에서 정한 사업 또는 사업장의 사용자는 사증을 발급받아 이미 입국한 외국인을 고용할 수 있다. 사용자는 퇴직금 보장을 위해 외국인근로자를 피보험자 또는 수익자로 하여 출국만기보험이나 출국만기일시금신탁에 가입해야 하고, 외국인근로자는 귀국비용에 충당하기 위해 보험이나 신탁에 가입해야 한다. 고용된 외국인근로자는「국민건강보험법」에 따른 직장 가입자로 간주한다.

한편 외국인노동자에 대한 국제적인 인권 보호 규범으로서의 이주노동자권리협약은 국제노동기구(ILO)와 국제연합(UN)에서 제정한 협약이 있다. 즉, ILO의 '이주노동자협약(ILO Convention No. 97)'과 UN의 '모든 이주노동자 및 그 가족의 권리 보호에 관한 국제 협약(International Convention on the Protection of the Rights of All Migrant Workers and Members of Their Families)'이다.

ILO 이주노동자협약(ILO Convention No. 97)은 1949년에 제정되어 이주노동자들의 기본적인 권리와 보호에 중점을 두고 있다. 이주노동자들의 채용, 고용, 생활 및 작업 조건 등을 규정하며, 각국 정부가 이를 준수하도록 권장하며, 이주 노동자들이 차별 없이 근로의 기회를 누릴 수 있도록 보장한다.

UN의 '모든 이주노동자 및 그 가족의 권리 보호에 관한 국제 협약'은 1990년에 채택되어 이주 노동자와 그 가족의 권리를 포괄적으로 보호하기 위해 만들어졌다. 이주 노동자들의 인권, 노동권, 가족 생활 및 사회적 보호에 중점을 둔다. 모든 이주노동자들이 법 앞에서 평등하게 보호받을 수 있도록 하며, 그들의 가족도 적절한 보호를 받을 수 있도록 규정하고 있다. 각국 정부가 이주 노동자들과 그 가족이 기본적인 사회적 서비스를 받을 수 있도록 지원하고, 차별을 금지하도록 규정하고 있다.

한국은 ILO 이주노동자협약과 UN 이주노동자권리협약을 아직 비준하지 않고 있다. 향후에 한국 정부는 ILO와 UN의 이주노동자권리협약을 비준하여 외국인노동자에 대하여 국제 기준에 맞는 보호 체계를 구축할 필요가 있다. 이를 통해 외국인 노동자들의 권리 보호 수준을 높이고, 국제 사회의 일원으로서 책임을 다할 수 있게 될 것이다. 또한 외국인 노동자들이 법적 보호를 받을 수 있도록 관련 법률을 강화하여야 한다. 특히, 노동 조건, 임금, 안전 등의 분야에서 외국인 노동자들이 차별받지 않도록 하는 법적 장치가 필요하다.

아울러 외국인 노동자들에 대한 사회적 인식을 개선하기 위한 캠페인과 교육 프로그램을 실시해야 한다. 이를 통하여 외국인 노동자들이 한국 사회에 더 잘 통합될 수 있도록 돕고, 차별과 편견을 줄일 수 있을 것이다. 외국인 노동자들과 그 가족들을 위한 언어 교육, 법률 상담, 의료 서비스 등 다양한 지원 서비스를 확대해야 하며, 이러한 서비스들이 쉽게 접근 가능하도록 다양한 채널을 통하여 제공되어야 한다.

외국인노동자들이 직면하고 있는 현실의 문제들로서 임금 및 노동 조건의 불평등, 불법 체류 문제, 언어 및 문화적 장벽, 고용 안정성 부족 등을 들 수 있다. 이러한 문제들을 개선하기 위하여 우선 첫째로 외국인 노동자에 대한 최소 임금 준수 및 근로 조건 개선을 위한 강력한 감독과 제재가 필요하다. 그러기 위해서는 외국인 노동자들이 정당한 노동 조건에서 일할 수 있도록 정부와 기업 간의 협력이 필요하다.

둘째로 불법 체류 문제를 해결하기 위해 외국인 노동자들의 비자 연장과 재취업 절차를 간소화하고, 불법 체류자에 대한 합법화 프로그램을 도입하여야 한다. 불법 체류자에 대한 인권 보호와 동시에 합법적 체류자들에게 더 나은 환경을 제공하는 정책이 필요하다.

셋째, 언어 및 문화 교육 강화 정책이다. 외국인 노동자들에게 한국어 교육과 문화 적응 프로그램을 제공하여 현지 사회에 잘 적응할 수 있도록 지원하여야 한다. 아울러 고용주들도 외국인 노동자와의 원활한 의사소통을 위해 노력해야 할 것이다.

넷째, 고용 안정성 강화이다. 외국인 노동자들이 장기적으로 안정된 직업을 가질 수 있도록 장기 고용 계약을 장려하고, 직업 훈련과 경력 개발 기회를 제공해야 한다. 노동 계약 갱신 절차를 간소화하고, 고용주들이 외국인 노동자들을 지속적으로 고용할 수 있는 인센티브를 제공할 수 있으면 좋을 것이다.

마지막으로 외국인노동자의 권익 보호 강화이다. 외국인 노동자들을 위한 법적 지원과 상담 서비스를 확대하고, 노동 조건에 대한 정기적인 감사를 통해 문제를 사전에 예방하여야 한다. 외국인 노동자들이 겪는 인권 침해 사례를 신속하게 해결할 수 있는 체계를 마련할 필요가 있다. 결과적으로 이러한 개선 방안들은 외국인 노동자들이 더 나은 환경에서 일할 수 있도록 돕고, 한국 사회와 경제에 긍정적인 영향을 미칠 것이며, 국제사회에서 한국이 진정한 선진국으로 가는 길이기도 하다.

미주

1) '노동자'와 '근로자'는 의미가 비슷한 용어라고 볼 수 있다. 표준국어대사전은 노동자의 뜻을 "노동력을 제공하고 얻은 임금으로 생활을 유지하는 사람"이라고 하였고, 근로자는 "근로에 의한 소득으로 생활을 하는 사람"이라고 하여 같은 의미로 풀이하고 있다. 다만, 각각의 뜻에 '노동'과 '근로'의 용어를 사용하여 설명하고 있을 뿐이다. 표준국어대사전은 '노동'의 의미를 "1. 몸을 움직여 일을 함. 2. 사람이 생활에 필요한 물자를 얻기 위하여 육체적 노력이나 정신적 노력을 들이는 행위."라고 하였으며, '근로'란 "부지런히 일함"으로 풀이하고 있다. 사전적 의미로 본다면, '근로'는 추상적이고 포괄적인 의미라면, '노동'은 구체적인 의미를 담고 있다고 볼 수 있다. 우리나라 법에서도 이 두 가지 용어가 혼재되어 사용되고 있는데(헌법에서는 '근로', '근로자', '근로조건' 등, 개별법에서는 '노동조합', '노동쟁의', '부당노동행위', '노동위원회', '고용노동부' 등), 여기서는 가급적 '노동(자)'로 통일하여 사용하고자 한다.

2) 제32조 ① 모든 국민은 근로의 권리를 가진다.

3) 제33조 ① 근로자는 근로조건의 향상을 위하여 자주적인 단결권·단체교섭권 및 단체행동권을 가진다.

4) 제34조 ① 모든 국민은 인간다운 생활을 할 권리를 가진다.

5) 이영희, 『노동기본권의 이론과 실제』, 도서출판 까치, 1990, 216쪽.

6) 워라밸은 '일과 삶의 균형'이라는 뜻의 영어 '워크−라이프 밸런스'(Work−Life Balance)를 한국식으로 각 단어 앞 글자를 따서 만든 개념어다. 이 표현은 1970년대 후반 영국의 여성노동자 운동에서 처음 등장했으며, 여성들이 직장 일과 가정 일을 모두 감당하려면 정부와 기업에서 출산 휴가와 육아 휴직 등 모성 보호 관련 휴식 제도를 강화하고 유연한 근무 시간제를 실시해야 한다는 뜻이었다. 미국에서는 1986년부터 이 용어를 사용했으며 점차 성별과 결혼 여부와 상관없이 모든 노동자의 근무 시간을 직장 생활과 가정생활의 양립을 위해서 최적화해야 한다는 뜻으로 발전하였다. 일본은 1980년대부터 가족친화(family friendly) 개념의 확산을 통한 일과 가정의 양립 지원책을 마련하는 데 중점을 두고 있다. 자세한 것은 김정운·박정열, "일과 삶의 균형(Work−Life Balance) 척도 개발을 위한 연구", 여가학연구 Vol. 5, No. 3, 2008, 53~69쪽 참조.

7) 근무혁신 10대 제안은 장시간 근무관행 바꾸기의 3가지 제안(정시 퇴근하기, 퇴근 후 업무연락 자제, 업무집중도 향상), 일하는 방식 바꾸기로 4가지 제안(똑똑한 회의, 명확한 업무지시, 유연한 근무, 똑똑한 보고), 일하는 문화 바꾸기의 3가지 제안(건전한 회식문화, 연가사용 활성화, 관리자부터 실천하기)으로 되어 있다(출처: https://www.worklife.kr/website/index/m1/suggest_what.asp).

8) OECD 국가 중 경제 선진국들인 미국 1815시간, 일본 1607시간, 영국 1532시간, 프랑스 1511시간, 독일 1341시간 등과 비교하면 우리나라가 여전히 많은 시간을 일하고 있음을 알 수 있다(출처 : https://www.m−i.kr/news/articleView.html?idxno=1105796).

9) 원 법률명은「중대재해 처벌 등에 관한 법률」이며, 사업 또는 사업장, 공중이용시설 및 공중교통수단을 운영하거나 인체에 해로운 원료나 제조물을 취급하면서 안전·보건 조치의무를 위반하여 인명피해를 발생하게 한 사업주, 경영책임자, 공무원 및 법인의 처벌 등을 규정한 법이다. 2021년 1월 8일 국회를 통과해 2022년 1월 27일부터 시행에 들어갔다.

10) 시사위크, 2023. 11. 06. 기사, https://www.sisaweek.com/news/articleView.html?idxno =209356.

11) 저달러·저유가·저금리의 이른바 <3저 현상>에 의해 전두환 정부 말기인 1986년부터 노태우 정부 초기때인 1989년까지 대한민국의 경제가 유례없는 호황을 누렸던 것을 말한다. 3저 호황기에 벌어들인 막대한 이윤이 생산적 투자가 아닌 주식 및 부동산 투기로 집중되는 바람에 단순조립형 저부가가치 산업구조를 고부가가치 첨단산업으로 전환할 좋은 기회를 놓침으로 인해 나중에 IMF 외환위기로 이어지는 결과를 낳았다.

12) '3D'는 'Difficult(어렵고)/Dirty(더럽고)/Dangerous(위험한)'으로 업무의 강도가 힘들어서 기피되는 직업군을 의미한다.

13) 2019년 법무부 통계에 의하면, 한국 국적 미취득자 138만 명 중 외국인 노동자는 61만 명 (35%)임.

14) 한국에서 열심히 일하면 많은 돈을 벌어 잘 살 수 있으리라는 생각을 말한다. 과거 '아메리칸 드림'에 빗대어 나온 말로, 1990년대 중반부터 한국에 들어오는 외국인 노동자들이 점점 많아지면서 쓰이게 된 용어이다.

15) 2024년 6월 24일 오전 10시 31분, 경기도 화성시 서신면 전곡리 소재 아리셀 공장에서 군에 납품하는 리튬 1차전지의 폭발로 인한 화재로 다수의 사상자가 발생한 사건이다(오마이뉴스, 2024.06.28. 기사, https://www.ohmynews.com/NWS_Web/View/at_pg.aspx? CNTN_CD=A0003041620).

16) 국가인권위원회,『국가인권위원회 인권상황보고서 2022』, 국가인권위원회, 2023, 176~177쪽.

17) 김수근, "플랫폼 노동에 대한 이해", 플랫폼 노동과 산업보건 2019 January Vol. 369, 21쪽.

18) 비정규직 노동자의 범주로 기간제근로자, 단시간근로자, 사내도급근로자, 파견근로자 등을 들 수 있다(임종률, 노동법 제20판, 2022, 박영사, 636쪽 이하 참조). 그러나 논자에 따라 사내도급근로자를 제외하는가 하면, 여러 직종의 도급적 노무자를 포함시키기도 한다.

19) 1997년 국제통화기금(IMF) 외환위기 사태 이후 급속히 늘어난 비정규직 노동자의 근로조건을 개선하고 권익 보호를 위해 2007년에 제·개정한 법으로「기간제 및 단시간 근로자 보호 등에 관한 법률」,「파견근로자 보호 등에 관한 법률」,「노동위원회법」이 있다.

20) 기간제+비기간제는 한시적 노동자로서 근로계약기간을 정한 자 또는 정하지는 아니하였으나 비자발적 사유로 계속 노동을 기대할 수 없는 자를 말한다. 시간제 노동자는 근로시간이 짧은 파트타임 노동자를 말하며, 비전형 노동자는 근로제공방식 측면에서 설정한 기준으로서, 파견노동자, 용역노동자, 특수고용종사자, 가정내노동자(재택, 가내), 일일(호출)노동자를 말한다. 자세한 것은 박민생, "비정규직 근로 제도의 국제비교 연구", 인적자원관리연구, vol.14, no.4, 2007, 153-169쪽 참조.

21) 장애인 노동자는 3명 중 2명이 비정규직으로서 전체 비정규직 비율의 1.8배 수준으로 나타났다. 관련 내용은 이데일리, 2024－05－26 기사(https://www.edaily.co.kr/News/Read?newsId=01492406638892856&mediaCodeNo=257&OutLnkChk=Y) 및 한국장애인고용공단, '2023년 하반기 장애인경제활동실태조사' 보고서 참조.

22) 통계청 자료 https://kosis.kr/statHtml/statHtml.do?orgId=101&tblId=DT_1DE7106S&checkFlag=N 참조. 2021~2023년의 3년간의 통계청 자료는 비정규직 비중이 2021년 38.4%, 2022년 37.5%, 2023년 37.0%로 조금씩 낮아지는 경향을 보여주고 있다.

23) 한겨레신문, 2023－10－24 기사 참조, https://www.hani.co.kr/arti/economy/economy_general/1113460.html

24) 2021~2023년간의 통계청 자료에 의하면, 비정규직 노동자의 월평균임금은 정규직 노동자와 비교하여 2021년 53.0%, 2022년 54.1%, 2023년 54.0%의 수준으로 나타나고 있다(위의 같은 통계청 자료 참조).

25) 노사정 합의를 위한 대통령 직속의 사회적 대화기구로서 1998년 1월 5일 설립된 이 노사정위원회는 2018년 5월 28일 경제사회발전 노사정위원회법 전부개정안 국회 통과로 2018년 11월 22일에 "경제사회노동위원회"로 다시 출범하게 되었다.

26) 비정규직은 정규직의 상대적 개념으로 그 개념적 정의는 연구의 관점이나 국가 또는 국제기구마다 다양하다. 이에 관해 자세한 것은 박민생, 앞의 논문, 155쪽 이하 참조.

27) ILO, OECD 등 주요 국제기구들이 비정규직 노동의 보호 지침으로 마련한 대표적인 것이 ILO의「단시간근로협약 및 권고(1994)」와「파견근로협약(1997)」이다. 유럽연합(EU)에서는「단시간근로자 지침(1997)」과「기간제근로자 지침(1999)」이 있는데, 이 지침에서는 단시간 근로자 또는 기간제 근로자임을 이유로 정당한 이유없이 차별대우를 금지하고 있으며, 근로시간 및 근로기간에 따른 비례보호원칙을 규정하고 있다.

28) 미국과 일본의 경우 비정규직에 대하여 동일노동 동일임금 원칙을 선언하고 있으며, 차별금지원칙에 관한 법규정은 없다. 영국은「단시간근로자 차별금지법(2000)」과「기간제근로자 차별금지법(2002)」이 있으며, 독일도「단시간근로 및 기간제근로에 관한 법률(2001)」이 제정되어 있다. 프랑스의 경우는 비정규직 근로자의 차별금지에 대해 1979년부터 입법적으로「노동법전」에서 규율하고 있다. OECD국가들의 경우, 비정규직 관련 특징으로 부정적 측면과 긍정적 측면이 혼재하고 있다. 프랑스 등 유럽에서는 질병, 출산, 휴가 등 결원이 생겼을 때에만 비정규직 근로자를 사용하는 것이 일반적이다. 그래서 비정규직 근로자들은 오히려 고임금을 받는 경우가 많다. 남보다 불리하게 단기적으로 고용되는 것이기 때문에 상대적으로 고임금을 지급할 수밖에 없는 것이다. 이에 관한 자세한 내용은 박민생, 앞의 논문, 158쪽 이하 참조.

29) 고용노동부 보도자료, 2024. 3. 7. 참조

30) 이 법은 2007년 7월 26일 공포된 영국의 법인과실치사법(Corporate Manslaughter and Corporate Homicide Act, CMCHA)이 모델이 되었다. 두 법제는 전반적으로 유사한 구조를 가지고 있지만 내용상 차이점도 큰 것으로 평가되는데, 법인과실치사법이 법인을 처벌하고 벌금 상한선이 없는 반면, 중대재해처벌법은 경영책임자를 처벌하고 벌금 상한선이

있다는 차이점이 있다.

31) 두 사건에서 검찰의 구형은 동일(경영책임자에게 징역 2년, 회사에 벌금 1억 5,000만 원)
하였으나, 실제 선고 형량에서는 차이가 있었다. 중대재해처벌법 위반 사건에 대한 판례가
아직 충분히 축적되지 않았고 법원의 양형 기준도 정립되지 않은 점을 고려하면, 이 판결
들은 향후 선고되는 판결 사건의 유·무죄 및 양형 판단에 영향을 미칠 것으로 보인다.

32) 헌재 2001. 11. 29. 99헌마494 결정.

33) 임재홍·류은숙·염형국, 인권법, 한국방송통신대학교출판문화원, 2019, 307쪽.

34) 통계청 국가통계포털(KOSIS) 자료 참조. https://kosis.kr/statHtml/statHtml.do?orgId＝203
&tblId＝DT_203N100008&vw_cd＝&list_id＝&seqNo＝&lang_mode＝ko&language＝k
or&obj_var_id＝&itm_id＝&conn_path＝C1

35) 전북대학교 사회과학연구소, 국내 거주 외국인노동자 인권실태조사, 국가인권위원회,
2002, 223쪽.

제12장

군 인권

제12장

군 인권

손 형 섭

1 | 군 인권과 헌법

(1) 군인의 인권 주체성

현대 국가는 헌법에 따라 국가를 운영하도록 하고 있다. 이를 위해 국가기관을 권력분립 원칙에 따라 권한을 입법권, 사법권, 행정권으로 분산하거나 여야와 정부와 시민단체와 같이 다양한 기능력 권력의 분립을 통하여 견제와 균형을 꾀하고 있다. 이것은 정부가 국민을 위한 국민의 정부여야 하고 이를 위해 권력이 한 곳에 집중되어 남용되는 것을 막기 위함이다.

군인은 국가를 위해 특수한 역무를 하기 때문에 일반 시민보다 더 많은 인권이 제한될 수 있다. 이를 종래 특별권력관계라고 하여 군인의 경우 인권을 보장받는 대상이 아니라 국민을 생명 보호 등을 위하여 역할을 해야 하고 인권의 주체가 되지는 않는다는 것이 근대 헌법의 입장이었으나, 현대에는 비록 일부 인권이 제한될 수는 있지만 국민으로서 인권을 보유하고 이를 향유할 수 있는 자임에 이론(異論)이 없다. 국민의 기본권(제10조~제37조)을 군인에게도 똑같이 보장해야 한다. 다만, 법률에서 정한 군인 의무에 따라 군사적 직무의 필요성 범위 내에서 제한될 수 있다(「군인의 지위 및 복무에 관한 기본법」 제10조 제2항). 그래서 군인을 '제복 입은 시민'이라 부르기도 한다.[1] 다만 군인의 특수 역무 수행으로 인하여 인권 특히 거주의 자유 등이 제한되거나 업무를 위하여 그의 생명권에 큰 위험을 감수하게 된다.

대한민국의 병역의무조항은, 외부 적대세력의 직·간접적인 침략행위로부터 기본권 보장의 전제가 되는 국가의 존립을 지켜내고 영토를 보전하는 것을 궁극적 사명으로 하는 군병력 형성, 즉 징집대상자의 범위를 결정하는 조항이다.[2] 여기서, 남성에게만 군복무를 부여한 조항에 대하여 헌법재판소는 "현역 외의 보충역이나 전시근로역은 혹시라도 발생할 수 있는 국가비상사태에 즉시 전력으로 편입될 수 있는 예비적 전력으로서 전시 등 국가비상사태에 병력동원 내지 근로소집의 대상이 되는바, 보충역이나 전시근로역이 평시에 군인으로서 복무하지 아니한다고 하여 병력자원으로서의 일정한 신체적 능력 또는 조건이 요구되지 않는다고 볼 수 없으므로, 대한민국 국민인 여성에게 보충역 등 복무의무를 부과하지 아니한 것이 자의적인 입법권의 행사라고 보기 어렵다[3]고 결정한 바 있다.

(2) 헌법상 평화주의 원칙

우리 헌법의 원리로 국민주권 원리, 기본권 보장, 권력분립, 대의제 원리, 법치주의외에 평화주의를 포함하는지에 대하여논 논쟁이 있다. 평화주의는 각국에서 제2차 세계대전 후 헌법에 명문화하였다. 예를 들어 영세중립 및 비동맹을 원칙으로 규정한 오스트리아나 스위스와 같은 국가가 있고, 침략전쟁 포기와 평화의 조직과 방위의 조직을 위한 주권제약에 동의한다고 전문에 규정한 프랑스와 같은 국가가 있고, 침략전쟁 포기와 전력을 갖지 않는다고 정한 일본 헌법이 있다. 우리 대한민국은 제5조에서 "① 대한민국은 국제평화의 유지에 노력하고 침략적 전쟁을 부인한다. 국군은 국가의 안전보장과 국토방위의 신성한 의무를 수행함을 사명으로 하며, 그 정치적 중립성은 준수된다."라고 규정하여 침략전쟁을 부인하고 방위를 위한 국군의 역할을 규정하였다. 대한민국은 미국과 한미상호방위조약을 통하여 군사동맹으로 맺고 있고 이것이 헌법상의 평화주의와 어떠한 관계가 정립되는지 쟁점이 된다. 헌법재판소는 평화주의로부터 국민 개인의 평화적 생존권이 바로 도출되는 것이 아니라며 부인하면서 다음과 같이 판시했다.

평화주의가 헌법적 이념 또는 목적이라고 하여 이것으로부터 국민 개인의 평화적 생존권이 바로 도출될 수 있는 것은 아니다. (중략) 평화적 생존권의 권리내용으로서 상정할 수 있는 것은 "침략전쟁에 강제로 동원되지 아니할 권리", "침략전쟁을 위한 군사연습, 군사기지 건설, 살상무기의 제조·수입 등 전쟁준비 행위가 국민에게 중대한 공포를 초래할 경우 관련 공권력 행사의 정지를 구할 권리" 등일 것이다.

그러나 침략전쟁과 방어전쟁의 구별이 불분명할 뿐만 아니라 전시나 전시에 준한 국가비상 상황에서의 전쟁준비나 선전포고 등 행위가 침략전쟁에 해당하는지 여부에 관한 판단은 고도의 정치적 결단에 해당하여 사법심사를 자제할 대상으로 보아야 할 경우가 대부분일 것이다(헌재 2004. 4. 29. 2003헌마814 판례집 16 – 1, 601, 607 참조). 또한, 평상 시의 군사연습, 군사기지 건설, 무기의 제조·수입 등 군비확충 등의 행위가 "침략적" 전쟁준비에 해당한다고 볼 수 있는 경우란 거의 없거나 "침략적 성격"·"중대한 공포" 등에 관한 규명이 사실상 곤란하므로, 이에 대하여 평화적 생존권이라는 이름으로 관련 공권력 행사를 중지시키려는 것은 실효적으로 보호받을 가능성을 긍정하기 쉽지 않다. 이러한 사정을 종합적으로 고려해 보면, 평화적 생존권을 헌법에 열거되지 아니한 기본권으로서 특별히 새롭게 인정할 필요성이 있다거나 그 권리내용이 비교적 명확하여 구체적 권리로서의 실질에 부합한다고 보기 어렵다 할 것이다. (중략) 따라서 평화적 생존권은 헌법상 보장되는 기본권이라고 할 수는 없다 할 것이다.[4]

(3) 군내 인권 침해 가능성

군은 상명하복 조직이며, 군이라는 특수성으로 인한 폐쇄성으로 일반 사회와는 다른 인권 침해 양상이 발생될 수 있다. 주로 군 내에서의 인권 문제가 될 수 있는 것은 ① 존엄권, ② 폭력 및 압제로부터의 자유, ③ 의식주 건강 휴식 등에서 인간다운 처우를 받을 권리, ④ 문화적 정치적 교양과 지식습득의 기회를 제공받을 권리, ⑤ 사회정착에 필요한 교육과 지원을 받을 권리, ⑥ 휴가 급여 승진 임면에 관한 신분상의 권리, ⑦ 직무결정과정에 참여할 권리, ⑧ 처벌과 징계처분에 있어서 적법절차의 권리, ⑨ 불법적인 명령을 거부할 권리, ⑩ 외부에 진정하고 고발하고 외부의 조력을 받을 권리, ⑪ 군인가족 및 관련자의 부대접근권, ⑫ 실체적 절차적 권리를 알 권리[5])와 같은 것이 주장될 수 있다.

2 | 군 인권 침해 사건

(1) 군내 인권 침해 사건

과거 군내에서 인권침해 사건이 여러 건이 있었어도 그 특유의 폐쇄성으로 사회에서 논의되지 않고 묻히기도 했다. 1998년 2월에는 김훈 중위 사망사건이 의문사로 쟁점이 되었다. 따라서 2000년 1월 15일 제정된 「의문사진상규명에 관한 특별법」에 따라 대통령 직속으로 의문사진상규명위원회(~2004.6)가 활동하여, 2002년 10월 16일까지를 통상 1기 위원회로, 의문사법 개정을 통해 2003년 7월부터 활동을 시작하여 그 후 1년 동안 활동을 한 위원회를 2기 위원회로 활동했다. 1기 위원회는 접수된 총 83건의 사건 중 최종길 사망 사건 등 19건을 '민주화운동과 관련되어 위법한 공권력의 직·간접적인 개입으로 사망한 사건'으로 인정하였다. 그리고 조사과정에서 과거 학생운동이나 노동운동을 탄압하기 위한 녹화사업, 삼청교육, 인혁당 사건, 프락치 공작, 군의문사 등의 실상을 밝혔다.[6)]

2005년 들어 이른바 인분 사건으로 불리는 논산훈련소 사건과 GP 총기 사건 등이 발생하면서 군대의 인권 문제가 본격적으로 이슈화됐다. 당시 병사들은 열악한 환경 속에서 구타 및 가혹 행위, 성폭력 등을 빈번하게 겪었다. 또한 종교나 양심에 따른 병역거부가 허용되지 않아 매년 700~800명의 젊은이들이 수감됐다.[7)]

이후 국가인권위원회는 2004년 군의문사진상규명특별법 제정을 권고하여, 2005.

6.29. 군의문사진상규명 등에 관한 특별법이 제정되고, 2006.11~2009.12.31. 군의 문사진상규명위원회(대통령소속)가 활동했다. 이후 2018.9~2023.9.13. 「군사망사고 진상규명에 관한 특별법(군사망사고 진상규명법)」이 제정되어 대통령 소속의 군사망 사고진상규명위원회는 2018년 9월 14일부터 2020년 9월 14일까지 군 사망사건 규 명을 위한 진정서를 접수받았으며, 이에 대해 위원회는 2023년 9월 13일까지 조사 활동을 했다.

(2) 공군 이 중사 사건

공군 부대에서 여성 부사관인 이예람 공군 중사가 상관 중사에게 성추행을 당해 여러 차례 신고를 했으나 모두 묵살되고 2차 가해까지 당해 자살한 사건이 2021년 5월 발생했다. 여기서도 부대에서 사건의 무마와 회유가 있었고, 그러면서 전출된 부대에서 피해 사실이 부대원에게 유포되어 2차 가해가 일어나는 정신적 피해도 있어 결국 피해자가 자살하게 되어, 이 사건은 국민적인 분노를 일으켰다. 들어난 쟁점으로는 군내에 성폭력 사건에 대해 군의 대응은 안일하고 부실하였고, 관련된 군사법경찰, 군검찰, 공군본부까지 피해자의 입장을 고려한 신속한 법적 대응이 이 루어지지 않았던 것이 밝혀졌다.

문제의 해결에 역할을 해야 할 공군본부 양성평등센터장은 국방부 장관에 보고 해야 하는 성폭력 예방활동 지침을 지키지 않았고, 소속 대대장은 가해자들에 대한 징계권을 행사하지 않고 피해자의 권리 행사를 방해했다는 점이 문제 되었다. 공군 법무실 소속 법무관이자 국선변호사는 피해자의 보호에 충실하지 못한 외에 피해 자의 인적 사항을 외부에 누설했다는 문제가 쟁점이 되었다. 이 사건에 대해 국방 부 검찰단이 법 위반으로 기소한 20여 명 중 수사심의위원회에서 기소한 사람은 3 명에 불과했다. 이에 유족들은 국회 차원의 국정조사를 요구했고, 나아가 피해자의 부친은 특별검사의 수사를 요청하였다.

이 사건을 계기로 군사법원법 개정안이 국회에서 통과되었다. 이에 군내 성범죄 사건을 수사단계에서부터 민간 경찰과 검찰, 법원이 담당하게 하게 되었다. 또한 성범죄 사건 외에도 군대 내 사망사건과 입대 전 사건도 민간으로 이관되도록 했 다. 그리고 2심 항소심 법원이었던 고등군사법원은 폐지되어 항소심은 민간으로 이관되고, 군단 급에 설치되었던 1심 보통군사법원 30개는 각 지역별 5개 법원으로 재개편되었다. 그리고 군사법원의 소속도 국방부 장관 직속으로 바뀌었고 지휘관의 재량을 주었던 관할관 제도, 심판관 제도도 평시에는 폐지하도록 하면서 군사재판에 대한 지휘관의 권한 남용을 방지하도록 개정했다.

(3) 해병대 채 상병 사건

군 사고를 다룬 드라마인 D.P.(시즌1, 2)를 많은 국민들이 보던 2023년 뜨거운 여름 7월 19일, 폭우 피해 지역인 경북 예천군에서 실종자 수색 작전 중인 해병대 1사단 소속 채수근 이등병이 수색 중 급류에 휩쓸려 실종되다 14시간 만에 사망한 채로 발견되었다. 이때 함께 휩쓸려갔던 해병대원은 간신히 구조되었다.

이 작전을 지시한 임성근 해병 1사단장은 구명조끼 등 안전장비가 장병들에게 없었음을 충분히 인지하고도 대비 없이 무리한 수색 작업을 지시했다는 의혹을 받았다. 임 사단장은 2022년 태풍 힌남노로 피해를 입은 경북 포항에 해병대 상륙돌격장갑차를 투입하여 시민 5명 등을 구조했던 공로가 있었다. 반면, 임 사단장은 2023년 4월 국군방첩사령부를 사칭한 민간인이 검문을 뚫고 왔을 때, 사단장 스스로 커피까지 대접한 사실이 있었다. 또 이번 실종자 수색 작전에서 신속한 수해복구를 지시하면서 대원들에게 구명조기를 착용하도록 지시한 것이 아니라 오히려 상의에 해병대 체육복을 입게 하라는 등 구조작업의 홍보에 더 관심을 둔 것으로 알려졌다.

고 이예람 공군중사 사건을 계기로 2021년 개정 군사법원법 제2조 제2항은 성폭력범죄, 사망사건, 복무전 범죄에 대하여 군사법원이 아닌 일반 법원의 관할로 정하고 있다. 따라서 신법에 따르면, (고) 채수근 상병이 대민지원 도중 급류에 휩쓸려 실종, 사망한 사건은 경찰에 이첩해야 했다. 이에 당시 수사단장인 해병대 박정훈 대령은 이 사건의 초동수사를 하고 이를 경북 경찰청에 사단장의 과실치사 혐의로 이첩하려고 했는데, 이를 결재한 당시 이종섭 국방부장관이 본인이 결재한 내용을 뒤집고 이첩을 보류한 뒤 해병대 제1사단장 혐의를 기재하지 말 것을 지시했다. 이에 따르지 않은 수사단장을 집단항명수괴죄로 보직을 해임하고 군검찰단에서 사건을 수사하게 되었다. 그런데, 이 사건은 수사단장에 의해 국방부장관에게 보고가 된 이후 갑자기 국방부차관이 해병대 사령관에게 사건의 재검토, 경찰 이첩 시 '조사 결과에서 지휘관 등의 혐의를 빼고 사실관계만 넣어라'는 취지의 지시를 했다고 하여 급변한다. 이러한 지시는 그동안 군 사고에서 흔히 있었던 사건의 축소 은폐·왜곡의 시도에 해당한다.

사건이 경찰에 이첩되기 전에 지휘관에 대한 책임 등을 삭제하려고 했다. 어차 피 경찰과 검찰에서 보강수사를 하면서 다시 나올 사실이지만 초기 수사자료가 중요하기에 여기서부터 내용을 삭제하려 한 것으로 보인다. 수사단에서 사단장의 지휘에 법적 책임이 있다는 내용이 기재되면 경북에서 공무원 서열로 최 상위직급인 해병 1사단장이 경찰에 수사를 받는 것부터가 불명예가 되기 때문에 이러한 관행이 생기지 않게 하려 한 것일까? 하지만 이미 개정된 군사법원법은 사망사고 등의 책임자가 경찰에서 수사받는 것을 이미 상정해 두고 있다.

어떻게 보면 이 사건에서 관련자들이 개정된 군사법원법의 내용을 잘 숙지하고 수사지침을 준수했는지, 외압이 존재했는지가 쟁점이 되었다. 이것에 대한 수사는 2024년 국회에서 '순직 해병 수사 방해 등의 진상규명을 위한 특별검사 임명법' 제정 논의로 이어졌다.

3 | 군 인권 관련 법률

(1) 관련 법제

1) 군사법원법

헌법 제110조에서 군사재판에 대한 규정을 두어 특별법원으로서 군사법원을 둘 수 있도록 하고(동조 제1항), 군사법원의 상고심은 대법원에서 관할하고(동조 제2 항), 군사법원의 조직·권한 및 재판관의 자격은 법률로 정하며(제3항), 비상계엄하의 군사재판은 군인·군무원의 범죄나 군사에 관한 간첩죄의 경우와 초병·초소·유독음식물공급·포로에 관한 죄 중 법률이 정한 경우에 한하여 단심으로 할 수 있다. 다만, 사형을 선고한 경우에는 그러하지 아니하다(동조 제4항)라고 규정했다.

여기에 군 사법(司法)제도에 대한 국민적 신뢰를 회복하고 피해자의 인권보장과 사법정의의 실현이라는 헌법적 가치를 구현하기 위하여 2022년 『군사법원법』의 개정 및 시행(2022. 7. 1.)하였다. 현행 군사법원법 제2조는 군인 또는 군무원 등 신분이 범한 모든 범죄에 대하여 재판권을 가지고 있었으나, 개정법률은 ① 성폭력범죄, ② 군인·군무원이 사망한 경우 그 원인이 된 범죄, ③ 군인·군무원이 그 신분 취득 전에 저지른 범죄에 관한 재판권을 민간법원으로 이관하였다(안 제2조 제2항). 이를 통해 과거 군 수사 및 재판에 의혹이 제기되었던 사건들을 민간법원으로 이관하여 피해자와 국민들의 불신을 해소시킴과 동시에 군 지휘관들은 부대 지휘에 전념하여 군 본연의 임무에 충실해질 수 있는 여건이 조성될 수 있도록 했다.

그리고 군 사법제도 개혁을 통한 사법의 독립성과 군 장병의 공정한 재판을 받을 권리를 실질적으로 보장하기 위하여 1심 군사재판을 담당하는 군사법원을 국방부장관 소속으로 설치하며, 고등군사법원을 폐지하여 일반 법원에서 항소심을 담당하게 하였다. 이로서 기존의 군사법원은 1심을 담당하는 보통군사법원과 2심을 담당하는 고등군사법원으로 구성되었던 것은, 2022년 7월부터 시행한 군사법원법 개정안에 따르면 평시에는 2심을 민간법원인 서울고등법원이 담당하는 것으로 관할권이 변경되고, 성범죄·사망·입영 전 사건은 1심부터 민간법원이 담당하게 되었다.

군사법원의 관할권, 심판관 제도, 법관의 신분과 자격, 관할관 제도, 관할관 확인조치권·감형권, 군검찰과 재판부의 관계 등은 『군사법원법』의 개정으로 폐지되었다.

이것은 군 장병의 재판받을 권리와 군조직의 특수성이 조화된 사법체계를 확립하는 동시에 현행 제도의 운영상 나타난 일부 미비점을 개선·보완한 것으로 종래 군사법원 재도의 큰 변화를 불어왔다. 이에 대한 충분한 이해와 사건 발생시 법에 맞는 적합한 조치가 요구된다. 이에 반한 수사지휘나 수사개입은 위법한 것이 될 수 있다.

2) '군인의 지위 및 복무에 관한 기본법'

군 내 기본권 침해가 근절되지 못하고 있어 군의 사기 및 전투력 저하와 군에 대한 국민의 신뢰 상실이 우려되고 있는 상황에 주기적인 기본권 교육을 통해 군인의 기본권 의식을 함양하고, 군인에게 다른 군인의 가혹행위에 대한 신고의무를 부과하며, 국방부장관이 가혹행위를 신고한 군인을 보호하도록 함으로써 병영 내에 잔존한 구타·가혹행위 등의 병폐를 근절하고, 대통령령에서 규정하고 있는 군인의 기본권 제한, 의무 등에 관한 사항을 법률에서 직접 규율함으로써 군인의 기본권이 보장될 수 있도록 이 법을 2015년에 제정하여 2016년에 시행하게 되었다.

이 법 제3장에서 군인의 기본권을 정하여. 평등대우의 원칙(11조), 영내 대기의 금지(12조), 사생활의 비밀과 자유(13조), 통신의 비밀보장(14조), 종교생활의 보장(15조), 대외발표 및 활동(16조), 의료권의 보장(17조), 휴가 등의 보장(18조), 그리고 양성평등을 위한 복무여건 조성을 제18조의3에서 규정했다.

제6장에서 군인의 권리구제를 위하여 군인의 고충처리제도(40조)를 두어 군인고충심사위원회에 고충을 심사 청구할 수 있도록 하고, 전문상담관(41조)를 두도록 했다. 그리고 이 법 제45조에서 군인권보호관을 두도록 하여 군인의 기본권 보장 및 기본권 침해에 대한 권리구제를 하도록 하고, 국가인권위원회법 제50조의2에 국인권보호관을 대통령이 지명하는 국가인권위원회 상임위원이 겸직하도록 했다. 그리고 국가인권위원회에 군인권침해 예방 및 군인등의 인권 보호 관련 업무를 수행하게 하기 위하여 군인권보호위원회를 두도록 했다. 군인권보호위원회는 필요시 군부대를 방문하여 조사할 수 있고 군 사망 사건 발생시 위원회는 이를 통보받으며 필요시 해당 사건의 조사 및 수사에 군인권보호관 및 소속 직원이 입회를 요구할 수있도록 하였다(국가인권위원회법 제50조의6).

기타 군 인권에 관한 법률로는 국군조직법, 군인사법, 향토예비군설치법, 군수품관리법, 방위산업에 관한 특별조치법, 징발법, 군사기밀보호법, 군사시설보호법, 계엄법, 통합방위법, 전시근로동원법, 비상대비 자원관리법, 군형법, 군행행법, 군인연금법이 관련이 있다.

그리고 '군의문사진상규명 등에 관한 특별법', '군사망사고 진상규명에 관한 특별법' 등은 효력을 다하고 폐지되었다.

미주

1) 국가인권위원회 인권 [2019.05] 제복 입은 시민, 군인의 인권. https://www.humanrights. go.kr/webzine/webzineListAndDetail?issueNo=7604138&boardNo=7604132

2) 헌재 2023. 9. 26. 2019헌마423등, 공보 324, 1469, 1472.

3) 헌재 2010. 11. 25. 2006헌마328; 헌재 2011. 6. 30. 2010헌마460; 헌재 2014. 2. 27. 2011헌마825 참조; 헌재 2023. 9. 26. 2019헌마423등, 공보 324, 1469, 1473.

4) 헌재 2009. 5. 28. 2007헌마369, 판례집 21-1하, 769, -777

5) 한홍구 외, 『군대 내 인권상황 실태조사 및 개선방안연구』(국가인권위, 2005).

6) https://encykorea.aks.ac.kr/Article/E0068912

7) https://www.humanrights.go.kr/webzine/webzineListAndDetail?issueNo=7604138&board No=7604132

맺은 말

　국가는 불가침의 기본적 인권을 확인하고 보장할 의무가 있으며(헌법 제10조 단서) 따라서 모든 국가기관은 국민의 기본적 인권을 보장하는 역할에 힘써야 한다. 이것은 입법부, 행정부, 사법부 모두에게 헌법에서 부여한 책무이다. 각 국가기관은 수사기관이나 행정기관을 막론하고 모든 국민의 인권 보장에 힘써야 한다. 1980년대 '국가인권기구의 지위에 관한 원칙'이 만들어지기 시작하여 1992년 유엔 인권위원회 결의를 거쳐 1993년 유엔 총회에서 채택되었다. 이에 1997년 김대중 대통령 후보시절 국가인권기구 설립을 공약하여 2001년 국가인권위원회법에 따라 인권 문제를 전담하는 독립적 국가기구로 국가인권위원회를 두고 지금까지 역할해왔다. 위원장을 포함하여 총 11명의 위원을 두며 '군인의 지위 및 복무에 관한 기본법'에 따라 군인권보호관은 대통령이 지명하는 인권위원 중 상임위원이 이를 겸직하고 있다. 본문에서 논한 다양한 인권 이슈에 대하여 이 국민인권위원회에 진정되어 2022년에는 1만 573건의 진정사건을 접수하고, 1만건 이상을 처리하였다. 이러한 인권침해 진정사건에 대한 권고는 수가기관의 부당한 통신자료 수집에 관련하여 전기통신사업법 개정을 권고하고, 고위공직자범죄수사처·검찰·경찰에게 관련 매뉴얼 및 지침의 제·개정을 권고하기도 했다.[1)]

　물론 각종 국가기관은 각기 관련된 인권 영역의 보장을 위해 역할을 하고 있다. 이따금 헌법과 인권에 대하여 인식이 부족한 어느 관료가 이러한 사실을 망각하고 행정을 하는 경우가 있을 수 있지만, 이 또한 시민사회와 국민의 건전한 여론과 비판으로 시정되어 인권보호의 책무를 다하게 되어야 한다.

　우리 사회에서 때때로 발생하는 대형 사건이나 변화에도 언제나 인권을 보장에 최선을 다하려는 마음과 행동을 국가기관은 물론 모든 국민이 함께해야 할 것이다.

본문에서 다룬 인권영역의 이슈 외에도 디지털 분야, 인공지능 분야, 북한인권 분야, 사이버 인권 문제와 같이 다양한 사회영역에서의 인권 문제에도 관심을 가지고 이를 해결하기 위한 노력을 온 국민이 함께해야 할 것이다.

미주

1) 국가인권위원회, 『2022 국가인권위원회 연간보고서』, 2023, 39쪽.

공저자소개

손형섭 교수(경성대학교 법학과, 헌법학)
관정교육재단 국외장학생 2기로, 일본 도쿄대학 법학정치학연구과에서 법학박사를 취득했다.
서울대학교 법과대학 학문후속세대 연구원, 헌법재판소 헌법연구원을 역임했다. 한국공법학회
신진학술상(2017)을 수상했고 UC 버클리 로스쿨 방문학자로 연구하면서 「4차산업혁명기의
IT · 미디어법」(2019)을 썼다. 경성대학교 법학과의 헌법학 교수로 강의하며, 일본 국립一橋大
学으로부터 객원연구원으로 초빙되었다. 세계헌법학회(IACL), 세계공법학회(ISPL)와 같은 국
제학술대회에 기술과 인권에 대한 연구를 발표해 왔다. 논문은 "디지털 시대에 헌법상 공정의
원칙과 그 구현에 관한 연구"(2024) 외 다수가 있다.

우주형 교수(나사렛대학교 휴먼재활학부)
중앙대학교 법과대학을 졸업하고 같은 대학 대학원에서 법학박사학위(사회법)를 취득하였다.
미국 시라큐스대학교에서 방문연구원으로 연구하였다. 한국나사렛대학교 휴먼재활학부 및 대
학원에서 사회복지법제, 노동법규와 재활, 장애인인권과 법제, 장애학 등을 강의하고 있다. 충
청남도 초대 및 제2대 인권위원장을 지냈고, 보건복지부 장애인정책자문위원, 한국장애인개발
원 이사 등을 역임하였다. 「유엔 장애인권리협약 해설－복지에서 인권으로」(공저), 「재활복지
개론」(공저), 「장애인의 이해」(공저), 「장애인복지론」(대표저자) 등의 저서와 장애인 법정책
등에 관한 연구와 관련 활동을 하고 있다.

양천수 교수(영남대학교 법학전문대학원)
고려대학교 법과대학과 같은 대학 대학원을 졸업하였다. 일주학술문화재단 장학생(11기)으로
독일 유학을 떠났다. 독일 프랑크푸르트대학교 법과대학에서 클라우스 귄터(Klaus Günther)
교수의 지도로 법학박사 학위를 취득하였다. 2006년 9월부터 영남대학교 법학전문대학원에서
기초법 전임 교수로 학생들을 가르친다. 미국 워싱턴대학교 로스쿨에서 방문연구원으로 연구
하였다. 인권에 관한 책으로 『민사법질서와 인권』(2013), 『빅데이터와 인권』(2016), 『인권법이
론』(2023)을 저술하였다. 이외에도 『제4차 산업혁명과 법』(2017), 『인공지능 혁명과 법』
(2021), 『삼단논법과 법학방법』(2021), 『단체의 법이론』(2022), 『책임과 법』(2022) 등 다수의
책과 논문을 썼다.

최다혜 박사(경성대학교 법학과)
캐나다 브리티시 콜롬비아 대학교(UBC)에서 생물학을 전공하고, 생명윤리와 법을 공부하여
성균관대학교 법과대학에서 법학박사학위를 취득하였다. 학위논문으로 존엄사 및 신체불훼손
권의 확장된 개념으로서 심신 온전성의 권리를 바탕으로 박사학위를 취득하였다. 현재 법제도
가 포섭하지 못하는 인권 보장을 위한 방안으로 자기결정권의 전제가 되는 심신 온전성의 권
리를 새롭게 개념화 하였다. 또한 현재 한국존엄사협회를 설립하고 협회장을 맡고 있으며, 국
회 토론회 및 언론에 출현, 개인 유투브를 운영하는 등 존엄사에 관한 사회적 합의를 이끌어
내고자 사회활동을 펼치고 있다. 2023년 12월 30일 한국존엄사협회는 존엄사에 대한 헌법소원
을 제기하여, 헌법재판소의 심판이 진행중이다. 또한 경성대학교 외래교수로 재직하면서 미래
세대들에게 인권과 헌법을 가르치고 있다.

심우민 교수(경인교육대학교 사회과교육과)

입법학에 관한 논문으로 연세대학교에서 법학박사 학위를 취득한 이후 국회입법조사처 입법조사관으로 정보통신법제 업무를 담당해온 바 있었다. 이와 같은 경험을 바탕으로, 현재는 IT법학, 입법학 및 기초법학적 논제들을 주요 연구대상으로 삼고 있다. 관련 저술로는 The Rationality and Justification of Legislation(공저, 2013), 입법학의 기본관점(2014), 인공지능의 발전과 알고리즘의 규제적 속성(2016),인공지능 시대의 입법학(2018), 데이터사이언스와 입법실무(2019), 디지털 전환과 사회갈등(2021), 디지털 전환과 법교육의 미래(2022), 인권보장을 위한 인공지능 입법방향(2023) 등이 있다.

차진아 교수(고려대학교 법학전문대학원 교수, 헌법학)

1997년 고려대학교 법과대학을 졸업하고 같은 해 제39회 사법시험에 합격하였다. 1999년 고려대학교 대학원에서 헌법전공으로 석사학위를 받았으며, 2002년에 사법연수원(제31기)을 수료하였다. 이후 독일 DAAD(학술교류처) 장학생으로 선발되어 사법연수원을 수료한 직후인 2002년 8월 독일 Saarbruecken 대학교로 유학을 떠나 2005년 2월 헌법전공으로 법학박사학위를 받았다. 귀국 후 고려대학교 법과대학의 시간강사를 거쳐 2007년 8월부터 서울시립대학교 헌법학 교수로 봉직하였다. 2012년 2월 말부터는 모교인 고려대학교 법학전문대학원에서 헌법학 교수로 활동하고 있다. 헌법학자로서 박사학위논문 주제와 관련된 조세, 재정 및 사회국가의 여러 쟁점을 지속적으로 연구하고 있으며, 이를 통해 헌법학 전체의 수준 향상에 기여하는 것이 자신의 소명이라 믿고 있다. 제20대 국회 개헌특위자문위원회의 재정·경제분과 자문위원, 헌법재판소 비상임 헌법연구위원, 조세심판원 비상임심판관, 동아일보 및 세계일보의 객원논설위원 등을 역임하였으며, 현재 대테러인권보호관, 국세예규심사위원 등 활발한 사회활동을 통해 헌법학자의 전문성으로써 사회에 기여하고자 노력하고 있다.

표시영 교수(강원대학교 미디어커뮤니케이션학과)

서강대학교 법학과에서 법학 학사를, 이화여자대학교 언론홍보영상학과에서 언론학 석사와 박사학위를 취득했다. 이화여자대학교 커뮤니케이션미디어 연구소에서 연구위원을 역임했으며, 한국언론학회 우당 신진학자 논문상(21,10)과 한국언론법학회 유당신진언론법상(21,12)을 수상했다. 디지털 저널리즘, 언론법&정책, 플랫폼 거버넌스, 정보인권과 관련하여 다수의 논문을 썼으며, 현재 강원대학교 미디어커뮤니케이션학과에서 저널리즘과 언론법 관련 강의를 맡고 있다.

21세기 인권법

초판발행	2024년 8월 30일
지은이	손형섭 · 우주형 · 양천수 · 최다혜 · 심우민 · 차진아 · 표시영
펴낸이	안종만 · 안상준
편 집	양수정
기획/마케팅	박부하
표지디자인	Ben Story
제 작	고철민 · 김원표
펴낸곳	(주)**박영사**
	서울특별시 금천구 가산디지털2로 53, 210호(가산동, 한라시그마밸리)
	등록 1959. 3. 11. 제300-1959-1호(倫)
전 화	02)733-6771
f a x	02)736-4818
e-mail	pys@pybook.co.kr
homepage	www.pybook.co.kr
ISBN	979-11-303-3778-4 93360

정 가   22,000원